Sammlung Kilpper

Das Alte China

von Eleanor Consten

PHAIDON VERLAG
AKADEMISCHE/ATHENAION

SAMMLUNG KILPPER

Der Text dieser Ausgabe folgt ungekürzt der in den Jahren 1958 bis 1966 in mehreren Auflagen erschienenen Serie „Große Kulturen der Frühzeit". Der Bildteil wurde zum Großteil überarbeitet und von Band zu Band je nach Erfordernissen der neueren Ausgrabungen neu zusammengestellt. Die Bildhinweise im Text wurden angepaßt und zum Teil ergänzt. Die Bearbeitung besorgte Theophile Sauvageot.

Der Verlag

Herstellung/Lektorat/Gestaltung: SVS – Stuttgart
Druck/Bindung: Mohndruck Graphische Betriebe GmbH, Gütersloh
ISBN 3-88851-083-X

Inhaltsverzeichnis

Zeittafel zur chinesischen Geschichte

Dynastien

Hsia	-1523 (1766)* v. Chr.		
Shang oder Yin	1523–1028 (1766–1122)		
Chou	1027 (1122)–256	West-Chou	1027–771
		Ost-Chou	770–256
		Frühling- und Herbst-Annalen	722–481
		Kämpfende Staaten	480–221
Ch'in	221–206		
Han	206 v. Chr. bis 221 n. Chr.	West-Han	206 v. Chr. bis 9 n. Chr.
		Hsin (Wang Mang)	9–23 n. Chr.
		Ost-Han	25–221 n. Chr.
Drei Königreiche	220–265		
West- und Ost-Chin	265–420		
Sechs Dynastien	420–581		
Sui	581–618		
T'ang	618–906		
Sung	906–1279		
Yüan	1260–1368		
Ming	1368–1644		
Ch'ing	1644–1912		

* In ( ) traditionelle Chronologie.

Die chinesischen Namen sind nach dem Wadeschen System transkribiert, das trotz seiner Mängel in der wissenschaftlichen Literatur Geltung hat. Danach ist auszusprechen:

Ch	= Dsch oder Dj	T	= D	Ih	= Kurzes E (wie die deutsche Pluralendung)
Ch'	= Tsch	T'	= T	O	= langes O
J	= fast klanglos, zwischen j und r	Tz	= Ds	Ou	= kurzes O (wie Englisch „no“)
K	= G	Tz'	= Tz	U	= U, am Wortende nach Tz und Tz' und Sz = kurzes E (wie die deutsche Pluralendung)
K'	= K	W	= U (wie Englisch W)	Uei	= Uë
P	= B	Y	= J (wie Englisch Y)		
P'	= P	Ai	= Ei		
S	= scharfes S	Ao	= Au		
Sz	= scharfes S	E	= kurzes Ö		
Sh	= Sch	Ei	= langes E (eh)		
		I	= langes I		

Siehe auch die Aussprachehilfen im Register.

I

Einleitung

Grabräuberei war in China von jeher ein Gewerbe, das seinen Mann ernährte und auch im Nebenberuf recht lohnend war, sei es, daß man auf die edlen Metalle und Steine oder auf die schon seit vielen Jahrhunderten den Sammlern kostbaren Altertümer ausging. Die reiche Ausbeute an Zeugnissen alter Kultur und Kunst in Bronze, Lack, Keramik, Jade oder Stein, die dem Grabräuber in allen Teilen Chinas zum Lohn seiner Skrupellosigkeit und Mühe wird, mißgönnen ihm die Wissenschaftler allerdings sehr, nicht, weil sie das also Ausgegrabene nicht zur Auswertung erhielten – es findet alles seinen Weg in die Sammlungen und wird früher oder später der wissenschaftlichen Forschung zugänglich –, sondern weil bei Raubgrabungen die wertvollen Hinweise, die sich für den Archäologen aus der geologischen Situation der Fundstelle, aus der Anlage des Grabes selber und aus der Gruppierung im Grab ergeben, rücksichtslos vernichtet werden. Zu diesem unersetzlichen Verlust an wissenschaftlichen Daten gesellt sich der der Bruchstücke, z. B. Holz, Eisen, Leder, Textilien, die, in der Erde bis zur Unscheinbarkeit entstellt, vom Grabräuber achtlos fortgeworfen wurden. Die Wissenschaft des Spatens hat in China selbst in der ersten Hälfte des 20. Jahrhunderts nur sehr beschränkte Möglichkeiten gehabt. Die rühmliche Ausnahme, die Arbeit der Academia Sinica in der Gegend der alten Hauptstadt Anyang in Honan und bei Lung-shan in Shantung, konnte zwar mit einem Regierungsdekret den Abscheu der Chinesen vor der Beunruhigung der Erde und der Ahnengräber beiseite schieben; zum Schutz vor den empörten Grabräubern, die die Ausgräber als Eindringlinge in ihr lukratives Gebiet sahen, mußte aber Militär herangezogen werden. Unter dem neuen Regime werden in China mit Umsicht und Tatkraft wissenschaftliche Ausgrabungen durchgeführt; brauchbare Grabungsberichte liegen bereits vor.

Noch trifft es aber auf den weitaus größeren Teil des stattlichen Materials aus der chinesischen Frühgeschichte zu, daß die Fundumstände unbekannt, daß selbst die örtliche Herkunft unsicher ist. Die meisten Urteile können sich also nicht auf Aussagen der Ausgräber stützen, sondern kommen auf Grund von Indizienbeweisen, ja Vermutungen zustande. Ein Stück einer Gattung, dessen Fundort sicher bekannt ist, dient zur Lokalisierung der ganzen Gruppe – ein Verfahren, das zwar logisch, aber nicht immer zuverlässig ist, da es uns über die Ausstrahlungen einer Kultur im dunkeln läßt – bis zufällig ein Fund der gleichen Gattung aus einer anderen Gegend mit verbürgter Herkunft bekannt wird. Es ist z. B. nicht gesagt, daß alle Shang-Bronzen von hoher Qualität aus Anyang stammen; die Sammler haben mit diesem Ortsnamen einen Zeit-, Typen- und Qualitätsbegriff geprägt, ohne sich damit auf den Herstellungsort festzulegen. Der chinesische Händler aber zieht daraus die Konsequenz und gibt für alle guten Shang-Bronzen als Fundort Anyang an; auf diese einfache Weise wird das Angebot der Nachfrage angepaßt.

Es sind nur wenige Fundstätten, die im folgenden genannt werden, und eine jede gibt Auskunft über eine bestimmte Epoche – ihr Name beschwört das Bild einer bestimmten Kultur. Für die Jungsteinzeit sind es Lung-shan in Shantung, Yang-shao in Honan und mehrere Fundorte in der Provinz Kansu. Für die Shang-Dynastie ist es vor allem Anyang in Honan, das als Herkunftsort der großartigsten Sakralbronzen bekannt wurde. In der späteren Chou-Zeit versorgen uns Loyang in Honan, das Tal des Huai-Flusses in Anhui und Ch'ang-sha in Hunan mit reichem Material. Für diese Periode ist auch Hui-hsien, Prov. Honan, zu einem Begriff geworden, allerdings ohne daß die Tonfigürchen eine Stütze durch kontrollierte Ausgrabungen erhalten hätten. Für die Han-Zeit gibt es in vielen Teilen Chinas ergiebige Fundstellen. Hervorzuheben sind die Provinzen Ssuch'uan und Shantung, mit Wu-liang-tz'u, für reliefierte Steinplatten, die uns über tägliches Leben und Mythologie reiche Auskunft geben, und die japanischen Ausgrabungen in Lo-lang in Nord-Korea, dank deren sorgfältiger Durchführung vieles erhalten blieb und eingeordnet werden konnte, das in China selbst verlorenging oder nicht sicher zu datieren war.

Die chinesische Geschichte bedient sich der Namen der Dynastien, um ihre fast vier Jahrtausende in Perioden einzuteilen. Dies Verfahren hat Vorzüge und Nachteile: Es gab uns kurze Bezeichnungen, die leicht zu einem festen Begriff wurden, bei deren Nennung sich bestimmte Ereignisse und Kunststile vor dem inneren Auge aufbauen. Es gab dazu aber auch auf das Jahr genaue Begrenzungen, an die sich die Kulturgeschichte nicht immer gehalten hat. Trotzdem soll im folgenden die Zeiteinteilung nach Dynastien beibehalten werden, allerdings mit Einschränkungen, sobald sie auf Kultur- und Kunstgeschichte Anwendung findet. Die älteste, die Hsia-Dynastie, muß als unnachweisbar fortfallen. Erst von 841 v. Chr. an können wir Jahreszahlen mit Sicherheit bestimmen. Die orthodoxe Chronologie gibt für Shang die Daten 1766 bis 1122; die heute als richtiger erkannte, ca. 1525–1028 oder 1050; damit muß auch die Gründung von Anyang von 1401 auf ca. 1300 heruntergerückt werden. Die Shang-Zeit wird erst von diesem Zeitpunkt an für uns zu einem festen Begriff. Mit dem Wort „Zeit“ soll die hier vorgeschlagene lose Chronologie der Kultur- und Kunstepochen von der rein historischen „Dynastie“-Folge unterschieden werden. Die Shang-Zeit endet um 1050; ihr folgt die Früh-Chou-Zeit bis ca. 900. Diese zwei Abschnitte werden zur archaischen Periode zusammengefaßt, da in der kulturellen Entwicklung mit dem Herrschaftsantritt der Chou kein fühlbarer Umschwung einsetzt. Mitte-Chou heißt die Zeit von 900–600; Spät-Chou die Zeit von 600 bis ungefähr 200; die Han-Zeit reicht von rund 200 vor bis 200 nach Christus. Name und zeitliche Begrenzung der Spät-Chou-Zeit sind umstritten, ja anfechtbar. Tatsächlich endet die Chou-Dynastie 256 v. Chr. Ihre letzten Jahrhunderte werden oft die Zeit der Kämpfenden Staaten genannt (480 oder 403–222); sie begreift die Zeit des Interregnums 255 bis 222 mit ein. Es folgt 221 die Ch'in-Dynastie, die 206 von der Han-Dynastie abgelöst wird. Obwohl mit der Bezeichnung „Spät-Chou“ die historisch so einschneidende Ch'in-Dynastie ganz unterdrückt und die Dauer der Chou um ein halbes Jahrhundert willkürlich verlängert wird, erweist sich diese Einteilung für die Geschichte von Kultur und Kunst brauchbarer als die historisch korrekte, aber für diese Periode allzu komplizierte. Denn gerade hier ist ein Bruch zwischen der Kultur der letzten Jahrhunderte der Chou-Dynastie oder besser, der miteinander im Streite liegenden, immer selbständiger werdenden Feudalstaaten, und der Ch'in- oder der Frühen Han-Zeit nicht festzustellen. Vieles, was bis vor kurzem noch als Neuerscheinung der Han-Zeit galt, ist durch die Funde im alten Staate Ch'u in die Zeit um 300 v. Chr. gerückt.

Die chinesische Gepflogenheit, die San Tai, die drei ersten Dynastien Hsia, Shang und Chou, als das chinesische Altertum abzugrenzen, entspricht nicht ganz der Vorstellung, die wir mit dem Ausdruck Altertum verbinden, das weder die Prähistorie einbegreift noch mit der Bronzezeit aufhört. In China aber ist die Bronzezeit wichtiger und großartiger als in irgendeiner Kultur der alten Welt; ihr Niedergang ist ein entscheidender Abschnitt.

Gerade wegen des Überwiegens der Bronzefunde und ihrer hohen Qualität ist es irreführend, wenn wir die Periodenbezeichnung der europäischen Vorgeschichte auf China anwenden und die Jahrhunderte zwischen 1300 und 200 v. Chr. die Bronzezeit nennen. Denn unsere Bronzezeit ist vorgeschichtlich; ihre Handwerker und Künstler sind noch nicht sicher in der Behandlung des neuen Materials und in der künstlerischen Aussage, die es ermöglicht. Die Shang- und Chou-Zeit in China aber ist geschichtlich, und gerade die Stufe, die in Europa Bronzezeit genannt wird, ist in China noch unbekannt. Die Bronzen von Anyang sind Höhepunkt und Ausklang einer Entwicklung, die unsichere Versuche längst hinter sich gelassen hat. Wir kennen die Vorstufen nicht. Einige primitiver erscheinende Bronzen, die versuchsweise als Vor-Anyang bezeichnet werden, genügen nicht, um einen Frühstil festzulegen. So müssen wir die Kunst der Shang-Bronzen als das Endresultat einer Entwicklung sehen. Mitte Chou, knapp ein halbes Jahrtausend nach der Gründung von Anyang, verschwindet die Shang-Kunst und macht einer ganz neuen Auffassung Platz. In der Chou-Zeit entspringt ein Strom, der vorwärts in die chinesische Kunstgeschichte fließt, während die Kunst der Shang unsere Spekulation in die Vergangenheit weist.

Wenn hier die Han-Zeit, die also zum Mittelalter der chinesischen Geschichte gehört, angefügt wird, so hat das seine Berechtigung, weil eben in dieser Zeit auf fast allen Gebieten, dem politischen, verwaltungstechnischen, philosophischen und künstlerischen, die Errungenschaften des Altertums in beständige Formen geprägt und der Entwicklung Chinas in den folgenden Jahrtausenden zugrunde gelegt werden. Am Januskopf der Han-Zeit ist das rückwärts schauende Gesicht kräftig ausgeprägt. Die Zukunft wird mit der Einführung des Buddhismus und der Ohnmacht gegenüber dem Eindringen der Nordbarbaren völlig neue Situationen und Schwerpunkte schaffen, die China in einem Maße fremden Einflüssen aussetzen, wie es selbst in der Zeit der Kämpfenden Staaten zum Ende der Chou-Dynastie noch nicht der Fall gewesen war.

Daß die Chinesen, trotz solcher Erschütterungen, die sich in ihrer Geschichte mehrfach wiederholen, auf einen mehrtausendjährigen Bestand ihres Reiches zurückblikken, ist eine Tatsache, die manchen Grund zur Verwunderung und Nachdenklichkeit gibt. Warum kann dieses eine Volk, dessen Hochkultur zwar nicht so alt ist wie die Ägyptens und Mesopotamiens, aber in ihren Anfängen noch Zeitgenossin der Blüteperioden im Nil- und Zweistromland war, sich einer Fortdauer seines Bestehens bis in unsere Tage erfreuen? Die alten Weisen Chinas hätten es mit der Macht und Befolgung des Tao erklärt; wir finden geographische, politische und wirtschaftliche Gründe dafür. Daß sich die Kultur Chinas in drei Jahrtausenden nicht verändert habe, ist aber weder Grund noch Folge der Lebensdauer Chinas, sondern eine bis vor kurzem noch weitverbreitete, unsinnige Behauptung. Sie gründet sich nicht auf Kenntnisse in der chinesischen Geschichte und Kunst, sondern auf die begrenzte Kenntnis, die Europa im Zeitalter der Aufklärung von der konfuzianischen Staatslehre und Ethik hatte. Diese hält die Tradition heilig und stellt den Weg „der Alten" als den einzigen Weg des Heils hin. Gewiß hat dieser Wunsch - von einem starken chinesischen Staatswesen oft recht diktatorisch ausgedrückt - erwirkt, daß die Tradition in Lehre und Form stärker als in irgendeinem anderen Volke sich halten konnte; die menschliche Natur hat er aber nicht verändert. Diese strebte und strebt - in China wie überall auf der Welt - nicht nur nach Fortschritt, sondern ebensooft einfach nach Veränderung, nach dem Neuen.

Bei der Betrachtung des chinesischen Altertums ist es darum wichtig aufzuzeigen, auf welchen Gebieten die Tradition allmächtig war, wo ihr Konkurrenz erwuchs und wo ihre Macht ganz aufhörte. Es wird sich zeigen, daß gerade auf den Gebieten, auf denen China den Europäern der Aufklärung so vorbildlich erschien, in Staatslehre und Ethik, durch das chinesische Altertum bereits eine Linie der Entwicklung läuft, die ihren ungebrochenen Weg bis in die Neuzeit fortsetzt. Sie ist es, auf die sich die These von der Beständigkeit chinesischen Denkens und Schaffens stützt - nicht zu Unrecht, wenn man betrachtet, welche politischen Umwälzungen die noch junge chinesische Philosophie in den vorchristlichen Jahrhunderten bedrohten und auf harte Proben stellten. Alles, was an Grundformen für die zweckmäßige Gestaltung des Lebens der Menschen miteinander von den namenlosen Weisen der vorkonfuzianischen Zeit erarbeitet worden war, wurde von Konfuzius und seinen großen Schülern und von den Lehrern des Taoismus gerade zu einer Zeit sichergestellt und für die Nachwelt brauchbar weitergegeben, als die alte Form des Lehnsstaates zerbrach, als die fremden Völker der Grenzmarken so zivilisiert und mächtig wurden, daß sie Einfluß auf chinesisches Wesen gewinnen konnten, als die religiösen Vorstellungen sich wandelten und als die Kunst - von der Herrschaft der Dämonen befreit - neue Wege ging.

Die beschränkte Länge und Ausführlichkeit unseres Kapitels über die Han-Dynastie steht nicht im rechten Verhältnis zur Bedeutung dieser Periode in der Geschichte Chinas, sondern entspricht dem Anteil der Han-Kultur am chinesischen Altertum. Die Han-Zeit erscheint also hier nur als Ausklang des Altertums, so wie die Steinzeit die Einführung bildet.

Wenn der Rahmen dieser Zusammenfassung der chinesischen Frühzeit die jüngere Steinzeit, die Shang-, Chou- und Han-Zeit zu einem Bilde vereint, so liegt die Berechtigung zu solcher Zusammenfassung und Aussonderung aus der Gesamtgeschichte in der geistigen Situation: in diesem Zeitraum wurde wegsuchend, aber zielbewußt das Gebilde chinesischen Denkens geschaffen. In der Han-Zeit, mit der Restauration der alten, von dem Ch'in Kaiser Shih Huang Ti geächteten Literatur, war das Ziel – so schien es – erreicht. Wie in einem Prisma sind die Strahlen chinesischen Geistes nun gesammelt und geklärt. In den folgenden Perioden strahlen sie wieder aus – nun aber sind alle neuen geistigen Strömungen sich ihres Ursprungs bewußt und damit eine Fortbildung oder eine Abweichung von der Tradition.

II

Die Neusteinzeit

Die Randberge der Pekinger Ebene, bei Chou-k'ou-tien, haben in ihren Höhlen einen der ältesten Menschentypen bewahrt, den Peking-Menschen, *Sinanthropos Pekinensis,* der lange vor der Steinzeit, im späten Tertiär gelebt hat, also älter als der Neandertaler ist. Die Tierknochen, die sich in den Höhlen fanden, weisen ihn als Jäger aus. Er hatte sich das Feuer dienstbar gemacht. Seine Steinwerkzeuge waren denkbar primitiv; sie sind für das ungeschulte Auge kaum als bearbeitet oder brauchbar zu erkennen. Vom Peking-Menschen, der vor rund fünfhunderttausend Jahren lebte, bis zu den jungsteinzeitlichen Bewohnern Chinas klafft eine riesige Zeitspanne, in die sich in der Altsteinzeit nur spärliche Anzeichen von menschlichem Leben schieben. Sie wurden ebenfalls in den Höhlen von Chou-k'ou-tien gefunden. Neben den einfachsten Werkzeugen, die mit wenigen Schlägen aus dem Stein geformt werden konnten, lagen Tierzähne und Steinchen – Zeichen eines sehr menschlichen Charakterzuges dieser Höhlenbewohner, denn sie hatten sich die Mühe gemacht, sie zu perforieren, um sie sich als Schmuck unhängen zu können.

In Südchina fehlen Steinwerkzeuge aus der Altsteinzeit ganz; man hat daraus auf eine Kultur geschlossen, die sich ausschließlich des Bambusses bediente – eine nicht unwahrscheinliche Annahme, wenn man an die vielseitige Verwendung denkt, die dieses Holz heute noch findet. Eine frühe Kunstblüte, wie sie Europa von den Cro-Magnon-Menschen beschert wurde, ist in China nicht nachzuweisen.

Um 4000 v. Chr. hat China das Stadium der reinen Jäger-Lebensform bereits überwunden. Die Hirtennomaden betreiben sogar schon Ackerbau, allerdings noch in einer sehr primitiven Form, sozusagen als Nebenbeschäftigung. Bis in das dritte Jahrtausend hinein blieb im Norden und Nordwesten die Viehzucht bestimmend für die Lebensformen verschiedener Kulturgruppen, während im Süden der Ackerbau die Daseinsgrundlage war. *Eberhard* unterscheidet für diese Epoche der Jungsteinzeit sechs für die Entwicklung Chinas wichtige Kulturen, unter denen der prototürkischen Kultur der Pferdezüchter im Norden und der Tai-Kultur der in den Tälern des Südens siedelnden Reisbauern der Vorrang zukommt. Aber auch die anderen Rassengruppen steuerten Wesentliches zum Bilde Chinas bei, wie wir es tausend Jahre später, unter der Herrschaft der Shang, sehen werden: Die Schweinezucht stammte von der tungusischen Nord-Ost-Kultur, die Rinderzucht von den Proto-Mongolen im Norden. Aus einer Mischung vornehmlich der Yao-Kultur, die durch Brandwirtschaft an den Berghängen gekennzeichnet ist, und der Tai entstand die Yüe-Kultur, deren Mitgift die Seefahrt war. Noch aber ist es zu früh, von einer „chinesischen" Kultur zu sprechen. In der späten Jungsteinzeit heben sich immer noch mehrere Kulturen, die aus einer Durchdringung der oben genannten erwuchsen, scharf voneinander ab. Um 2000 v. Chr. sind die

Yang-shao-Kultur und die Lung-shan-Kultur am deutlichsten faßbar. Beide sind, wie es allenthalben für diesen Zeitabschnitt charakteristisch ist, durch ihre Keramik gekennzeichnet: *(T. 19)* Yang-shao durch die bemalte, Lung-shan durch die feine, *(T. 20)* schwarze Töpferware. *(Abb. 1,2)* Von eigentlicher Kunstübung ist in anderen Materialien wenig gefunden worden; es handelt sich meist um einfache Gebrauchsgegenstände aus Stein oder Knochen. Yang-shao und Lung-shan sind Ackerbaukulturen; die Menschen waren also seßhaft. Das ist eine wichtige Voraussetzung für guterhaltene Fundstücke, da diese vor allem aus Nekropolen stammen. Für größere Keramikfunde ist sie unerläßlich, denn auch in der Jungsteinzeit ging der Topf so lange zu Wasser, bis er brach. Er entging diesem Schicksal nur, wenn er, prächtig und unversehrt, mit ins Grab gegeben wurde. Aus den Siedlungen kann der Ausgräber nur Bruchstücke erwarten, wie es z. B. in Ch'eng-tzu-yai bei Lung-shan der Fall war. Obgleich im zentralen Raum Nordchinas an einigen Stellen Scherben und andere Gegenstände dieser beiden Kulturen so zueinander liegen, daß auf ein zeitweiliges Nebeneinander geschlossen werden kann, geht aus anderen Fundumständen hervor, daß die Yang-shao-Kultur früher auftrat; sie wird von der Lung-shan-Kultur überlagert. Damit ist bis jetzt allerdings nur das relative Alter ihres Auftretens im altchinesischen Raum bestimmt, nicht ihr absolutes Alter im noch unbekannten Gebiet ihrer Entstehung.

In Yang-shao, dem Fundort in Honan, der der Kultur ihren Namen gab, fand man zuerst Stücke der bemalten Keramik; es stellte sich später heraus, daß sie einer frühen Entwicklungsstufe dieses Dekorationsstils angehören. Die Vermutung, die Yang-shao-Kunst stamme von der europäischen Bandkeramik ab, muß heute starken Einschränkungen unterworfen werden. Man glaubte, ihren Weg über Kukuteni in Rumänien, Anau in Turkestan und Tripolje bis nach China verfolgen zu können; aber diese vermeintlichen Stationen sind zum Teil später anzusetzen als die chinesischen Fundstellen. Es war aber gerade jene irrige Annahme einer westlichen Herkunft, die den schwedischen Geologen *Andersson* nach seiner Entdeckung von Yang-shao bewog, in der Provinz Kansu, dem Einfallstor Zentralasiens nach China, die Lösung des Rätsels zu suchen, das die bemalte Keramik aufgab. Er fand über Erwarten reiches Material, vollkommener in der Technik und reifer in der künstlerischen Entwicklung als die Funde von Yang-shao, und weit über den europäischen und zentralasiatischen Beispielen stehend, in denen man doch ihre direkten Vorfahren sehen wollte.

In Kansu hatten die Hersteller der bemalten Keramik über eine größere Spanne von Raum und Zeit gelebt – wohl von rund 2500 bis 700 v. Chr. –, so daß von den Funden aus verschiedenen Nekropolen eine Entwicklung ihres Kunststils in einer zeitlichen Abfolge von sechs Typen abzulesen ist. Sichere Anhaltspunkte für die Herkunft ihrer Urheber aber ergaben sich noch nicht. *Eberhard* vermutet eine Mischung, in der tibetische und proto-türkische Elemente vorherrschten. Trotz der weiten Züge, die diese Stämme unternahmen, waren sie keine Nomaden, wohl aber auf Aufbruch und Umsiedlung eingestellt, wenn mächtigere Völker sie bedrängten oder bessere Ackerflächen lockten. Zu diesem Bilde der langsamen Wanderung mit jahre- oder generationslangen Pausen paßt es, daß ihr Haustier das Schwein war, daß sie das Pferd nicht zähmten, sondern daß das Rind ihr Transportarbeiter und Lieferant war. Noch spielt also die Viehzucht eine große Rolle, aber die Bevölkerung wohnte in Dorfgemeinschaften und bestellte ihre Äcker.

(T. 19) Nur seßhafte Menschen konnten die umfangreichen Gefäße aus Ton, die oft eine Höhe von einem halben Meter hatten, brauchen und unterbringen. Für einen Nomadenhaushalt wären sie zu unhandlich und zu zerbrechlich gewesen. Es sind meist große, bauchige Vorratsurnen mit kleiner Öffnung, die durch einen Holzstöpsel geschlossen werden konnte. An den tief angesetzten, kleinen Ösenhenkeln war der schwere Topf gut zu packen. Die Formen sind praktisch für die Aufstellung in der Erdhütte mit Lehmboden: oben breit, unten schmal zulaufend, mit kleiner Standfläche. Es konnte jederzeit eine Vertiefung in den Fußboden gegraben werden, die dem Gefäß einen festen Stand sicherte und den Inhalt kühl hielt. So ist der Schmuck auf Aufsicht berechnet; die Bemalung wird auf der oberen Wandung, vor allem auf der Schulter des Gefäßes angebracht. Die Technik der Kansu-Keramik hat sich in den Jahrhunderten ihres Bestehens kaum geändert. Die Töpferscheibe war unbekannt. Der recht feingeschlämmte Ton wurde zu langen Bändern geformt und diese in Windungen zur Gefäßform übereinandergelegt. Innen sieht man manchmal noch die Spuren dieser Spirallagen und der sie zur Einheit verschmierenden Hand. Außen wurde die Oberfläche sorgfältig geglättet. Vor dem Brand wurde die für die Verzierung vorgesehene Fläche mit einem weißen Anguß versehen und darauf die Bemalung in breiten, braun-schwarzen und braun-roten Linien aufgetragen. Im Brand wird der ursprüngliche graue Ton an der Oberfläche durch Oxydierung rötlich.

Sicher haben Schönheitssinn und Schmuckbedürfnis ihren Anteil an der Gestaltung dieser frühen Kunstwerke, doch sind sie als Ursache nicht so hoch einzuschätzen, wie wir es heute zu tun geneigt sind. Der wichtigere Grund solcher Kunstübung lag im Symbolgehalt der immer wieder verwendeten Muster. Der primitive Mensch war von einer Umwelt umgeben, der er sich keineswegs Herr fühlte. Gutes und Böses geschah ihm von den Naturkräften, von den Tieren und Pflanzen. Es galt, das Gute heranzuziehen und das Böse abzuwehren. Dazu fühlte sich der Mensch weder durch seine Klugheit noch durch die Macht seines Kollektivauftretens befähigt, sosehr ihm beide im Einzelfall zustatten kamen. Wir dürfen annehmen, daß den Mustern magische Kraft zugeschrieben wurde. Nur die Magie konnte ihm Kräfte dienstbar machen, die über die der sichtbaren Naturerscheinungen hinausgingen, also über seine eigenen ebenso wie über die von Krankheit oder Dürre. Regen für die Saaten, Fruchtbarkeit für das Vieh: diese zwei Anliegen vor allem mußten immer wieder durch die Magie nachdrücklich unterstützt werden, denn von ihnen hing das Leben ab.

Die Sorge um das Leben stieß mit der Tatsache des Todes zusammen. Der Mensch wollte sich nicht damit abfinden, daß das Leben, dessen Erhaltung alle seine Bemühungen galten, einfach ausgelöscht sein sollte. Der Tote wurde mit den Dingen bestattet, die das Leben erhielten: mit Nahrung in großen Vorratsurnen, mit den einfachen Steinwerkzeugen, die er gebraucht hatte und weiter gebrauchen würde. Aber eines brauchte er vor allem: die sichtbaren Zeichen des Lebens, die er durch den Tod verloren hatte.

Träger des Lebens war das Blut; rot war darum ein Teil der Linien auf den Gefäßen, die ihm ins Grab gestellt wurden. Für die Lebenden genügte eine Malerei in Schwarz auf Weiß. Die Symbole der Fruchtbarkeit, Zeichen, die man für Erneuerung und Fortsetzung des Lebens als wirksam ansah, sollten auch dem Toten dienen. *(T. 19)* Es waren, neben der roten Farbe, vor allem Dreiecke und Kauri-ähnliche Formen, Symbole der weiblichen Organe. Auch die Riten für die Fruchtbarkeit der Felder, an erster Stelle der Regenzauber, die bei den Lebenden eine große Rolle gespielt haben müssen, sollten den Toten helfen. *(T. 20)* In einigen Gräbern in Kansu hat man Urnendeckel in Form von menschlichen Köpfen gefunden. Auf den Gesichtern sind senkrechte Striche gemalt, die *Hentze* als Symbol für den strömenden Regen erklärt. Auch die häufig wiederkehrende Spirale wird als Symbol des Gewitters gedeutet, das den saatennährenden Regen bringt. *(Abb. 6)* Von den Fundstätten in Kansu mit ihren unterschiedlichen Typen der Form und Bemalung seien hier die wichtigsten, Pan-shan und Ma-ch'ang, herausgegriffen. Pan-shan vertritt die ältere Kansu-Keramik – und einen Höhepunkt der steinzeitlichen Kunst. *(T. 19)* Die Dynamik der sich einrollenden und ausschwingenden Spiralen ist lebendig und gebändigt zugleich, von unermüdlicher Bewegungskraft, und doch sicher auf die Kreisfläche gebannt. Selbst in den Rhombenmustern zeigt sich die Energie der Linie. Man ist versucht, diese Begabung eines unbekannten Volkes in die Erbmasse der Chinesen einmünden zu sehen. Die Linie nimmt hier bereits die besondere Stellung ein, die ihr in der chinesischen Kunst zukommt. Sie ist lebendig, weil ihre Bewegung überzeugt. Im Dekor der Ma-ch'ang-Töpfe ist die Linie weniger dynamisch. Die Muster wandeln sich zu statischen Gebilden; dies kündigt sich zum Beispiel in der Umbildung der fortlaufenden Spirale zum unterbrochenen Mäander an. Je später die Kansu-Keramik, desto trockener und härter die Zier. *(Abb. 4)* Kleine Tierfiguren, die zwischen den geometrischen Zeichnungen erscheinen, finden den Anschluß an die Linienkomposition nicht.

Die Lebensweise in den Dörfern der Yang-shao-Kultur war nicht mehr und nicht weniger primitiv als in anderen Siedlungen des politisch noch ungeformten China. Noch gab es keine Zentren blühender Zivilisation, die ärmere Nachbarn zur Eroberung reizten, und doch erhoben die Menschen Steinbeil und Bogen gegen ihresgleichen; es ging um ertragreiche Felder und reiche Jagdgründe. In Nordost-China baute man vor allem Hirse und hielt sich Schwein und Hund als fleischspendende Haustiere; doch blieb die Jagd – vor allem auf Rehwild und Hasen – eine zusätzliche Nahrungsquelle. Die »Häuser« waren Erdgruben, deren Lehm-, Stroh- oder Schilfdach auf seinem Holzgerüst allein über die Erdoberfläche hinausragte. Es waren höchst primitive kleine Einraumwohnungen, kaum mehr als 3 m breit, deren ganze Einrichtung aus Vorratsgefäßen und Decken bestanden haben wird. Der Rauch der Feuerstelle mußte durch die Einstiegsöffnung abziehen. Alles, was man brauchte, wurde in der Familie erzeugt, gebastelt, gewebt. Gut geschliffene Steinwerkzeuge, kleine Messer und Sägen aus Muscheln, Pfeile aus Knochen und Stein, Tonwirtel und knöcherne Nähnadeln waren Gegenstände des täglichen Gebrauchs. *(Abb. 1,2)*

(T. 17) Aus grobem, grauem Ton wurden die großen Vorratsurnen und der erste Kochtopf geformt. Dieser Topf, Li genannt, findet sich überall im Nordosten Chinas; seine Form hielt sich bis in die Bronzezeit. Ob der drei Hohlräume in einem Kessel vereinende Gefäßkörper aus drei zusammengebundenen Töpfen entstand, mag dahingestellt bleiben – sicher ist, daß ein so praktischer Gegenstand alle Anforderungen einer Hausfrau befriedigt, die vom launenhaften Heizwillen eines offenen Feuers abhängig ist. Die Erfahrungen von Generationen und ein heller Kopf mögen diese großartige Erfindung zustande gebracht haben, deren Vorzüge so einleuchtend waren, daß man rund tausend Jahre mit ihr zufrieden war. Durch Rauhung der Oberfläche mit Schnur- und Matteneindrücken wurde die Angriffsfläche für die Hitze der den Kochtopf umspielenden Flammen noch mehr vergrößert, als es durch die Erweiterung des Bodens in drei kegelförmige Hohlräume schon geschehen war. Diese wiederum dienten als Beine und sicherten so den festen Stand inmitten des Brennmaterials, ohne das Feuer durch eine breitaufsitzende Fläche zu ersticken. Die gefällige Form des Li ist weit weniger wichtig als seine vielen praktischen Vorzüge.

Auf diesen Grundlagen der neolithischen Kultur im Nordosten erwuchs in der späteren Neusteinzeit, um 2000, eine Sonderkultur, die ihren Namen nach dem Hauptfundort Ch'eng-tzu-yai bei Lung-shan in Shantung erhalten hat und heute „Lung-shan" oder die „Kultur der schwarzen Keramik" genannt wird. Sie dehnte sich bis nach Honan hinein aus und konnte im Süden bis nach Chekiang und Anhui nachgewiesen werden. Sie wird als die direkte Vorgängerin der Shang-Kultur angesehen. Allerdings dürfen wir daraus nicht den Schluß ziehen, es handele sich hier um das in der chinesischen Geschichtsschreibung genannte Reich der Dynastie Hsia. Für diese konnte die Wissenschaft des Spatens noch keinen Nachweis erbringen.

Mancherlei deutet darauf hin, daß die Lung-shan-Leute es schon zu den Anfängen einer geschichteten Gesellschaft und zu einer Art Staatswesen gebracht hatten. Sie lebten in umwallten Siedlungen, die man aber noch nicht als Stadt bezeichnen sollte, da eine Architektur noch unbekannt war und die Bewohner Ackerbau und Viehzucht trieben. Um jedoch ein solches Unternehmen wie das Aufschichten der Mauern um die ungefähr 450 × 390 m große Siedlung Ch'eng-tzu-yai durchzuführen, bedarf es einer Zentralgewalt, die einen Plan fassen und seine Ausführung anordnen kann. Familien- und Clandisziplin reicht nicht aus, wenn eine Kolonne aufgestellt werden muß, die den Lehm in Körben heranschleppt, und eine Gruppe eingesetzt, die mit Holzknüppeln Schicht um Schicht feststampft, bis sich der schützende Wall aus verjüngenden Lehmschichten weit über die Höhe der Dächer erhebt. Außer den Schweinen und Hunden genossen auch Schafe, Rinder und Pferde mit den Menschen den Schutz der Umwallung. Neben der Hütte stand der Mühlstein, auf dem das Getreide grob gemahlen wurde – so wie im chinesische Bauernhof des 20. Jahrhunderts. Die Hauswände waren innen gekalkt; es gab eine Herdstelle.

Zum gewöhnlichen grauen Tontopf treten nun mehrere andere Keramiksorten: eine feine rötliche Ware und – in nur wenigen Scherben gefunden – die weiße Töpferei aus porzellanerdehaltigem Ton, die später in Anyang vorherrschend sein wird, vor allem aber die zierlichen schwarzen Gefäße, durch die sich diese Kultur von ihren Nachbarn unterscheidet. *(T. 20)* Ob sie noch der Hausindustrie entstammten, scheint fraglich, wenn man zum Beispiel das Li, *(T17)* das weiterhin Kochtopf blieb, neben ein Gefäß stellt, das diese praktische Form in das „Kunstgewerbliche" überträgt. *(Abb. 3)* Es muß mühsam und zeitraubend gewesen sein, die schwarze Keramik in solcher technischen Verfeinerung herzustellen. Die Bearbeitung des besonderen Tons, die Handhabung der Töpferscheibe, die nun als eine neue Erfindung erscheint und ungefähr bei der Hälfte der Produktion angewandt wurde, die Glättung der Oberfläche mit Hornwerkzeugen – Glasur war noch unbekannt – und der Brand in eigens mit komplizierter Luftführung für die Keramik gebauten Öfen – alle diese Fertigkeiten müssen schon eine Berufsausbildung erfordert haben, wenn sie nicht gar Berufsgeheimnis waren. So bringen uns auch die Gefäße auf die Vermutung einer erstmalig geschichteten Gesellschaft, in der es nicht nur eine Klasse gab, die befehlen konnte, sondern auch schon ein Handwerkerstand sich heraussonderte, der sich auf die Herstellung von Dingen spezialisierte, die für die gewöhnlichen Dorfgenossen Luxus gewesen sein müssen. Die meisten schwarzen Tongefäße sind so dünnwandig – manchmal nur 1 mm dick –, daß sie den Gefahren des täglichen Gebrauchs im Bauernhaushalt nicht gewachsen waren. Ihre Formen sind mannigfaltig und kompliziert; sie erheben sich über die reine Zweckform, handeln ihr aber nicht zuwider. Ihr Hauptschmuck ist ihre glänzend polierte Oberfläche, die nur mit wenigen geritzten Musterbändern unauffällig verziert ist. Die Lungshan-Keramik ist, im Gegensatz zu der volkstümlichen, effektbedachten Bemalung der Töpfe von Yang-shao und Kansu, eine vornehme Gefäßkunst.

In den spätesten Schichten von Ch'eng-tzu-yai fanden sich ein paar kleine Bronzegegenstände, wie Messer und Pfeilspitzen. Sie genügen nicht, um zu beweisen, daß die Lung-shan-Kultur die Metallbearbeitung kannte; sie müssen eingeführt worden sein. Die Lung-shan-Handwerker waren es nicht, die den Leuten von Anyang die Kunst des Bronzegusses vererbten.

Die Lung-shan-Schrift, die auf einigen Tonfragmenten gefunden wurde, ist der Shang-Schrift genügend ähnlich, um eine Entzifferung zu ermöglichen. Auch sie mag von der in der Nachbarschaft aufblühenden Shang-Kultur übernommen sein.

Auf einem Topf liest man: „Ein Mann aus Ch'i fing sechs Fische und eine kleine Schildkröte in einem Netz." Dies Ereignis erscheint uns zu belanglos, um einen der wenigen Schriftkundigen zu seiner Verewigung zu bemühen. Die Tatsache jedoch, daß die Schrift zuerst dem Kult und dem Orakel diente, verweist auf die Bedeutung dieses Fischzuges: er darf als ein gutes Omen angesehen werden. Aus der Literatur der Han-Zeit wissen wir, daß Fische ein glückliches Vorzeichen für eine reiche Ernte waren. Ein ähnlicher – vielleicht der gleiche – Sinn muß dieser Inschrift zugrunde liegen.

Ein wichtiges Gut, das die ältere Kultur mit der fortschrittlichen verbindet, ist das Orakel. Im Gebiet der Lung-shan-Funde, und sonst nirgends im steinzeitlichen China, wurden die Orakelknochen in ähnlicher Weise vorbereitet und befragt wie später in Anyang.

III

Shang

(T. 6,8,9,12,13) Der Kochtopf Li ist das zäheste Verbindungsglied zwischen der vorgeschichtlichen und der geschichtlichen Zeit, dem Neolithikum und der Shang-Dynastie. Er verkörpert sozusagen ein chinesisches Element, das bodenständig und auf den chinesischen Raum beschränkt war, ehe es noch Chinesen oder eine politische und kulturelle Einheit China gab. Er zeigt schon die Macht des chinesischen *genius loci,* die sich an allen Einwanderern und Eroberern immer wieder erwiesen hat.

Trotz der genauen Angaben, die die chinesische Geschichtsschreibung über die Vorgängerin der Shang, die Hsia-Dynastie, zu machen wußte, und trotz der Kulturzentren, die sich als Vorstufen der Shang ausweisen können, ist es noch nicht gelungen, für Hsia einen historischen Beleg zu finden, so wie ihn die Funde von Anyang für Shang geliefert haben. *Eberhard* glaubt, daß Hsia ein Kleinstaat in Shansi gewesen sei, der auf der Grundlage der Yang-shao-Kultur erwuchs und ihr die Bronze hinzufügte. Keine der durch die Ausgräber ans Licht gebrachten Kulturen kann Anspruch darauf erheben, vorgeherrscht zu haben. Die großen Wahlherrscher aus mythischer Vorzeit, die die Legende als Bringer aller Segnungen der Zivilisation und Gesittung feiert, sind die Erfindung der Gelehrten der Chou-Zeit – vielleicht waren sie Götter von nur lokaler Bedeutung, die zu Menschen von übermenschlichem Format umgearbeitet wurden. Sie sind: Fu Hsi, der Jagd und Fischfang lehrte und die Ehe einführte; Shen Nung, der göttliche Ackersmann; Huang Ti, dem Wagen und Schiff, Bogen und Pfeil, Haus und Begräbnis, Seidenraupenzucht und Töpferei, Musik und Schrift zu danken sind; Yao und Shun, Vorbilder des guten Herrschers, die die Zeitrechnung festlegten und die Verwaltung ordneten; und der Große Yü, der den verheerenden Überschwemmungen des Gelben Flusses Abfluß verschaffte und Begründer der Hsia-Dynastie wurde. Sie alle weisen Züge auf, aus denen Epochen und Wandlungen in der wirtschaftlichen Struktur abgelesen werden können; jeder ist Symbol für einen Fortschritt, der die Menschen von der untersten Stufe des Sammlers über die Jäger- und Hirtenstufe zum seßhaften Glied einer regierten Gemeinschaft machte. Keine dieser Gemeinschaften war aber in der zweiten Hälfte des zweiten Jahrtausends so groß, daß man sie als ein chinesisches Reich unter der Herrschaft der Hsia ansprechen könnte. Das bedeutet allerdings nicht, daß die Geschichte der Hsia-Dynastie mit ihren uns genau überlieferten Herrschern (2205–1767, nach der traditionellen Chronologie) sich nicht in einem kleinen Staatswesen abgespielt hat, das den Shang weichen mußte. Man ist heute nicht mehr so schnell mit einer völligen Ablehnung der chinesischen Tradition bei der Hand, wie man es noch vor einer Generation war, als man der Shang-Dynastie aus Mangel an Beweisen ihrer Existenz jegliche geschichtliche Realität absprach. Seit 1927 aber haben die Gebäude, Waffen, Sakralbronzen, der Schmuck und die Gefäße, vor allem aber die Inschriften auf den Orakelknochen, ein Bild der Shang-Kultur und -Geschichte vor uns gestellt, das die chinesische Überlieferung rehabilitiert und die Glaubwürdigkeit ihrer Daten und Königsnamen nachweist. Vielleicht werden Funde der Zukunft auch die Hsia in das Licht der Geschichte rücken. *(T. 18)* Bis dahin sprechen wir vorsichtig von Vor-Shang – eine Bezeichnung, die bis jetzt nur auf ganz wenige Funde Anwendung gefunden hat, die nicht eindeutig einer der *(T. 25)* neolithischen Kulturen angehören und doch nicht den ausgeprägten Charakter der Shang-Kunst tragen. Allerdings ist Vor-Anyang präziser als Vor-Shang, denn unsere Kenntnis der Shang-Kultur reicht nicht über ca. 1300, das Datum der Gründung der letzten Hauptstadt, hinaus, die in der Nähe des heutigen Anyang gefunden wurde und darum gewöhnlich mit diesem Namen bezeichnet wird.

Keine der frühgeschichtlichen Kulturen, die wir bis jetzt kennen, hat eine Höhe erreicht, von der aus der nächste Schritt auf den Gipfel führen konnte, der von Shang gehalten wird. Wir sind also weiterhin auf der Suche nach den unmittelbaren Vorstufen der Shang-Kultur, vor allem nach den Anfängen der Bronzekunst. Auf dieser Suche haben wir uns entschließen müssen, die Frage nach der Herkunft der Technik von der Frage nach der Herkunft der Ornamentik zu trennen. So wird heute die Ansicht vertreten, daß die Technik des Bronzegusses vom Westen über den Norden nach China kam. Die Ornamentik aber, die in dieser Technik zu ihrer höchsten Blüte geführt wird, muß südlich des Gelben Flusses beheimatet sein; dort waren auch die meisten Kupfer- und Zinnvorkommen, die für die Herren von Anyang abgebaut wurden.

Unter den Bronzewaffen, die für die Herrschaft der Shang so bedeutend waren, finden sich Formen, die *Loehr* als „nördlich“ bezeichnet, denn sie stimmen mit Klingen aus Rußland und Sibirien überein. Und gerade diese Stücke sind nicht mit dem Tierstil der Shang verziert. Solche Äxte hingegen, an denen das Hineinstecken der flachen Klinge in einen Spalt des Hefts ihre Abkunft von Steinbeilen zeigen, breiten den Reichtum der als chinesisch erkannten Ornamentik vor uns aus. Es mag vor allem in Gestalt der „nördlichen“ Waffen gewesen sein, unter der die Vorfahren der Anyang-Gründer die Bronze kennenlernten. Vielleicht führten sie Waffenschmiede als Kriegsbeute in ihre Siedlung, in deren Werkstätten die fremde Tradition der Form und Verzierung sich noch eine oder zwei Generationen hielt, als schon gelehrige Schüler die einheimischen Formen im neuen Material versuchten, von der Notwendigkeit überzeugt, ihre feindlichen Lehrmeister überbieten zu müssen. *(Abb. 8)* Denn nur mit Hilfe ihrer überlegenen Waffen konnten die Herren von Shang ihre Herrschaft behaupten und die unterworfenen Völker zwingen, sie mit Tribut und Heeresfolge zu stützen. Die Bronze war Privileg der Herrenschicht. So erklärt es sich, daß in Anyang knöcherne Pfeilspitzen neben den zierlich scharfen Bronzespitzen gefunden werden. *(T. 41)* Sie waren die Jagdwaffe des kleinen Mannes; mit ihnen setzte sich der „Barbar“ zur Wehr. Auch hatten die Krieger von Shang den besseren Bogen, den durchschlagkräftigen Reflexbogen; ihre Waffen waren vielseitiger: neben Streitäxten mit breitgeschwungenen und mit spitzen, dolchartigen Klingen gab es Speere und Messer. *(Abb. 8)* Die Führer zogen auf Streitwagen ins Feld. Zum erstenmal spielt das Pferd in China eine Rolle und, wie immer in seiner vielfältigen Geschichte, bringt es seinem Zähmer Machtzuwachs. Es ist nicht der

Helfer der Bauern, sondern der Kriegsgenosse des Herrn. *(Abb. 9)* Tausend Jahre lang war der Kriegswagen Zeichen und Schutz der Oberschicht.

Die Kenntnis des Wagens muß vom Westen nach China gelangt sein; das bedeutet aber nicht, daß die Shang selbst ein Fremdvolk waren, das, von der Fruchtbarkeit der Lößebene angezogen, im Knie des Gelben Flusses seine Herrschaft über das fleißige Bauernvolk aufrichtete. Die chinesische Geschichtsschreibung sagt nichts von dem Eindringen eines Eroberervolkes und auch nichts von dem Aufstieg eines lokalen Stammes, der sich kraft seiner überlegenen Waffen die benachbarten, in Grenzen und Staatsform noch nicht sehr bestimmten Clanstaaten untertan gemacht hätte und von ihnen Anerkennung seiner Oberhoheit und Tribut forderte. Denn die chinesische Geschichtsschreibung nimmt die Existenz eines „China" an, eines Reiches der Mitte, das von jeher im Auftrage des Himmels von einem „Himmelssohn" regiert wurde. Also löste der erste Herrscher der Shang den letzten der Hsia ab, dem Mandat des Himmels folgend, der dem unwürdigen Hsia-Kaiser die Herrschaft entzog und sie dem würdigeren Begründer einer neuen Dynastie übergab.

Tradition und Grabungsfunde geben uns also keine eindeutige Antwort auf die Frage nach der Herkunft der Shang. Wir richten diese Frage an Yang-shao, an Lung-shan und an die in die Vergangenheit weisenden Elemente der Shang-Kultur selbst. Yang-shao steuerte nicht seine Gefäßformen bei, wohl aber etwas vom Elan seiner Linienkunst und einige religiöse Vorstellungen. Diese Kultur, die sich durch ihre Hinterlassenschaft als so reich und rührig ausweist, hat weniger Eindruck auf ihre Nachfahren gemacht und ist gründlicher untergegangen als die Kultur der Schwarzen Keramik. *(T. 20)* Von Lung-shan stammt manche Gefäßform, die in die Bronzekunst Eingang fand; von hier wurde das Li ohne Veränderung übernommen; *(T. 31)* hier sind die Anfänge der weißen Keramik, der Stadtanlage und des Orakels. Bei der Schrift ist es schon äußerst fraglich, ob dem späten Lung-shang die Erfindung zukommt; sie wurde wohl aus einem Zentrum der Vor-Anyang-Kultur übernommen.

Die Antworten, die wir von der Shang-Kultur selbst erhalten, sind mannigfaltig und verwirrend; die meisten bringen neue, ungelöste Rätsel mit sich. Obgleich der Ackerbau in China längst die herrschende Wirtschaftsform war, lassen die religiösen Vorstellungen, die im Tierstil ihren Ausdruck finden, ihre Herkunft aus der Lebens- und Denkweise der Jäger und Hirten erkennen. Dieser Stil wurde aber nicht mit der Technik der Bronze vom Norden mitgeliefert, sondern ist ein Beitrag der Ackerbauer aus dem Süden. Denn die Tiere, die die größte Macht haben, sind Tiger und Wasserbüffel, vielleicht der Alligator; dazu gesellen sich Elefant und Rhinozeros, die kaum weiter als Anyang nach Norden gekommen sein mögen. Außer dem Schaf spielen nur wenige Tiere eine Rolle, deren Verbreitungsgebiet seinen Schwerpunkt im Norden und Westen hat.

Die Leute von Shang richteten zum ersten Mal eine starke Zentralgewalt auf und gründeten ihren Herrschaftsanspruch sowohl auf die Überlegenheit ihrer Waffen als auch auf die allen sichtbare Pracht ihres Gewaltzentrums. Die Hauptstadt war Voraussetzung und Stärke der Herrschaft. Wenn wir nicht auf ihre besondere Situation eingehen, wird es nicht gelingen, Ordnung in die Widersprüche um die Kultur der Shang zu bringen.

Als die Umwallung nicht mehr ausschließlich dazu diente, den Bauern und sein Vieh vor räuberischen Nachbarn zu schützen, sondern einen Herrschaftsanspruch ausdrückte, wurde aus dem Dorf die Stadt. Sicher deckt der chinesische Boden noch manche große Siedlung aus der frühen Shang-Zeit, doch werden wenige davon, nicht einmal die häufig wechselnden Königssitze, den Namen einer Stadt für sich beanspruchen dürfen. Anayang wurde um 1300 vom König P'an Keng als Hauptstadt gegründet. Damit war sie von vornherein anderen Wesens als die bäuerlichen Siedlungen. Stadt und Dynastie trugen denselben Namen. Er wird manchmal als Shang, manchmal als Yin genannt; die chinesische Tradition hat Shang den Vorzug gegeben. In der Hauptstadt sammelte sich der Reichtum; ihre Handelswege zogen von weit her die Rohstoffe heran; zu ihr wanderten – oder wurden gezwungen – die Kunstfertigen. Reichtum und Kunstblüte von Anyang drücken sich in dem Material aus, das Bildsamkeit und Haltbarkeit in hohem Maße vereinte, das durch seine Kostbarkeit und die Schwierigkeiten seiner Technik aber nur einer Oberschicht seine Möglichkeiten erschloß – in der Bronze.

Die Voraussetzung für die chinesische Bronzekunst ist die kulturgeschichtliche Phase, in der die Mischung der Jungpflanzer und Hirtenkrieger die erste Stadtkultur hervorbrachte. Nur in einer Stadt können wir uns die bronzenen Opfergefäße entstanden denken, die die Händlerbezeichnung Anyang-Bronzen tragen. Die Gründer der ersten Städte kannten aus der Vergangenheit und Gegenwart des Ackerbauers, der ihr Rückgrat bildete, den Wert des festen Wohnsitzes und die Abhängigkeit der Glieder einer Gemeinschaft voneinander. Von den Hirtenkriegern erbten sie Organisationstalent und den Begriff der Macht. Anyang ist die erste Stadt in China, die nicht nur mehr als ihre ländliche Umgebung beherrschte, sondern auch alle Formen des Herren- und Gemeinschaftslebens weit über das Existenzminimum der dienenden Klassen erhob.

In einer primitiven Ackerbau- und Hirtenkultur konnte Unzufriedenheit immer einen Auslaß in die geographische Weite finden; der einzelne oder die Sippe wanderte woandershin, wo es besser war und man größere Möglichkeiten zu haben glaubte. In einer Stadt war man örtlich gebunden; Unzufriedenheit mußte sich in Ehrgeiz wandeln. Der Drang, sich weiter zu bewegen, mußte aus dem Räumlichen in das Soziale übertragen werden. Erfolg wurde nun an dem Abstand zu den Mitbewohnern gemessen und abgelesen an Reichtum und Macht. Wer nach oben gelangte, mußte seine Fähigkeit und das daraus abgeleitete Recht beweisen, seine Mitmenschen zu beherrschen. Militärgewalt war das einfachste Mittel, Religion ein indirektes Mittel, die

Kunst ein Ausdrucksmittel. Militär, Religion und Kunst haben im Dienst der Macht oft gute Kameradschaft gehalten. Der Kunst kam die Aufgabe zu, die Macht, die von den beiden anderen gehalten wurde, sichtbar zu machen. Das konnte sie mit um so größerem Erfolg tun, je wertvoller das Material war, mit dem sie arbeitete, je exklusiver es auf Grund seines Wertes war – und das traf auf die Bronze zu. Es war die Bronze, die dem Militär die überragenden Waffen ermöglichte und die den Zeremonien der Religion durch ihre kostbaren Gefäße Glanz verlieh. *(T. 23)* Es war die Kunst, die die Kostbarkeit der Bronze augenfällig machte: *(T. 22)* über Waffen und Opfergefäße breitete sie ihren Zauber.

Stadtkultur beruht auf der geschichteten Gesellschaft. Nicht in allen Schichten oder Ständen sind die Bedürfnisse und Ansprüche gleich; in den oberen Schichten sind sie aber so groß, daß es einen Stand geben muß, der sich ausschließlich ihrer Befriedigung widmet. Eine ländliche, auf Selbstversorgung eingestellte Gemeinschaft – dies war die Lebensform der jüngeren Steinzeit und blieb noch für Jahrhunderte die des flachen Landes – kann ein Mitglied, das sich nur dem Bronzeguß widmet und in dieser Kunst die technische Vollkommenheit der Gefäße der Shang-Zeit erreicht, weder hervorbringen noch erhalten. Nur in einer größeren Stadt konnte ein Spezialist alle Zeit und Arbeitskraft auf einen solchen Kunstzweig wenden – und das mußte er. Denn die Technik war so schwierig, so ganz auf Überlieferung, Experiment und Erfahrung gestellt, daß er eine lange Lehrlingszeit brauchte, dazu Öfen und Werkzeuge, die nicht so primitiv sein durften wie die, die man auf dem Bauernhof zum Schnitzen, Töpfern und Weben herstellte.

Er war von einer regelmäßigen Zufuhr des Rohmaterials abhängig – nur zur Hauptstadt zogen die Tributträger mit dem Malachit, aus dem das Kupfer gewonnen wurde, und dem Zinn, durch dessen Zusatz die Bronze entstand. Der Absatz seiner Erzeugnisse, den nur die Stadt garantieren kann, wird für den Handwerker von Shang allerdings noch kein unmittelbares Problem gewesen sein. Wir müssen ihn uns wohl als eine Art Leibeigenen vorstellen. *Phyllis Ackerman* sieht ihn in Staatsbetrieben arbeiten. Wahrscheinlich war er an den Haushalt einer Großfamilie gebunden. Diese stellte ihn wirtschaftlich sicher; sie allein verfügte über das Kapital, das teure Material anzuschaffen. Dafür besaß sie in der Person des Künstlers das Geheimnis seiner Kunst und erhielt alles, was aus seiner Werkstatt hervorging. Daß Bronzen hoher Qualität zuweilen auch außerhalb Anyangs – von Shensi bis West-Chili – gefunden, ja vielleicht hergestellt wurden, ist durch die Bindung des Künstlers an eine mächtige Familie zu erklären.

Es gibt unter den sogenannten Anyang-Bronzen kaum solche mit technischen Defekten. Uns scheint es unwirtschaftlich, alle Stücke, die im mühsamen Verfahren des Gusses in der verlorenen Form nicht gelangen, auszumerzen – wenn der Schaden durch Nacharbeit am kalten Metall in etwa behoben werden konnte. Eine solche Korrektur findet sich aber auf Shang-Bronzen nicht. Ebenso fehlen die Spuren eines beschleunigten Arbeitsganges, wie sie sich auf späteren Gefäßen oft als Abdruck schlecht aneinandergepaßter oder nachlässig eingedrückter Modeln finden. Ein fehlerhaftes Gefäß wurde so lange wieder eingeschmolzen und neu gegossen, bis es den höchsten Anforderungen genügte, die der Kult an seine Geräte stellte. Dies mag ein Anzeichen dafür sein, daß die Shang-Künstler nicht vom Umsatz abhängig waren, sondern in gesicherten – gewiß nicht üppigen – Verhältnissen lebten, unter strengen Herren, denen sie tadellose Arbeit abzuliefern hatten.

Eine Pekinger Legende, die sich an den Tempel Ta Chung Ssu knüpft, zeigt, daß im 15. Jahrhundert n. Chr. die Macht des Auftraggebers noch in ähnlicher Weise über dem Werkmann stand: Der Kaiser der Regierungsperiode Yung Lo bestellte bei einem Meister die größte Glocke Chinas, deren Stimme in einem Umkreis von hundert chinesischen Meilen zu hören sein sollte. Zweimal mißlang der Guß. Der zornige Kaiser drohte dem Gießer mit dem Tode, wenn das Werk nicht beim nächsten Versuch gelingen würde. Der Wahrsager erklärte, daß die edlen und unedlen Metalle der Legierung nur durch das Blut einer Jungfrau zur Vereinigung gebracht werden könnten. Als das glühende Metall wieder im Riesenkessel brodelte, sprang die schöne Tochter des Meisters hinein, um Werk und Leben des Vaters durch ihr Opfer zu sichern. Der Guß gelang vollkommen.

Die Zahl der nach viertausend Jahren in gutem und leidlichem Zustand geborgenen Bronzegefäße ist schon so groß, daß es aussieht, als ob jeder Untertan der Shang mit einer Sakralbronze begraben wurde. *(T. 23)* Das war aber nicht der Fall. Vielmehr blieb dies ein Vorrecht der herrschenden Familien – die allerdings oft in ein Grab viele Bronzegefäße stellten, während für das einfache Grab eine Axt und einige Tontöpfe genügten. Die Konzentration der Macht in und um die Hauptstadt der Shang wird anschaulich in den vielen Bronzefunden, die um Anyang gemacht werden. Hier saßen die Herrscher; hier wurden die Bronzewaffen geschmiedet, die ihre Macht erhielten; hier wurden sie in Pracht und Reichtum begraben, die Könige mit Hunderten von Waffen; hier weilten die Geister der Toten zum Schutz der Lebenden, die ihre Nachkommen waren. Ins flache Land kamen die Herren zu Kriegs- und Disziplinarexpeditionen, ins Gebirge zur Jagd. Im Süden, im Yangtzegebiet, wo das Kupfer und das Zinn gefunden wurde, aus dem die Bronze entstand, war das Metall den Bewohnern wenig nutze – es mußte nach der Hauptstadt geliefert werden, wo die kunstfertigen Gießer es verarbeiteten. Auch nordöstlich von Anyang, in den „Kupfer-Bergen“, gab es Rohmaterial in erreichbarer Nähe. Ungeheuer war der Reichtum, der so an einem Fleck zusammenkam. Dieser Reichtum war Macht, nicht nur, weil er allein die Bronzewaffen stellen konnte, sondern auch, weil er ermöglichte, in der rechten Durchführung des Opfers übernatürlichen Beistand zu erreichen. Auch zog man die Bronze dem Knochen und dem Ton nicht nur darum vor, weil sie kostbarer war, sondern auch weil sie jene in die Vergangenheit und Zukunft reichende Zusammengehörigkeit der Generationen, der der Ahnenkult diente, in ihrer Haltbarkeit so sinnfällig zum Ausdruck brachte. *(Abb. 19)* Kinder und Enkel würden noch ein Gefäß in Ehren halten – so wie es in vielen Inschriften der Chou-Zeit als frommer Wunsch ausgesprochen wird. Und in diesem Wunsch liegt auch das Anliegen und das Bewußtsein, daß der Zusammenhalt der Familie, ihrer verstorbenen und lebenden Mitglieder, die Erhaltung ihres Reichtums und ihrer Macht gewährleistet.

(Abb. 10) Die Opfer galten vor allem den Geistern der Ahnen, denn die zweite Seele jedes Menschen, „Strahlender Geist" genannt, die nicht mit seinem Körper verging, blieb der Familie in einem Verhältnis gegenseitiger Abhängigkeit verbunden. Sie war auf die Speise- und Trankopfer angewiesen, die die Nachkommen ihr darbrachten. *(Abb. 12)* Sie konnte Unterlassung des Opfers oder Handlungen der Lebenden, die sie als Kränkung empfinden mußte, mit Unglück bestrafen; sie konnte Glück und Gedeihen als Ausdruck ihrer Zufriedenheit und Zustimmung senden. Die lebende Generation war im Nachteil, da ihre Leistungen in den Grenzen menschlicher Möglichkeiten bleiben mußten; die Wünsche der Verstorbenen konnten aber nicht von Fall zu Fall unmißverständlich mitgeteilt werden, ihre Reaktionen dagegen wurden über die menschlichen Machtbereiche hinaus zum Schicksal. Die Lebenden wußten, daß höchste Ehrfurcht und Spenden nach bestem Vermögen von ihnen als selbstverständlich erwartet wurden; sie hofften, durch besonderen Eifer und Opferfreudigkeit besonderen Lohn von den Ahnen zu erlangen. Jedes prächtige Gefäß, das man ihrem Dienst weihte, sollte Garant für das Gedeihen der Familie in Gegenwart und Zukunft sein. Derselbe Stolz, der den Lebenden im Besitz seines Bronzeschatzes erfüllte, bewegte auch die Ahnen. Die Kunst der Darstellungen strahlte ihre Macht über die Dämonen in beide Bereiche, verband sie und sonderte die Familie, mit ihren vergangenen und künftigen Generationen, von anderen Familien, die nicht den in die Gefäße eingegossenen Namen trugen, sondern ihre eigenen, anderen Sakralbronzen besaßen.

(T. 27–37) Vor dreitausend und mehr Jahren haben die Chinesen in den Sakralbronzen ihren Glauben niedergelegt, ihre Furcht und ihre Hoffnung, ihre Ansicht von der Welt und den Mächten, die sie regieren, von der Bindung des Menschen an den Mutterschoß der Erde – aber in Darstellungsformen, die wir nicht mehr mit Sicherheit deuten können. Sie waren den Chinesen schon vor zweitausend Jahren fremd geworden. Den Gelehrten der Sung-Zeit, um das 11. und 12. nachchristliche Jahrhundert, blieben sie unerschlossen, sosehr diese auch um die Enträtselung bemüht waren. Der Umbruch der Weltanschauungen, der sich im letzten vorchristlichen Jahrtausend vollzog, hat manche Einzelheit der alten Vorstellungen im Volksglauben weiterleben lassen, hat aber den Zugang zu dem Gesamtbild der Welt, wie es die Menschen der hohen Bronzezeit sahen und darstellten, verschüttet. Nur was sich erhalten hat, wie zum Beispiel der Ahnenkult, kann aus den Orakelinschriften der Shang-Zeit mit einiger Sicherheit gedeutet und aus der klassischen Literatur herausgeschält werden. Da aber den konfuzianischen Gelehrten, die die frühesten chinesischen Aufzeichnungen aufbewahrten und redigierten, die Bedeutung der Tiergeister unverständlich geworden war, kann uns ihre Fassung der Klassiker keine zuverlässige Auskunft mehr geben. Mancher für uns wichtige Hinweis mag von ihnen, als nicht zu ihrer Geistesrichtung passend, unterdrückt worden sein. Die Namen, die den auf den Bronzen dargestellten Wesen von den chinesischen Gelehrten der Sung-Zeit gegeben wurden, sind meist recht kritiklos aus

dem Restbestand der Vorstellungen herausgegriffen, die sich im Aberglauben erhalten hatten; oder sie sind eine Schreibtischrekonstruktion aus dem Geiste der konfuzianischen Morallehre, wie zum Beispiel die Erklärung des T'ao-t'ieh. Dies ist der Name, der für die großen Tiergesichter gebraucht wird, die in mehr oder weniger starker Stilisierung, *(T. 25)* mit großen Augen und Hörnern, die Sakralgefäße und viele andere Gegenstände aus der Shang-Zeit zieren. *(T. 26)* Die heute gebrauchten Schriftzeichen dieses Namens, der in der Shang-Zeit noch nicht vorkommt, bedeuten Vielfraß. Die Gelehrten der Sung-Zeit leiteten daraus die Erklärung ab, daß das Untier als Warnung gegen Völlerei auf den Gefäßen für das Opfermahl angebracht wurde – eine ebenso wohlmeinende wie unsinnige Auslegung.

Der Sinn der Bronze-Ornamentik war ein völlig anderer; sie stellte Dämonen dar, nicht Morallehren. Wir wissen nicht, welche Formen Kult und Magie der Shang-Zeit annahmen; wir sehen nur ihre Symbole. Wir werden darum im folgenden unsere Fragen und Vermutungen an die Bronzen selbst herantragen und von ihnen Antworten – und neue Fragen erhalten. Denn so einheitlich der Tierstil der Shang in seiner reifen Ausbildung wirkt, in der allein wir ihm begegnen, so verwirrend sind die Fragen, die er aufwirft. Er spiegelt nicht das Kulturgesicht der Shang aus der Zeit, in der wir sie kennenlernen, denn dann müßte zum Beispiel das Pferd häufiger auftreten als nur an den wenigen Stücken, die mit Pferdeköpfen geziert wurden. Er hat sich auch nicht der Wirtschaftsform der Shang angepaßt, die agrarisch war, denn Pflanzenmotive sind in der Shang-Kunst nirgends nachzuweisen. *(T. 25, 45)* Die Tiere, die im Dekor die große Rolle spielen, decken sich nicht immer mit den Tieren, die für die Menschen vorwiegend wichtig waren – und doch zeigt der immer wieder auftretende Wasserbüffel, daß der Reisbau mit seinen Sorgen den Dämonen verbunden war. *(T. 36, 37)* Der Büffel gehörte dem südlichen Bereich an; für Elefant und Nashorn war China damals das nördlichste Grenzgebiet ihrer Verbreitung; die Cerviden, Hirsch und Ren, dagegen sind den Jägern des Nordens und Ostens wichtig. *(T. 18)* Sie werden manchmal dargestellt, nicht aber der Bär (eine Ausnahme: Vor-Anyang), der den Tungusen heilig ist und auch in China als aktives Yang-Element zum Herrscher, zum Krieg genannt wird und im Traum Söhne verheißt. Das Schaf war in China Haustier; auf den Bronzen aber scheint das Wildschaf der Bergsteppen, das Argali, mit seinem mächtigen Gehörn vorzuherrschen. *(T. 27, 28)* Der Hund, ältester Gefährte des Menschen auch in China, begegnet uns nie. Auch das Rind ist, nach *Hentzes* Ansicht, nicht vertreten. Und das wichtigste Haustier, der größte Fleischlieferant Chinas, das Schwin, das wie Rind und Schaf „großes Opfertier" war, kommt in der Kunst überhaupt nicht vor.

Wenn also ein hirsebauendes und schweinehaltendes Bauernvolk Dämonen aus Tiger und Wildschaf zusammendachte, wenn die Helfer des Reisbauern, die Wasserbüffel, mit den Feinden der Saaten, den Hirschen, Rehen und Hasen, in den gleichen Zeremonien ihre Funktion erfüllen, wenn Elefant und Elch sich treffen, dann liegt die Vermutung nahe, daß das Glaubenssystem der Shang sich aus verschiedenen Quellen herleitete. Auch muß angenommen werden, daß einzelne seiner Elemente einen Bedeutungswandel durchgemacht haben, als die Jäger nicht mehr die einzigen Ernährer des

Stammes waren, und der Bauer trachten mußte, die Natur zur Erfüllung seiner Wünsche zu bewegen. Gegen den zähen Beharrungswillen des menschlichen Geistes in allen Dingen des Glaubens konnten aber neue Formen nur langsam aufkommen; der neue Inhalt wurde in die alten Formen geprägt. Nur so ist es zu erklären, daß in der Zier der Sakralbronzen nie pflanzliche Motive erscheinen. *(Abb. 5)* Wir wissen aus den Orakelknochen-Inschriften, daß die Sorge um die Ernte ein wichtiges Anliegen der Regierenden in Anyang war. Man sucht aber vergebens das sprießende und reifende Getreide im Ornamentschatz der Sakralbronzen. Daß Einzelheiten der Zier als Wolken, Donner und Regen gedeutet werden, kann den Mangel an vegetabilischen Formen nicht wettmachen. Die Gründe für das Fehlen der Pflanzen müssen tiefer liegen - oder besser gesagt, weiter zurück - eben in jener Frühzeit der Jägerkultur, als allein das Tier, als Feind und als Beute, im Leben des Menschen Bedeutung hatte.

(T. 44) Für ein primitives Jägervolk ist der Tiger der mächtigste Berufsgenosse, viel besser für die Jagd gerüstet als der Mensch, der Krallen und Zähne notdürftig durch Steinwaffen ersetzen muß. Auch für das Herrenvolk der Shang, die sich schon für die Herren der Tierwelt halten konnten, mochte der Tiger noch als Schutzgeist ihres vornehmen Sportes, der Jagd, gelten. Doch genügt diese einfache Annahme nicht, den wichtigen Beitrag zu erklären, den das große Raubtier zur Bildung der sogenannten T'ao-t'ieh geleistet hat.

(T. 21) Der Tiger, um dessen Gunst man bitten mußte, weil man nicht hoffen durfte, gegen ihn zu bestehen, konnte, als das mächtigste Lebewesen, zum Schutzgeist der wichtigsten Nahrungsquelle, des Ackerbaus, werden; die Bauern erbten ihn von den Jägern. Daß er ihnen nun in ihren Dörfern weniger gefährlich, als Feind der Rehe, der Zerstörer ihrer Felder, sogar nützlich war, kann nur eine nachträgliche Ausformung des Tigerschutzgeistes sein. Ebenfalls sekundär, aber von tiefgehender Bedeutung ist seine Einordnung auf die Seite des Yin, des weiblichen, empfangenden, dunklen Elements der Erde, das dem männlichen, zeugenden, strahlenden Yang des Himmels gegenübersteht als seine Entsprechung im Dualismus, dem alles Leben unterworfen ist. So hat der Tiger, wie *Hentze* vor allem glaubhaft machte, eine wichtige und weitreichende Aufgabe erhalten, indem er als Erdgeist Schützer des Lebens wurde.

(T. 27) Florance Waterbury hat nachzuweisen versucht, daß der Tiger allen Spielarten des T'ao-t'ieh zugrunde läge. Er legt sich die Waffen anderer Schutzgeisttiere, zum Beispiel die Hörner des Wasserbüffels, als weitere Machtattribute zu. Doch genügt die Auslegung nicht, um die Verbindung von Raubtiergesicht und Hörnern zu erklären. Alle Versuche, eine genaue Scheidung der einzelnen tierischen Elemente des T'ao-t'ieh vorzunehmen, sind zum Scheitern verurteilt. *(T. 33)* Nur das Raubtiergesicht und die Widder- und Büffelhörner können benannt werden; die vielen anderen Varianten, vor allem unter den Hörnern, entziehen sich einer zoologischen Festlegung.

(T. 35) Sicher hat man auch in der Shang-Zeit gesehen, wie leicht sich die Grenzen zwischen den Vorbildern des Tierstils verwischten. *(T. 25)* Vielleicht hat man bewußt auf diesen Eindruck hingearbeitet, um mit solchen Mitteln - zum Beispiel der Ver-

wandlung der Hörner in selbständige Drachen *(T. 32, 34)* – die Verbundenheit der dämonischen Wesen gegenüber der Vielfalt der zoologisch feststehenden Formen zu betonen. *(T. 44)*

Es geht darum nicht an, Tiger und T'ao-t'ieh einfach gleichzusetzen oder den Namen T'ao-t'ieh auszuschalten, wenn auch die chinesischen Gelehrten mit der Wahl der Zeichen einen unglücklichen Griff getan haben – veranlaßt durch eine Notiz aus dem 3. Jahrhundert v. Chr., die von einem menschenfressenden Ungeheuer berichtet, das durch Verlust seines Rumpfes bestraft wurde. Unter den nach dem Naturvorbild noch erkennbar gestalteten Tieren der Bronze-Kunst hat der Tiger den geringsten Anteil an den Vorstufen zum Naturalismus. Nie ist er so realistisch wie ein Widder, Wasserbüffel oder Elefant. Der Tiger ist nicht, wie Widder und Büffel, dem Menschen vertraut und willfährig; er ist nicht beim Opfer selbst als Opfertier zugegen. Weil der Mensch sein Wesen nie ganz ergründet hat und sein Antlitz nur in Gefahr und Schrekken schauen kann, ist die Darstellung des Tigers nicht einer häufigen Kontrolle nach dem Vorbild unterworfen. Sein Abbild wird von den Dämonenvorstellungen weit stärker als vom Augeneindruck bestimmt. Er gehört in den Bereich des T'ao-t'ieh.

Das T'ao-t'ieh, die Tiermaske, ist keinem bestimmten lebenden Wesen nachgebildet und ist doch so eindringlich in seiner dämonischen Lebendigkeit. Das Wesentliche am Leben war Macht: Macht, sich durchzusetzen; Macht, zu schützen; Macht, zu gebieten. *(T. 29)* Der Mensch war sich wohl bewußt, daß er diese Macht nicht unumschränkt besaß; Natur und Schicksal ließen ihn dies immer wieder fühlen. So hielt er fest an den Vorstellungen lang vergangener Generationen aus der Stufe der Jägerkultur, denen das große Raubtier als Inbegriff der Macht erschien. Doch waren die Menschen der Shang-Zeit schon so weit von jener Jägerstufe entfernt, daß sich deren Vorstellungen nicht in ihrer Eindeutigkeit gehalten haben können. Es handelt sich hier um das Bild einer Macht, die außerhalb der menschlichen Machtbereiche, ja über ihnen steht, und die nach alter Tradition durch das Tier dargestellt wird – in China wie in anderen Frühkulturen. Das Wesentliche ist aber nun nicht mehr das Tierische; es scheint auch nicht mehr wichtig, ein bestimmtes Tier klar herauszustellen, sondern es ist eben die Darstellung von jener Gewalt von Natur und Schicksal, der der Mensch ausgeliefert ist und deren Gunst er anfleht. *(T. 27)* Darum sind die Augen betont; sie machen das Wesen des T'ao-t'ieh aus; sie zeigen, daß es weiß, was vorgeht. *(T. 26)* Darum sind die Augen betont; sie machen das Wesen des T'ao-t'ieh aus; sie zeigen, daß es weiß, was vorgeht. *(T. 24)* Sie allein sind an ihm lebendig; sie können nie verkleinert werden oder gar fortfallen, wie andere Teile der Maske. In ihnen zeigt sich die Macht, denn sie halten stand, sie sind immer bannend auf den Menschen gerichtet.

Ob die Menschen der Shang-Zeit im T'ao-t'ieh eine oder mehrere Arten von Dämonen sahen, muß vorläufig unbeantwortet bleiben. Soviel ist sicher, daß ein in das Schicksal der Menschen eingreifendes Wesen in dieser Gestalt dargestellt wurde. Es war eine Macht, der bei religiösen Zeremonien Rechnung getragen werden mußte. Nur wissen wir nicht, in welchem Verhältnis es zu den Geistern stand, denen man opferte.

Vielleicht hielt es böse Einflüsse vom Opfer fern. Es ist unwahrscheinlich, daß das T'ao-t'ieh selbst Empfänger aller Opfer war, die in Gefäßen mit seinem Bild dargebracht wurden. Es tritt nicht auf allen Sakralbronzen auf; wenn es aber erscheint, so beansprucht es, mit wenigen Ausnahmen, den wichtigsten Platz.

(T. 33) Die kleineren, aber vollständiger dargestellten mythischen Tiere werden Drachen genannt, ohne daß damit bewiesen werden kann, daß sie in Wesen und Funktionen mit den Drachen des chinesischen Mittelalters übereinstimmen. Sie erscheinen stets im Profil, mit einem Körper, der so lang ist, wie es die verfügbare Fläche in den nach dem Prinzip des *horror vacui* gefüllten Zierstreifen erlaubt. In Kopf und Hörnerbildung unterscheiden sie sich kaum vom T'ao-t'ieh – sofern das T'ao-t'ieh überhaupt einen Körper an seine Maske anschließt. Die Ähnlichkeit geht so weit, daß man das T'ao-t'ieh als aus zwei gegenständigen Drachen gebildet hat; tatsächlich handelt es sich beim T'ao-t'iehaber wohl um ein frontal geschautes Tier, dessen beide Körperhälften rechts und links an die Maske angeschlossen werden, als ob es längs der Wirbelsäule gespalten sei. Die sogenannten Drachen dagegen erscheinen stets im Profil; es kommt darum auch nur ein Auge und ein Horn zur Darstellung. Die mannigfachen Formen der Hörner, die das T'ao-t'ieh so auffallend auszeichnen, finden sich auch – mit einigen Einschränkungen – bei den Drachen, allerdings selten so mächtig ausladend. Es ist wohl möglich, daß einer solchen Gemeinsamkeit der Formen eine Bedeutungsgemeinschaft in der Aufgabe zugrunde liegt. Manche T'ao-t'ieh und Drachen scheinen nur verschiedene Ansichten desselben Dämons zu sein. Trotzdem werden sie wegen der strengen Trennung in große frontale und kleinere Profilansichten mit diesen beiden Namen unterschieden. Da eine symmetrische Komposition die Regel ist, treten die Drachen meist in Paaren auf, selten nur in einer Reihung um den Gefäßkörper.

Die Anwendung unseres Wortes Drache auf den Dämon der archaischen Bronzen liegt darum nahe, weil sich mit diesem Namen die Vorstellung eines Reptilkörpers verbindet. *Waterbury* ging so weit, in diesen chinesischen Drachen den Alligator zu finden; *Hentze* nimmt den Salamander als Vorbild an. Obwohl es für die Bedeutung des archaischen Drachens keine überzeugenden Hinweise gibt, so kann doch angenommen werden, daß er der lebenswichtigen Frage der Wasserversorgung nicht ferne stand – ist er doch, ebenso wie sein Nachfahre, der chinesische Drache des Mittelalters, für seine Körperlichkeit den Reptilien am meisten verpflichtet. *(T. 24)* Es ist anzunehmen, daß der archaische und der mittelalterliche Drache in einem Ahnen-Nachkommen-Verhältnis zueinander stehen. Die wichtigste Funktion des mittelalterlichen Drachens ist die Regenkontrolle; er hält die Fäden der Agrarökonomie in seinen Klauen. Im Altertum ist die Frage des Regens eine ebenso brennende gewesen. Es ist undenkbar, daß nicht wichtigen Gottheiten oder Dämonen die Entscheidung über sie eingeräumt wurde. *(T. 28, 30)* Dem T'ao-t'ieh ist nicht nachzuweisen, daß es ein Spender des Regens war. Wir sahen, daß alle seine Züge Landtieren entlehnt wurden. Dagegen ist für die langgestreckte Drachenart mit aufgestülpter Nase, Haken auf dem Rücken und langem Schweif eine Verwandschaft mit dem Alligator nicht von der Hand zu weisen.

(T. 22) Schlangendrachen haben einen langen, beinlosen Körper mit dem Kopf eines T'ao-t'ieh. Auch hier hat ein dem Menschen durch seine natürliche Waffe überlegenes Tier dem Dämonenbild seine Form verliehen. Die Schlange, uralte Gottheit in vielen Kulturen, ist in China ein Yin-Symbol; sie ist der Erde und dem Wasser verbunden. *(T. 35)*

Verwandtes und Gegensätzliches bestimmen also in gleichem Maße das Verhältnis von T'ao-t'ieh und Drachen. Ihre Beziehungen zueinander sind darum noch ungeklärt. Nicht einfacher wird dieses Problem durch weitere Drachenspielarten, die weder einem Reptil-Vorbild noch einem T'ao-t'ieh ähneln. Dies sind die zahlreichen Vogeldrachen mit scharf abwärts gehaktem Schnabel und vorgestrecktem, krallenbewehrtem Fuß. Wie dem T'ao-t'ieh das Raubtier zugrunde liegt, so hat beim Vogeldrachen der Raubvogel Pate gestanden. Wiederum sind es die Waffen des Tieres, die in der Stilisierung betont werden.

Neben diesen mythischen Erscheinungen werden auf den Sakralbronzen Tiere dargestellt, die nach der Natur gebildet und als bestimmte Arten zu erkennen sind. Das bedeutet aber nicht, daß sie aus der Freude am Abbilden zum Schmuck der Gefäße verwandt wurden. Auch sie haben eine symbolische Bedeutung und Aufgabe. *(T. 30, 32)* Wir können nur wenige Vermutungen anstellen, was diese gewesen sein mögen. *Hentze* deutet den häufig auftretenden Vogel als Lichtvogel, dem die Eule als das Tier der Dunkelheit gegenübersteht; auch sie ist Schutzgeist. *(T. 34, 35)* Fische, Frösche, Schlangen und Schildkröten finden sich oft, *(T. 36, 37)* aber nicht ausschließlich, auf Gefäßen, die der Überlieferung nach als Wasserbehälter beim Opfer dienten. Elefant, *(T. 25)* Rhinozeros, Tiger, Wasserbüffel erscheinen entweder im Ornament oder in voller Gestalt den Gefäßkörper bildend. Hirsche und Hasen, das jagdbare Wild, treten nur selten auf. Die Zikade findet sich sehr oft, als Larve und geflügelt, in allen Stadien der Stilisierung. Für fast alle diese Tiere gibt die chinesische Literatur des der Shang-Zeit folgenden Jahrtausends Erklärungen, die ihre Beziehung zum Menschen festlegen – ihr Erscheinen ist glückbringend oder unheilverkündend. Von keiner dieser Angaben aber können wir sicher sein, daß sie für den Glauben der Shang zutrifft. Wenn aber die Bedeutung des Schutzes, des guten Vorzeichens oder der Verbundenheit der Toten mit den Lebenden angeführt wird, so ist man berechtigt – eingedenk des Beharrungsvermögens religiöser Vorstellungen –, für die Shang-Kunst eine ähnliche Auslegung zu versuchen.

(Abb. 28) Die Zikade zum Beispiel wurde in der Han-Zeit in Jade nachgebildet den Toten mitgegeben, denn sie war ein Sinnbild der Auferstehung. Die Singzikade verbringt viele Jahre im Larvenstadium unter der Erde und steigt dann zu einem kurzen, aber geräuschvollen Flügelleben in die Bäume. Dieses Aufsteigen aus dem Yin, der dunklen Erde, um im Lichte, dem Yang-Element, eine neue Generation zu zeugen, mag dem Glauben an den Mutterschoß der Erde, aus dem auch der Mensch geboren wird, als einleuchtendes Bild gedient haben.

(T. 21) Dieselbe Vorstellung wird auch mit der Person des Menschen selbst sichtbar

gemacht. Er erscheint im Rachen des Tigers, nicht als sein Opfer, sondern als sein Schützling. Der Ahnherr wird aus der Erde, die der Tiger symbolisiert, geboren. Wenn wir *Hentze* in dieser Auslegung folgen, so leuchtet auch seine Erklärung einer Tiergruppe ein, die sich häufig an Henkeln findet: über einem Vogel erscheint ein dem T'ao-t'ieh verwandter Tierkopf, in dessen Rachen der Kopf des Vogels fast verschwindet. Die Dunkelheit, die zu dem weiblichen Prinzip des Yin, dem empfangenden und gebärenden, gehört, speit den Lichtvogel aus – oder verschlingt ihn, um ihn wieder zu erzeugen. Ebenso kehrt auch der Mensch in den Schoß der Erde zurück. Hier fände sich auch eine weitere Stütze für die Annahme, daß das T'ao-t'ieh dem Tiger verwandt und ein Dämon der Erd-„Partei" ist.

Der Mensch wird in der Kunst der Shang sehr selten dargestellt. Es gab wohl sehr wenige menschengestaltige Götter außer den vergöttlichten Ahnen, sondern höchstens Mischformen aus Mensch und Tier; auch sie treten in der Zahl weit hinter den Tierformen zurück. Die Religion, als Auftraggeberin der Kunst, veranlaßte den Künstler also nicht, sich im Abbilden des Menschen zu üben und seine Gestalt in ein stilisiertes Flächenornament umzuwandeln. Darum erscheinen die wenigen Menschenbilder ungeschickter und zugleich lebendiger als die zoologischen oder mythologischen Tiere. *(T. 21, 39)*

Für eine weitere Einsicht sind die spärlichen Menschenbilder bedeutsam: Es ist die Erklärung versucht worden, daß viele der Tierbilder auf den Bronzen die Opfertiere darstellten. Wir hatten dagegen schon auf das Schwein hingewiesen, das nie abgebildet ist, als Opfertier aber immer wieder in den Orakelknochen-Inschriften genannt wird. Aus derselben Quelle und aus Ausgrabungsfunden geht hervor, daß der Mensch das vornehmste Opfertier war. Sein Fehlen in dieser Eigenschaft auf den Bronzen zeigt, daß das Opfer, also die greifbare Wirklichkeit, nicht Gegenstand der Darstellung war.

Auch die geometrischen Muster werden in den Kreis der Symbole einbezogen. Das immer wiederkehrende Motiv der eckigen Spirale, das oft den ganzen Hintergrund in den verzierten Feldern einer mit T'ao-t'ieh und Drachen geschmückten Bronze ausfüllt, hat von den chinesischen Archäologen einen Namen bekommen, der es mit Sinngehalt belädt: das Donnermuster, chinesisch: Lei-wen. *(T. 26, 27)* Wir erinnern uns an die doppelte Spirale der neolithischen bemalten Keramik. *(Abb. 6)* Es ist möglich, daß das Donnermuster ihr Abkömmling ist. Aus der Form des in der Shang-Zeit gebräuchlichen Schriftzeichens für Donner hat man sowohl auf eine Verbindung beider Motive geschlossen, als auch die Richtigkeit des chinesischen Namens bestätigt gefunden. Wenn diese Annahmen stimmen, so wäre mit den Lei-wen dem Hauptanliegen des Bauern, nämlich dem Regenzauber, Rechnung getragen. *(T. 28)* In den chinesischen Bronzebeschreibungen kommt auch häufig der Name Yün-wen, Wolkenmuster, vor, ohne daß es klar wird, wie sich diese Form von den Lei-wen unterscheidet – die Funktion des Musters ist jedenfalls dieselbe. Manchmal werden Dämonen- und Tierbilder ganz von Lei-wen übersponnen. So mag man zu einer Deutung dieses Ornaments gelangen als einer Daseinssphäre kosmischer Bedeutung, die wie Urwasser oder Wetterwolken das

Element der Dämonen ist. Inwieweit den Lei-wen eine regenspendende Kraft eignete, ist aber nicht nachzuweisen.

Sakralgefäße – Bronzekunst

So diente die Kunst des Bronzebildners nicht nur dem Ansehen der Mächtigen, sondern auch über die Bedürfnisse der herrschenden Klasse hinaus der Allgemeinheit. Allerdings erfüllte sie diese Aufgabe nicht als Kunst an sich, nicht in der Verschönerung der Stadt zur Erbauung und zum Stolz ihrer Bürger. Denn es gab nur Kunstgewerbe, von einigen Werken der Bauplastik abgesehen. *(T. 26)* Stets war die Kunst an einen zweckerfüllenden Gegenstand gebunden. Was die Kunst zur Zweckform hinzutat, diente dem Kult. Die ablesbare Bedeutung des künstlerischen Schmuckes - nicht seine Schönheit - gab ihm seine Existenzberechtigung. Jeder Einwohner von Anyang fühlte sich zur Gemeinschaft gehörig, weil für ihn die Masken und Tiere auf den Bronzen denselben Sinn hatten wie für seine Mitbürger; weil er ihre Bedeutung erfaßte, so wie auch die anderen sie verstanden. Das gesamte Bauernvolk wurde in diese Gemeinschaft einbezogen; es waren seine Magie und seine Belange, denen der Kult diente, auch wenn ihre Formen nicht ursprünglich auf dem Acker gewachsen waren. Die Stadt konnte wohl eine Kunst schaffen; zu einem Kult gehörte ein größeres Alter, als sie aufzuweisen hatte. Der Bauernstand hatte dieses Alter. Der, dem die Symbole ihren Sinn nicht erschlossen, gehörte nicht zur Gemeinschaft - er war ein Barbar.

Jede verzierte Bronze also löste in dem Beschauer eine Reaktionskette aus, in der das Ästhetische nur ein Glied war: das Kunstwerk brachte nicht nur ein Geschenk, sondern eine Botschaft; es wollte nicht erfreuen, sondern übernatürliche Kräfte verbildlichen und damit wirksam werden lassen. Sie konnten in der bildenden Kunst eine einprägsamere Form annehmen als in Wort und Ton.

Vor allem aber hatten die Sakralbronzen einen praktischen Zweck - diesen erfüllten auch die unverzierten Stücke, die in der Minderzahl sind. Sie waren alle für die Opferhandlung bestimmt. Damit wurden sie den Einschränkungen unterworfen, die der Kult auferlegen muß. Form und Inhalt des Opfers erzwangen bestimmte Gefäßformen. Namen und Verwendungszweck, wie sie im folgenden angegeben werden, wurden von den Gelehrten der Sung-Zeit erarbeitet, die die kaiserlichen Sammlungen zu katalogisieren hatten.

Die Opfer wurden den Geistern der Erde, des Wassers, des Windes und der Ahnen dargebracht. In der Shang-Zeit waren es vor allem blutige Opfer. Zu dem Fleisch der Opfertiere kam der Opferwein, aus Hirse und Kräutern gebraut. *(T. 23)* Für ihn waren zahlreiche Gefäße bestimmt, da er den Geistern warm geboten wurde, so wie man noch heute in China den Reiswein trinkt. Man brauchte darum Gefäße zum Aufbewahren, Wärmen und Darbringen. Auch das Fleisch wurde zubereitet und gekocht.

Der Kochtopf ist ein wichtiger Teil des Bronzeschatzes, den eine vornehme Familie für ihren Ahnenkult besaß. Er erscheint am häufigsten in der Form des Ting, eines Dreifußes, dessen Vorstufen sich schon in der Schwarzen Keramik aus dem Li entwikkelten. Die massiven zylindrischen Beine tragen einen Kessel mit kugeligem Boden. Es gibt Spielarten mit leicht eingezogenem Hals und wieder ausschwingendem Rand, andere mit flachen Schalen, die auf Füßen in Drachen- oder Vogelform stehen, dazu die häufigen eckigen Varianten; sie haben rechteckige Kessel mit flachem Boden, von vier Beinen getragen. Stets stehen auf dem Rand ein Paar Henkel, durch die man einen Stab schieben kann, mit dem man das heiße Gefäß vom Feuer hebt. Die Funktionen der einzelnen Teile: der Beine zum Stehen, des Kessels zum Aufnehmen, der Ösen zum Gefaßtwerden, sind deutlich an ihrer Gestalt abzulesen; es ist nichts geändert oder hinzugefügt, was diesen Aufgaben fremd wäre. Darum haften sie auch unvermittelt aneinander; keine gefällige Linie schafft Überleitungen oder betont die Einheit. Das Gefäß ist nach rein praktischen Forderungen zusammengebaut. Es bietet die Flächen, die sich bei ihrer Erfüllung ergeben haben, für die Zier an. Die Ikonographie, die wir als so mächtig erkannt haben, beugt sich hier einer noch stärkeren Notwendigkeit und läßt das Drama der Dämonen in den begrenzten Feldern sich abspielen, die ihm auf dem Gefäßkörper zugewiesen werden. *(T. 30, 33)*

Die breiten Schüsseln, meist Kuei genannt, konnten nicht als Kochgefäße verwendet werden, da sie mit ihrem dem Boden aufliegenden Ringfuß das Feuer erstickt hätten. In ihnen wurde vielleicht das Mahl dargebracht. Da sie nicht heiß waren, konnten sie stets mit beiden Händen an den seitlichen Henkeln angefaßt werden. So getragen, präsentierte man die Speisen für die Geister in würdigerer Weise als in einem an der Stange hängenden Dreifuß. Es gibt allerdings auch Formen ohne Henkel. Andere Varianten haben vier Henkel; andere wieder sind mit ihrem viereckigen Sockel in einem Stück gegossen. Auch dies deutet darauf, daß das Kuei zur feierlichen Darbringung bestimmt war.

Für das Trankopfer wurde eine größere Zahl von Behältnissen gebraucht. Man kann daraus schließen, daß dieses Opfer vor dem Speiseopfer den Vorrang hatte, vielleicht um der übernatürlichen Kräfte willen, die dem Alkohol zu eignen schienen. In den aus der Chou-Zeit überlieferten Riten ist ausführlich von der Pflicht der Beamten die Rede, die die Opfertiere auszuwählen und den Opferwein zu betreuen hatten. *(T. 23)* Der Wein wurde in großen Tragegefäßen aufbewahrt, die Yu heißen. Sie haben einen Deckel, der manchmal so geformt ist, daß er als Becher dienen kann, oder vielleicht als Maß. Ein massiver Bügel-Henkel schwingt in kräftiger, die Silhouette des Gefäßes streng abschließender Linie von einer Schulterseite zur anderen, von Tierköpfen gehalten. *(T. 27)* Das Hu hat diesen Henkel nicht, sondern nur zwei seitliche Ösen, durch die ein Strick gezogen wurde; es ist also wohl die ältere Form. Ebenso wie das Yu bildet es schon in der Shang-Zeit zu seiner breiten Gestalt auf ovalem Grundriß schlanke Sonderformen. *(T. 28)* Bis zu einem halben Meter hoch wird das Lei, die repräsentativste aller Sakralbronzen, deren strenger architektonischer Aufbau durch die leichte Schwellung des von kleiner Basis aufsteigenden Gefäßkörpers gemildert wird. Zu den kleinen Henkeln auf den Schultern gesellt sich ein dritter, der ziemlich tief auf einer Seite sitzt;

mit seiner Hilfe kann man das Gefäß anheben, wenn es gilt, die Neige auszuschöpfen. *(T. 33)* Zu jedem dieser Gefäße gehörte wohl ein Löffel oder eine Laffe, mit der der Wein geschöpft wurde.

(T. 31) Kannen mit Ausguß sind in der Shang-Zeit selten. Eine der Ausnahmen ist das Chüeh; es dient gleicherweise dem Erwärmen wie dem Darbringen. Es ist klein; es faßt knapp soviel wie ein modernes Weinglas. Auf drei spitzen Beinen steht es auf dem Feuer; sein seitlicher Henkel ist nur von Nutzen, solange das Chüeh kalt ist. Ist es heiß, so müssen wieder Stäbe zum Greifen helfen. Wahrscheinlich wurden sie wie die Eßstäbchen gehandhabt; sie klammerten die beiden auf dem Rande stehenden kleinen Pfosten ein und konnten wegen der diesen Pfosten aufgesetzten breiteren Hauben nicht abgleiten. Wenn das Trankopfer der Erde galt, wurde es auf den Boden geschüttet; dazu hatte das Chüeh den weit ausladenden, breiten Ausguß. Sein Gewicht würde das Gefäß umreißen, wenn ihn nicht an der anderen Seite eine flügelartige Ausladung im Gleichgewicht hielte. So erklärt der Vorgang des Opfers diese bizarre Gestalt, die sonderbar von den strengen Formen der Shang-Gefäße absticht. Bei weitem nicht jedem Bronzebildner ist es gelungen, seinem Chüeh die richtigen Proportionen zu geben; so schwierig war die Aufgabe, die unterschiedlichen und eigenwilligen Elemente zu einem wohlausgewogenen Ganzen zu vereinen. Ein winziges Zuviel am Ausguß, etwas zu wenig an der Beinlänge – und das Chüeh wird zur Karikatur. Die ungewöhnliche Gestalt des Chüeh hat manchen Forscher bewogen, sich nicht mit der oben angegebenen, einfachen Erklärung aus dem Zweck zu bescheiden, sondern die Gründe in Vorformen aus anderem Material zu suchen. Tatsächlich gab es in vorgeschichtlicher Zeit Trinkbecher aus den Schädeln von Rehböcken im Stadium des Spießers; die abgeschlagene Hirnschale stand auf den zwei Hörnern und dem spitz zulaufenden Nasenrücken. Eine andere Theorie sieht im Chüeh den Nachfahren eines Rinderhornes, das von zwei angebundenen Stäbchen aufrecht gehalten wurde. Beide Versionen sind als Erklärung für die drei gespreizten Beine des Chüeh nicht von der Hand zu weisen, finden aber Widerspruch in der Lung-shan-Keramik. *(Abb. 3)* Dort gibt es Krüge, die der Form des Li einen seitlichen Henkel und einen hohen, schnabelartigen Ausguß hinzufügen. *(T. 20)* Somit gehört das Chüeh zu den ältesten Gefäßtypen; es hat vielleicht sogar noch die Erinnerung an vorkeramische Formen bewahrt. Es hat sich aber auch als eines der langlebigsten Opfergefäße erwiesen. Obgleich es nach den ersten Jahrhunderten der Chou-Zeit in Vergessenheit geriet, erlebte es in der Ming- und Ch'ing-Dynastie eine Renaissance, zum Beispiel in Porzellan oder Silber.

Weniger problematisch erscheint das Chia, ein größeres Gefäß zum Erhitzen des Weines, also etwa das Gegenstück zum Ting. Es hat entweder die Beine des Chüeh, oder es ist dem Kochtopf Li nachgebildet, aber mit stärker eingezogener Öffnung, seitlichem Henkel und denselben Aufsätzen auf dem Rand, die das Chüeh hat.

(T. 32) Als Becher kann man das Chih bezeichnen. Es hat bei einer durchschnittlichen Höhe von 15 cm ein beachtliches Fassungsvermögen für ein Trinkgefäß, ist aber die einzige Form, aus der die am Opfermahl teilnehmenden lebenden Familienmitglieder bequem trinken konnten. Der Becher wird die Runde gemacht haben, wie es bei

zeremoniellen Anlässen auch in vielen anderen Kulturen üblich war; so konnte der einzelne Teilnehmer sich von dem starken Gebräu keine gefährliche Menge einverleiben. Die chinesischen Gelehrten allerdings scheinen überzeugt, daß manch einer es trotzdem versucht hat; das geht aus den vielen Ermahnungen zur Mäßigkeit hervor, die sie zweitausend Jahre nach der Shang-Zeit in die Ikonographie der Bronzen hineindeuteten. Die glatte, kelchartige Öffnung des Chih ist nicht für das Aufsetzen eines Deckels eingerichtet; seine Form ist vollkommen ausgewogen – und doch werden Chih mit gewölbtem Deckel gefunden, der genau und tief hineingepaßt ist. Er verändert die Form des Chih; er stört aber nicht das Gleichmaß seiner Proportionen.

Der Libation muß das Ku gedient haben, denn seine weitausladende Kelchöffnung macht es zum Trinken ungeeignet. Man hat diese mit der Annahme zu erklären versucht, daß der Opfernde den Wein in einer Art Dedikation über seinem Haupte schwenkte; der enge Gefäßraum und der breite Rand verhinderten dabei ein Verschütten. Vielleicht diente das Ku den Opfern an die Geister über der Erde, im Gegensatz zum Chüeh, dessen Inhalt ausgegossen wurde und in die Erde eindrang. Das Ku ist der Liebling nicht nur der Bronzesammler der Gegenwart, sondern auch der chinesischen Kunsthandwerker des zweiten nachchristlichen Jahrtausends geworden; immer wieder haben sie es in Porzellan oder Jade oder in Metall nachgebildet. Selten aber haben sie jene Zurückhaltung im Ausschwingen der Umrißlinien von Fuß und Kelch, jene Sammlung auf den kleinen, trommelförmigen Mittelteil verstanden und wieder in Form bringen können. Das Ku ist ein hohes Gefäß, durchschnittlich ungefähr 25 cm. *(T. 29)* Nur wenig höher sind die meisten Tsun, aber wesentlich breiter und fassen darum so viel Flüssigkeit, daß sie unter die Gefäße zum Aufbewahren des Opferweins gerechnet werden, obgleich sie keinen Deckel haben. Vielleicht sind die Tsun, bei denen der mittlere Gefäßteil breit und bauchig ist, die älteren, und die schlanken, geraden eine spätere Spielart in Anlehnung an das Ku.

Von den mannigfaltigen Formen, in denen uns die Sakralbronzen entgegentreten, wurden hier nur die wichtigsten herausgegriffen, die in Hunderten von Exemplaren auf die Kunstsammlungen der ganzen Welt verteilt sind. Den Gruppen der Speise- und Weingefäße sind noch zwei kleinere anzufügen: die Wassergefäße und die Musikinstrumente. *(T. 49)* Reines Wasser wurde beim Opfer verwandt. Das P'an ist eine flache große Schale, oft mit Fischen, Schildkröten und anderen Wassertieren geziert. *(Abb. 16)* Die Opfermusik, im Fünf-Ton-System, gab der feierlichen Zeremonie die klangliche Umrahmung. *(T. 24)* Neben der Bronze, aus der die kleinen Glocken gegossen wurden, lieferte der Jade in Form von Klangsteinen die Instrumente für die Musiker. Dazu gab es Saiteninstrumente, die der Laute ähnelten. Wie die Steine, so wurden auch die Glocken angeschlagen; sie hingen aber nicht, sondern standen aufrecht in einem Gestell. Es sind Sätze von drei Glocken in abgestufter Größenordnung erhalten, die noch einen fast reinen Dreiklang ertönen lassen.

Zweck und Ausübung des Opfers bestimmten also Gestalt und Schmuck der Sakralbronzen, legten ihre Formen fest und duldeten Abweichungen nur innerhalb der von ihnen gesteckten Grenzen. Diese Grenzen waren schon gezogen und das Gebiet des Kultischen schon mit mythischen Gestalten bevölkert, lange ehe die Bewohner von Anyang ihr kostbares Metall und ihre vollendete Technik in den Dienst der Religion stellten. Gestalt und Schmuck der Bronzen sind nicht aus den Möglichkeiten erwachsen, die dieses Material ungeübten Bearbeitern gestattet. Es gibt einige sehr grob gearbeitete, primitiv geformte Waffen, die wahrscheinlich zwischen zwei Steinen oder Tonmodeln, in die das Negativ der Klinge eingeschnitten war, gegossen wurden. Auf diese einfache Anfängerart konnte aber keine Sakralbronze geschaffen werden; es konnte nicht einmal der Gedanke an so komplizierte Formen und ein so zartes und doch straffes Linienmuster aufkommen. Beides stammt von der Schnitzerei. *(T. 26)* In hartem Holz oder Knochen, in Horn, Elfenbein und fossilem Mammutzahn konnte man eine solche Schmuckkunst entwickeln. Fragmente von verzierten Knochen beweisen die Herkunft der Technik. Auch Reste reicher Holzschnitzerei hat man in den Königsgräbern von Anyang gefunden, die eine hohe Kunst und Fertigkeit ahnen lassen. Aus Knochen sind ganze Gefäße zusammengesetzt worden; man kann zum Beispiel ein eimerförmiges rekonstruieren, das einer – wenn auch seltenen – Form des Weingefäßes Yu in Bronze entspricht. Auch die Töpferei, besonders die weiße Keramik, die in Formen und Zier den Bronzen am nächsten steht, wird in Schnitztechnik verziert; mit dem Messer werden die Linien vor dem Brand in den feuchten Ton geschnitten. Auch hier gehen also Holz und Knochen voran, denn die ursprünglich der Keramik eigenen Techniken sind Modellieren, Eindrücken und Ritzen. Nicht nur an der Verzierung der Bronzen verrät sich das Vorbild in Holz oder Knochen, sondern auch an ihrer Form: sie wirken gebaut, sie sind aus einzelnen harten Teilen zusammengesetzt, nicht aus einer weichen Masse modelliert. Die Beine des Ting wirken eingeschraubt; das Ku ist trotz des aufsteigenden Schwunges seiner Silhouette deutlich aus drei Teilen übereinandergebaut.

Befragt man die Bronzen selbst nach ihrer Technik, so geben sie nur eine Antwort: die „verlorene Form". Nur in dieser Herstellungsweise ist eine solche Vollkommenheit der Ausführung möglich; sie ist nur den geduldigsten, geübtesten und sorgfältigsten Arbeitern gegeben. Das Gefäß wird in Wachs modelliert; das ganze Muster wird ihm eingeschnitten, so daß das Wachsmodell in jeder Einzelheit die geplante Bronze darstellt. Es wird dann mit Ton umkleidet – erst mit einigen Lagen ganz feingeschlämmten, sehr flüssigen Tons, der in die feinen Vertiefungen des Musters eindringt, dann mit dickeren und gröberen Schichten, bis das Wachs ganz im Tonklumpen verschwunden ist. Nur ein paar Kanäle, vielleicht aus Strohhalmen, führen vom Wachsinneren nach außen. Durch sie läuft das flüssige Wachs aus, wenn nun das Ganze gebrannt wird, wobei das Wachs schmilzt und der Ton sich härtet. Nach dem Brande bleibt innerhalb des Tonklumpens ein Hohlraum, der bis in die kleinste Einzelheit die Form des Wachsmodells hat. Dahinein wird die geschmolzene Bronze gegossen. Sie drängt die Luft durch die Kanäle heraus und füllt genau den Platz, den ursprünglich das Wachs innehatte. Nach dem Erkalten muß die Form zerschlagen werden, um die Bronze zu befreien. Die Form geht also verloren; man kann sie nicht mehrmals verwenden. Das klingt einfach – aber wie viele Generationen müssen versucht und nachgedacht haben, wie viele Mißerfolge mußten hingenommen werden, bis ein solches Verfahren erarbeitet war! Die besten Techniker unserer Zeit können die Vollkommenheit der alten chinesischen Arbeit nicht überbieten – sie erreichen sie nicht einmal mit derselben Sicherheit, die die Künstler von Anyang hatten. Freilich sind uns die Mißerfolge nicht überliefert – war es doch eine der Eigenschaften, die die Bronze vor dem Eisen zum Zivilisationsgut gemacht hat, daß man sie immer wieder einschmelzen und von neuem verwenden konnte.

(T. 41) Die Bronzen sagen also von sich selber aus, daß sie nur in der verlorenen Form entstanden sein können – aber ein paar kleine Funde aus Anyang scheinen ihnen zu widersprechen. Es sind Gußformen aus grauem Ton. Selbst für ein so kompliziertes Gefäß wie das Chüeh fügen sich mehrere Einzelteile zu einem lückenlosen Ganzen zusammen. Die Anschlußflächen sind glatt und mit sich entsprechenden Kerben und Buckeln versehen; es können also nicht die Stücke der verlorenen Form sein. Band man diese Tonformen zusammen und goß die Bronze in den Hohlraum, den sie bildeten? Es ist möglich, daß dies manchmal geschah, wenn an ein Gefäß gar keine Ansprüche gestellt wurden, aber es erscheint ausgeschlossen, daß auch nur eine der qualitätsvollen Bronzen auf diese Weise entstand. So sauber das Negativ des Musters im Ton gearbeitet ist, die Stege, die die Vertiefungen der Lei-wen zu bilden haben, sind nie so scharf profiliert wie in den fertigen Bronzen. Es wäre viel Nacharbeit am kalten Metall nötig, um die Vollkommenheit der typischen Anyang-Bronze zu erreichen. Aber die Anyang-Bronzen zeigen keine Spuren solcher ziselierten Korrekturen. Vielleicht dienten die Tonformen zum Herstellen der Wachsmodelle? So wie der Chinese noch heute einer Zeremonie oder Formalität dienenden Gegenstände stets in Paaren anordnet, so waren auch in den Gräbern von Anyang viele der Bronzegefäße einem Paar vertreten. Wahrscheinlich war dies weit häufiger, als wir es feststellen können, weil durch die Raubgrabungen das Zusammengehörige getrennt und das Zerstörte verloren wurde. Wenn man also die Wachsmodelle für den Guß in der verlorenen Form für ein Paar aus der gleichen Tonform herstellen konnte, so war man ihrer Gleichheit in Gestalt und Größe sicher. Jedes Wachsmodell wurde dann sorgfältig nachgearbeitet, um jene Feinheit des Schnittes, die nur in der umständlicheren Technik auf die Bronze übertragen werden kann, anzubringen. Daß sich auf diese Art die Herstellungszeit und Arbeit verringerte, hat man in den Werkstätten von Anyang gewiß nicht unterschätzt.

Der hohe Stand der Technik erklärt die saubere und feine Arbeit. Die Aufstellung der Gruppen und Typen, in die die Sakralbronzen eingeteilt werden, folgt den Zwekken, denen sie beim Opfer dienten, denn nach dem Zweck richtete sich die Form. Das sind zwei Feststellungen rein praktischer Art, zu denen die eben erläuterten Vorgänge in Herstellung und Verwendung führten. Und doch haben sich bei der Beschreibung künstlerische Beobachtungen eingeschlichen. Man kann diese zweckgebundenen und sinnvollen Geräte nicht ausschließlich von den praktischen Gesichtspunkten aus betrachten, die ihren Formen so bestimmend zugrunde liegen. Obgleich sie Kunstgewerbe sind – eine Gattung, die in unserer Wertschätzung einen untergeordneten Rang einnimmt –, können wir uns nie dem Eindruck entziehen, daß die Chinesen für ihren Kult mit diesen Bronzegefäßen großartige Kunstwerke geschaffen haben. Mögen auch die Menschen der Shang-Zeit die dem Opfer dienende Rolle der logisch gebauten Gefäße nüchtern erfaßt und gewertet haben, mögen sie auch in der Zier die übernatürliche Macht gesucht und gespürt haben – das schließt nicht aus, daß sie ihre Bronzen als festlich geschmückt empfanden. Trotz der nachgeordneten Funktion des ästhetischen Genusses war dieser sicher nicht minder intensiv als der unsere – vielleicht war er noch nachhaltiger. Denn der Mensch jener Epoche sah nur wenige Dinge um sich, die über das rein Zweckmäßige hinausgehoben waren. Der Seltenheits- und Materialwert einer Bronze sicherte ihre Bewunderung – aber diese wurde auch ihrer Schönheit gezollt. Wie hätten sonst die Künstler so vielerlei Freiheiten innerhalb der von der Religion erzwungenen Begrenzung entdeckt und ihre Ausdrucksmöglichkeiten ausgesponnen, wenn sie nicht wußten, daß es von ihren Mitmenschen geschätzt, ja gefordert wurde.

Obgleich es in der archaischen Zeit außerhalb des Religiösen wenig Gelegenheit zur Kunstübung gab – der Schmuck der Waffen war in dieselben bannenden und schützenden Vorstellungen einbezogen wie die Opfergeräte –, so hatte sich doch ein Zeitstil geprägt, der als eine selbständige Macht auf das Kunstschaffen Einfluß nahm. Religion schafft Gelegenheit, ja Notwendigkeit für Kunst. Da sie die Kunst zu einem Zweck benutzt, nämlich den Menschen ihren Inhalt einzuprägen, muß sie – um wirksam zu sein – sich die jeweils gängigen Formen nutzbar machen. Ein solcher Wechsel mit dem Zeitgeschmack widerspricht aber der konservativen Haltung, die jeder Religion eigen ist. Die Darstellung auf Gefäß und Waffe war ja nicht nur Abbild, sondern selbst übernatürliche Macht und als solche unwandelbar. So ergeben sich für die religiöse Kunst fortschrittliche und beharrende Elemente. Zur Beständigkeit neigt die Ikonographie; sie enthält die Grundform der Symbole. Aber über den Zeitstil kann die Religion nicht bestimmen; sie hat keine Machtmittel und keine Verteidigung gegen Stilherrschaft und Stilwandel.

Aus solchen Überlegungen erscheint es möglich, für die dreihundert Jahre der Anyang-Periode eine chronologische Folge der Stile und damit der einzelnen Bronzen aufzustellen. Dies ist mehrfach versucht worden. *Karlgren* hat, von den Inschriften ausgehend, die Elemente der Zier geschieden und in Gruppen geordnet, die Datierungen erlauben. Sein Weg ist der einzige, der zum Ziele führen wird. Es muß aber zugegeben werden, daß eine zuverlässige Stilgeschichte noch nicht ausgearbeitet ist, die die Einordnung einer jeden Bronze in Jahrzehnte erlaubt, in dem nur sie und ihresgleichen möglich wären. Erst im 9. Jahrhundert v. Chr., also im Übergang zu der Mitte-Chou genannten Periode, zeichnet sich ein deutlicher Stilwandel ab. Für die Shang-Zeit gilt der flächige Stil, der höchstens die Augen des T'ao-t'ieh über die Oberfläche hinaustreibt, als früh. *(T. 27)* Hohes Relief, barock ausladende Formen, die die Silhouette des Gefäßes mißachten, werden in das letzte Jahrhundert der Anyang-Periode verwiesen. *(T. 21)* Früh-Chou bringt weicheres Relief, oft ohne den Hintergrund der Lei-wen.

Diese Datierungsregeln innerhalb der Periode Shang-Früh-Chou sind trügerisch einfach und höchst unzuverlässig.

Ganz eindeutig sind dagegen die Stilmerkmale, die die Kunst der archaischen Zeit, also Shang und Früh-Chou, von den Werken der folgenden Perioden trennen. Gewiß trägt diese Kunst schon ein chinesisches Gesicht – es lohnt den Versuch, schon hier Züge zu finden, die es bis in die Gegenwart hinein charakterisieren werden. Die chinesische Kunst wird immer der Fläche vor der geformten Masse den Vorzug geben, sie läßt sich nur zögernd mit dem plastischen Gestaltungstrieb ein. Das herrschende Ausdrucksmittel ist die Linie, sie ist wichtiger als Farben und geformte Flächen. Dies ist der Wesenszug der chinesischen Kunst, der von der vorgeschichtlichen Zeit an bis auf unsere Tage bestimmend geblieben ist – allerdings mit Veränderungen im Wesen der Linie selbst. *(T. 43)* Die erste Umstellung fand um Mitte-Chou statt, die zweite um die Zeitwende mit der Ausbildung des Pinselstrichs in Schrift und Malerei.

Auf den Sakralbronzen spielt die Farbe eine geringe Rolle; sie verzichten auf Wirkungen, die über die rötliche oder goldene Tönung des Materials hinausgehen. Die vielfältige Färbung der Patina, die das Entzücken der Sammler ist, haben die Hersteller der Waffen und Gefäße nicht gekannt; sie ist ein Geschenk der Erde, die das Kupfer der Bronze in verschiedenen Stadien der Oxydierung veränderte.

(T. 30) Die Zier ist zweidimensional. Auch wenn sie tatsächlich im Relief gebildet ist, so wird dieses nicht von der Körperlichkeit des dargestellten Tieres bestimmt, sondern ist nur eine Übertragung der Zeichnung in eine zweite, oder zweite und dritte Ebene. Das Liniennetz, das allein die Darstellung trägt, nimmt auf diesen Höhenunterschied der Fläche keine Rücksicht. Die plastisch hervortretenden Einzelheiten, zum Beispiel Tierköpfe an den Henkeln, bieten ihre Flächen für zweidimensionale Details. Sie wirken nicht modelliert, sondern geschnitten.

Da nun Farbe und Plastik keinen wesentlichen Beitrag liefern, da die Zier bildliche Darstellungen ablehnen muß, weil diese nicht das Übernatürliche auf einen einfachen Nenner bringen, bleibt die Linie als Ausdrucksträger der Bronzekunst. Um die chinesische Linie verstehen zu können, müssen wir uns freimachen von der Vorstellung, daß sie bestimmte Formen nachzubilden hätte, also Umriß ist. Wohl läßt sie sich zu dieser Funktion herab; sie kann auch gezwungen werden, sich der Umrißaufgabe weitgehend unterzuordnen – auf den Shang-Bronzen aber sehen wir sie als Herrscherin. Das T'ao-t'ieh wird von ihr gestaltet. Die Linie fährt nicht seinen gegebenen Umrissen nach, sondern läßt diese erst aus ihrer Bewegung heraus entstehen. Das T'ao-t'ieh selbst bleibt statisch; Bewegungsmöglichkeit hat allein die Linie.

(T. 30) Die Dramatik der Linienbewegung beruht auf dem Gegensatz zwischen der Geraden und der Kurve. Die Gerade regiert. Sie leitet die Vorherrschaft der Horizontalen und Vertikalen von der Form der verzierten Felder ab. Nur so kann die Fläche nach dem Prinzip des *horror vacui* gefüllt werden. Während in der Schrift der Donner durch eine Spirale oder S-förmige Linie ausgedrückt wird, bildet die Kunst das Lei-wen zur eckigen Spirale um. Die gerade Linie muß ihre Vormachtstellung immer wieder

gegen die Kurve verteidigen, die sich überall gegen die Gerade durchzusetzen versucht. Sie erhält dabei keine Unterstützung vom Rahmen des verzierten Feldes; ihre Waffe ist allein ihr Schwung, den sie als Kurve vor der Geraden voraus hat. Sie greift dort an, wo die Gerade ihre Bewegung verlangsamen muß – an den Ecken. Oft gelingt es ihr, die Abrundung der Ecke zu erzwingen, bis die Gerade wieder Kraft gesammelt hat, in der neuen Richtung fortzufahren. Die Kurve geht von neuem zum Angriff über, wenn die Gerade sich dem Ende ihres Laufes nähert und müde geworden ist, dann setzt die Kurve ihren unverbrauchten Schwung an und biegt den Schluß in einen prächtigen Haken ein. Die Spannung, die so in das Ornament getragen wird, zwingt jede Linie, ihre Bewegungseigenart mit Kraft und Genauigkeit zur Geltung zu bringen. Schlaffe, spannungslose Linien können sich nicht halten.

Ein ähnliches Spannungsverhältnis bestimmt die Gefäßform. Sie wird zusammengesetzt, ohne den Versuch, die in sich geschlossenen Einzelteile gefällig miteinander zu verbinden oder ihre Einzelaufgaben der Hauptaufgabe des Gefäßes unterzuordnen. Doch erreichen alle Teile ein ausgewogenes Verhältnis zueinander, ohne daß sie die Betonung ihres Gesondertseins aufgeben. Also auch hier eine Rivalität, eine dramatische Spannung, die ebenso wie in der Zier Eigenart und Leistung der Shang-Künstler ausmacht.

Auch zwischen Zier und Gefäßform besteht ein Verhältnis des Nebeneinander anstatt des Füreinander. *(T. 27)* Die Zier muß sich jede Fläche erobern; sie muß sich gegen die Baugesetze der Form ihren Wirkungsbereich erkämpfen. Das tut sie, gestützt auf die Bedeutung ihres kultischen Auftrages, mit solcher Energie, daß sie oft beherrschend wird, die Form des Gefäßes überspielt und erst nachträglich zu Wort kommen läßt. *(T. 30)* Der Henkel zum Beispiel gibt den Platz zu einer Darstellung des Lichts, als Vogel, das vom Dunkel, dem T'ao-t'ieh, ausgespieen und verschlungen wird; das hat nichts mit der Henkelfunktion zu tun.

So sehen wir den Künstler von Anyang in der Tradition verwurzelt, von Vorschriften und Tabus eingeengt, von Auftraggebern gegängelt – und von der Fülle der Gesichte und Formen zur Gestaltung gedrängt. Er, der ganz aus der Vorstellung heraus bildete, stellte doch seine Werke für die Anschauung her. Sie waren sichtbar und abtastbar wie die Schöpfungen der Natur, aber durch die ordnende und zweckbindende Kraft des menschlichen Geistes als Bollwerk gegen die Vielfalt der Naturerscheinungen aufgestellt. Diese Vielfalt war zugleich beunruhigend und verführerisch. Der Künstler, der die Zier in strengen, symmetrischen Kompositionen ordnete, versagte sich nicht die Freiheit, in den kleinen Einzelheiten, den Lei-wen des Mustergrundes zum Beispiel, immer neue Möglichkeiten auszuprobieren. Es scheint geradezu, als ob er sich für die aufgezwungene Symmetrie schadlos hielte, indem er im kleinen die Wiederholung meidet. Wenn er also für den Kult den bannenden Zwang der Ordnung ausdrückt, so bringt er doch für die Anschauung des lebenden Menschen das Abbild des in steter Veränderung ablaufenden Lebens mit hinein. Das T'ao-t'ieh ist starr, es hat weder Glieder noch Raum, die ihm eine Bewegung ermöglichen. Aber seine Linien und die Lei-wen, die es umgeben, sind in steter Bewegungsbereitschaft, mit deutlichem Richtungswillen.

(Abb. 4) Schon in der neolithischen Keramik versuchten die Topfmaler der Spätstufe in Kansu Abbilder der Natur in das Gehege der geometrischen Muster zu setzen. Einer ungeschickten Stilmischung machen sich die Shang-Künstler nicht schuldig, aber sie sind deswegen nicht weniger empfänglich für die Gestaltungen, die sich täglich vor ihren Augen lebendig bewegen. So wie das tatsächlich erschaute Tier an jener Macht Anteil hat, die mit seiner mythischen Umformung beschworen werden soll, so wird es auch in seiner Ganzheit dargestellt, von den zauberkräftigen Zeichen eingeordnet und übersponnen. *(T. 37)* In der Jägerkultur zwang man durch das Abbild den Geist, die abgebildete Jagdbeute zu gewähren; in Anyang weiß man schon um die Erhöhung des Lebensbewußtseins, wenn die Nachbildung des lebendigen Tieres unter den Händen entsteht. So befreit sich die Tierfigur von der Magie; so folgt der Künstler zuweilen den Lockungen der Plastik, die mit ihren drei Dimensionen ganz irdisch und der Wirklichkeit verhaftet ist, nicht, wie die eindimensionale Linie, Kind der freien Vorstellung.

Freilich bleibt die chinesische Kunst der Linie stets so treu, daß sie sich nicht ganz der Plastik hingegeben hat. Die Chinesen sind nie große Plastiker in unserem, aus der klassischen Tradition erwachsenen Sinne geworden. Um so bewunderungswürdiger sind die Leistungen, zu denen es die Shang-Künstler auf diesem ihnen fremden Gebiet bringen. *(T. 25)* Ein phantasieloser Naturalismus ist nicht ihr Ziel; sie halten das Wesentliche an Gestalt, Bewegung und Kraft fest. *(T. 36)* Der starre Wasserbüffel der Sammlung Brundage wird als Vor-Anyang angesprochen; das so viel plastischere Rhinozeros für jünger gehalten; seine Inschrift macht eine Datierung in die Regierung des letzten Shang-Königs wahrscheinlich. Den mißtrauischen Blick des kurzsichtigen Dickhäuters, die besondere Bildung der beweglichen Ohren, den festen Stand auf den stämmigen Beinen – diese Eigenheiten des Rhinozeros hat der Künstler mit unbefangenen Augen aufgenommen. Doch dürfen wir nicht eine Entwicklungsfolge vom stilisierten zum realistischen Tier daraus ableiten. Beides ging, wie wir an anderen Beispielen immer wieder feststellen können, nebeneinanderher, vom Auftraggeber und Künstler stärker bestimmt als vom Zeitstil. Dieser schließt glatte und reich geschmückte Gefäße, dämonisch gewandelte und wirklich geschaute Tiere gleichermaßen ein.

Das Zusammenfügen der Gegensätze, so wie sie von der Kunst dargestellt werden, spiegelte den ewigen Gegensatz von Yang und Yin, die nur durch Ergänzung und Vereinigung wirksam werden können. Zu Yang gehört das Runde, zu Yin das Eckige. *(T. 52)* In der Chou-Zeit wird die Ringscheibe das Symbol des Himmels sein und quadratisch das Jadesymbol der Erde. Im Linienschmuck bekämpfen, vereinen und ergänzen sich das Runde und das Eckige. Noch haben die Yin-Kräfte die Oberhand; die chthonischen Gewalten werden als die Mächtigsten angesehen; doch die Kräfte des Yang setzen sich immer wieder durch. *(T. 27)* Die meisten Gefäßformen haben kreisförmigen oder ovalen Grundriß; aber von fast allen gibt es rechteckige Varianten, nur sind sie weniger zahlreich. Bedeutet dies schon ein Übergewicht des Yang-Elementes als Empfänger der Opfergaben? *(T. 35)* Eine einfachere Erklärung stützt sich auf die Beobachtung, daß eckige Gefäße in Frauengräbern, runde in Männergräbern gefunden wurden; doch ist dies meines Wissens nie genügend nachgeprüft worden. Tatsächlich wurde auch den Ahnfrauen des Herrscherhauses geopfert.

Es ist das Element der Spannung, das in allen Äußerungen der Shang-Kunst wiederkehrt, das diesen Stil vor allen späteren Stilen auszeichnet, das eine Einheitlichkeit aller Kunstäußerungen bewirkt und die Werke der Shang von allen anderen chinesischen Kunstwerken unterscheidet. Ein starker Wille zur Form zwang den regellosen Erscheinungen der Umwelt seine Prägung auf. Nicht nur die Künstler, ein jeder Untertan der Shang, der diese Werke sah, muß die in ihnen ausgedrückte und gemeisterte Spannung der Gegensätze empfunden und als den gemäßen Ausdruck seines Lebensgefühles verstanden haben. Alte Formen der einfachen, bäuerlichen Wirtschaftsstruktur setzten ihr Beharrungsvermögen den neuen, staatsbildenden Kräften entgegen; dem geraden Weg von einem Jahresablauf in den anderen stellte sich die individuelle und umfassende Planung eines auf Heeresmacht gestützten Staatsoberhauptes entgegen. Die Überraschungen, die ein solches System dem Staat und seinen Bürgern bereitet, sind nicht mit magischen Mitteln zu beeinflussen; bald werden die Dämonen der Staatslehre weichen müssen. Noch aber herrschen die Geister; man muß ihre Meinung hören und sie gnädig zu stimmen suchen.

Götter – I-ching

Soweit berichtet uns die eindringliche, aber rätselvolle Sprache der Kunstwerke. Aus den Inschriften der Orakelknochen von Anyang und aus den wenigen Stellen der klassischen Literatur, die Shang-zeitliches Denken widerspiegeln, ergänzt sich das Bild. Aber es wird kein vollständiges, im abgeschlossenen Rahmen sich rundendes Bild. Denn weder die Literatur noch die Inschriften geben uns einen Hinweis auf die mythischen Tiere des Bronzeschmucks; keine Nachricht über den Glauben der Shang erklärt die offensichtlich zwingende Notwendigkeit ihres Erscheinens auf den Kultgegenständen. Daß das T'ao-t'ieh in die Vergangenheit weist, geht aus der Tatsache hervor, daß es mit dem Umbruch der Weltanschauung und des Kunststils in Mitte-Chou verschwindet. In der Shang-Zeit aber ist es sicher noch ein Machtfaktor gewesen. Haben die Könige, die wahrscheinlich das oberste Priesteramt versahen, und die Herrenschicht von Anyang schon die Abhängigkeit von den Tierdämonen überwunden? Duldeten sie noch die mythischen Tiere auf ihren Geräten, weil dieser Schmuck durch Überlieferung geheiligt und im Glauben des Volkes verankert war? Galt ihnen nur der künstlerische Wert, konnten sie ihn schon ohne den Umweg über die Macht und den Inhalt der Bilder erkennen? Sicher werden es nur ganz wenige gewesen sein, die sich über den Dämonenglauben erhoben hatten; aber diese wenigen waren es gerade, die des Schreibens kundig waren und für das Königshaus das Orakel befragten. Als Erklärung für die Verschiedenheit der religiösen Aussage von Kunst und Schrift ist diese

Annahme allerdings nur mit Vorsicht anzubieten. Aus den Chou-zeitlichen Fassungen mancher Lieder, Lehren und Legenden läßt sich noch manches herausschälen, das auf den Dämonenglauben und auf totemistische Urvorstellungen Bezug hat.

Kein Bild im Bronzedekor stellt uns Shang Ti vor, den höchsten Gott, der menschengestaltig gedacht wurde. Er spendet Regen und sendet Beistand im Kriegsfalle. Das Verhältnis des Opfernden zu Shang Ti ist auf klare menschliche Basis gestellt, dem Verkehr mit den Ahnen ähnlich. Er gilt als der Ahnherr der Menschheit, die er mit der Muttergöttin, der Erde, zeugte. Ihm vor allem unterstehen die Ältesten der Clans und der Familie. Vielleicht entstand er aus dem Ahnherrn des Herrscherhauses. Allerdings ist seine Herkunft umstritten; er trägt auch Züge einer Vegetationsgottheit, die ihm die reisbauenden Tai-Völker verliehen haben können. Er ist der Gott des Wachstums, dem man Menschenopfer tötet, damit er den Menschen die Nahrung zum Leben gewähre. So wird der wichtigste zum mächtigsten Gott, dem die Dämonen untergeordnet sind. So verbinden sich Naturkult und Ahnenkult in seiner Person; so bereitet sich die Gleichsetzung vor, die die Chou mit Shang Ti und dem Himmel, ihrer obersten Gottheit, vornehmen werden.

Neben Shang Ti steht Shê, die Gottheit der Erde. Das Shê-Heiligtum war die wichtigste Opferstätte der Dorf- und der Stadtgemeinschaft, denn hier erflehte man Fruchtbarkeit für Felder und Vieh – das Anliegen der Allgemeinheit ebenso wie des einzelnen.

Es gab wohl eine große Zahl von Gottheiten – oft nur mit örtlich begrenztem Wirkungskreis –, die sich in ihrer Macht und ihren Möglichkeiten wenig voneinander unterschieden und darum allmählich miteinander verschmolzen. So mag Shang Ti zu seinen widersprechenden Zügen gekommen sein. Manche Inschriften auf Sakralbronzen oder Waffen scheinen nicht so sehr Schriftzeichen für Ahnen oder Götter als Götterbilder zu sein. Einige haben Tierköpfe, zum Beispiel mit Rinderhörnern, wie man es von Naturgottheiten erwartet. *(Abb. 13)* Menschliche Körper sind in diesen „Zeichen“ weit häufiger dargestellt als in der Zier *(T. 34, 39)*, die nur in wenigen Ausnahmen eine Menschenform aufnimmt. *(Abb. 15, 17)*

Wir erinnern uns an die Spannung in Schmuck und Form der Sakralbronzen, die zum Dualismus Yang und Yin in Beziehung gesetzt wurde. Ikonographie und Linienstil gaben den chthonischen Gewalten den Vorrang. Die Mächte des Lichten, des männlichen Shang Ti, aber waren vielleicht schon die Empfänger einer großen Zahl der Opfer. Ein solches Verhältnis zeigt sich wiederum in der Verteilung der mutter- und vaterrechtlichen Züge. Das Schriftzeichen für „Familienname“ besteht aus „Frau“ und „geboren“. Noch ging die Erbfolge nicht vom Vater auf den Sohn, sondern auf den jüngeren Bruder über, doch zeigt die wichtige Stellung des Ahnherrn, dem seine männlichen Nachkommen allein das Opfer darbringen und damit seine Geisterexistenz verbürgen konnten, daß das Vaterrecht sich durchsetzte, daß aus dem losen Sippenverband schon die festgefügte Familie geworden war, der der Mann vorstand. Noch in der Shang-Zeit war die Stute das Symbol der Erde; aber am Anfang der Chou-Zeit finden wir das Pferd schon als Verkörperung des Männlichen, des Yang; ihm stellt sich nun die Kuh als das Tier des Yin gegenüber.

So sehen wir in der Shang-Zeit die Bedeutung des Yang und des Yin, des mutter- wie des vaterrechtlichen Prinzips, der Himmels- wie der Erdgottheiten in einem, wenn auch schwankenden Gleichgewichts. Doch ist kein Zweifel darüber, daß Yin einst mächtiger war – heißt es doch ursprünglich Yin-Yang, nicht Yang-Yin – und daß es die Vormacht allmählich an Yang abtritt. Damit wird aber der Bestand dieses Dualismus nie in Frage gestellt; das eine ist ohne das andere undenkbar; ohne ihre Ergänzung wäre der Kosmos zum Zerfall verurteilt. *(Abb. 18)* Darum ist die theoretische Betrachtung über Yin und Yang auch völlig unparteiisch; nur wenn beide gleich stark sind, ist der Einklang zwischen Himmel und Erde möglich, in dem das Leben allein gedeihen kann.

Über diese Weltanschauung erhalten wir im Buch I-ching eine Auskunft, die im Kern sicher noch Shang-zeitlich ist, wenn auch die erste Fassung in Buchform dem Vater des Begründers der Chou-Dynastie, dem weisen und umsichtigen König Wen, zugeschrieben wird. Er soll das I-ching verfaßt haben, als er von den Shang gefangengehalten wurde. Es ist durchaus möglich, daß das Werk schon in der zweiten Hälfte des 11. Jahrhunderts entstand – aber nicht in der Form, in der es heute vorliegt. Diese enthält nicht nur die Überlieferungen, die älter als die erste Niederschrift sind, sondern auch spätere Zusätze, die die oft dunkle Bedeutung zu erhellen versuchen und sie im Sinne der im ersten Jahrtausend sich ändernden Weltanschauung auslegen und erweitern. Der älteste Teil sind die »Urteile«, die jedem der 64 Liniensymbole eine Situation oder Eigenschaft zuordnen. Die erste Gruppe der erklärenden Kurzverse, die den »Urteilen« beigefügt wurden, heißen die „Bilder". Sie mögen von den offiziellen Wahrsagern der Shang stammen, die von den Chou übernommen wurden, ihr Amt weiterführten und den Forderungen und Traditionen der neuen Herrscher anpaßten. Die zweite wichtige Gruppe von Zusätzen, die sogenannten „Flügel", wurde Konfuzius zugeschrieben; sie stammt wohl aus seiner Schule in der späten Chou-Zeit, als nicht mehr alle Bilder, die der alte Text verwendete, geläufig waren, ebenso wie die Ikonographie der alten sakralen Kunst schon unverständlich wurde. Auch die „Flügel" sind nicht unversehrt geblieben. Die nicht einfache Aufgabe, die das I-ching an die Textkritik stellt, hat chinesische und abendländische Gelehrte in ihren Bann gezogen, ebenso wie das Buch selbst mit seinen sinngeladenen, aber oft rätselvollen Sprüchen und Bildern einige der besten Köpfe Chinas und Europas zum ehrfürchtigen Studium veranlaßt hat. Konfuzius, so wird erzählt, habe erst mit siebzig Jahren sich zugetraut, das I-ching mit Verständnis zu lesen. *Leibniz,* dem die Übersetzung eines großzügigen Jesuiten vorlag, setzte sich ernsthaft mit einem Kommentar des I-ching auseinander, in dem er eine Parallele zu seinem Versuch fand, die Zahlen als Beweismittel für jede Gesetzmäßigkeit, auch auf geistigem Gebiet, heranzuziehen.

Als eines der klassischen Bücher der Chinesen gehört das I-ching zur Literatur der Chou-Zeit. Die geistige Haltung der Chou setzte das klare, einfache, ja nüchterne

Denken und die überschaubaren Verhältnisse an die Stelle der Magie und der Bindung an die chthonischen Gewalten, in die die Leute von Shang sich verstrickt fühlten. Trotzdem konnten sich die Chou dem Zwange nicht entziehen, das geistige Erbe der Shang anzutreten, als sie Herrschaft und Verantwortung von ihnen übernahmen. Die Formen der Shang-Kunst haben sich durch mindestens hundert Jahre mit nur geringen Abwandlungen in den Bronzen der Früh-Chou-Zeit gehalten. Es wird darum hier der Versuch gemacht, das I-ching in die Welt der Shang zu stellen, in die es einst hineingehört hat – mit der ausdrücklichen Einschränkung, daß selbst seine Grundgedanken im Sinne einer späteren Weltanschauung dargeboten wurden, und daß alle Zusätze und Kommentare der veränderten Auffassung der Chou und der folgenden Epochen entsprangen.

Eine oberflächliche Beschreibung des I-ching ließe sich in drei Punkten erledigen: es ist ein Wahrsagebuch; es behandelt 64 Hexagramme aus je sechs Linien, die einen langen oder zwei kurze Striche enthalten; es gibt zu jedem der Hexagramme, und zu jeder Linie derselben, Erklärungen, die sich auf menschliche Verhältnisse beziehen oder anwenden lassen. Diese drei Punkte aber, die es dem Orakelsuchenden ermöglichten, durch Ziehen von Schafgarbenstengeln und durch Befragen des auf diese Weise bestimmten Textes Antwort und Rat von außermenschlicher Stelle zu beziehen, werden dem Inhalt des I-ching nicht gerecht.

Ebensowichtig ist seine Rolle als Weisheitsbuch, das man zum Zwecke der Charakterbildung studiert. Gewiß ist dies eine Erkenntnis späterer Generationen, denen die alten Weisheiten in Buchform vorlagen. In der Shang-Zeit waren sie den Priestern vorbehalten. Aber das Verständnis für die unauflösliche Bindung des einzelnen in die Gesetze des Kosmos, das dem I-ching zugrunde liegt, ist Voraussetzung für die richtige Anwendbarkeit der Orakelsprüche. „Indem man emporblickend mit seiner (des I-ching) Hilfe die Zeichen am Himmel verständnisvoll betrachtet und niederblickend die Linienzüge der Erde untersucht, erkennt man die Verhältnisse des Dunkeln und des Hellen . . . Was einmal das Dunkle und einmal das Lichte hervortreten läßt, das ist der Sinn.“ Wenn diese Worte eines Kommentars auch Chou-zeitlich sind, so drücken sie doch aus, welcher Gedanke dem Buch von jeher zugrunde gelegen hat. Denn das Zeichen I heißt Wandlung; das „Buch der Wandlungen“, wie man den Titel übersetzt, handelt vom Kreislauf des Kosmos, in dem jeder Zustand seine Zeit und Aufgabe der Vorherrschaft hat, bis er sich in seine Umkehrung wandelt. Wenn an anderer apokrypher Stelle steht: „Die Wandlung, das ist das Unwandelbare“, so wird in einer typisch chinesischen Art der Formulierung mit dem scheinbaren Widerspruch der Blick für das Zusammengehörige geschärft und die Tiefe der Beziehungen aufgedeckt. Solche Erkenntnis wurde sicher aus der Beobachtung der Gestirne, der Jahreszeiten, der Erneuerung des Lebens über Tod und Geburt gewonnen.

(Abb. 18) Diese Wandlung nun wird dargestellt durch Linien, die entweder aus einem langen oder zwei kurzen Strichen bestehen: die ganze und die geteilte Linie werden in allen Möglichkeiten ihrer Reihenfolge von Sechs, einer alten heiligen Zahl, zu den 64

Hexagrammen zusammengestellt. Die acht Trigramme, die in den späteren taoistischen Praktiken eine Rolle spielen, sind, wenn auch die einfachere, wohl nicht die ursprüngliche Gruppierung.

Die Yang-Linie ist die ungeteilte; Yang ist schöpferisch, zeugend, fest. Die Yin-Linie ist geteilt; Yin ist hingebend, empfangend, weich. Die feste Linie ist expansiv; sie streckt sich und schließlich teilt sie sich; so wandelt sie sich zur weichen Linie. Die weiche Linie sucht die Konzentration; so zieht sie sich zu einem Strich zusammen. Ohne diese Umkehrungsmöglichkeit wäre jede Situation starr und ohne Leben; sie könnte sich nicht entwickeln. Wieder tritt uns, wie in der Kunst, die Spannung als das Grundelement des Lebendigen entgegen.

Bewegung und Ruhe sind nicht unvereinbar; sie sind nur zwei Aspekte der Wandlung, zwei Zustände, in denen sich das Feste und das Weiche befinden können. „Das Schöpferische ist im Ruhezustand geschlossen und im Bewegungszustand geradeaus, darum erzeugt es das Große. Das Empfangende ist im Ruhezustand geschlossen und im Bewegungszustand sich öffnend, darum erzeugt es das Weite."

Diese Erkenntnisse beziehen sich aber nicht nur auf den Kosmos, in den der Mensch hineingestellt ist, sondern auch auf ihn selbst, dem die Fähigkeit zum Denken und Handeln gegeben ist. Diese Selbständigkeit kann aber nur dann mit Nutzen ausgewertet werden, wenn der Mensch seine Handlungen und Entschlüsse in die Richtung der Wandlung einfließen läßt. Unheil entsteht, wenn er gegen ihren Strom schwimmen will. Setzt er aber mit Entschluß und Tat dort an, wo die Wandlung seine Pläne aufnehmen und in ihrem gesetzlichen Ablauf zur natürlichen Entwicklung und Reife bringen kann, dann wird er Einfluß auf sein Schicksal und seine Umgebung gewinnen. Diese Auffassung mag uns an ein Wort von Shakespeare erinnern: „There is a tide in the affairs of men, which, taken at the flood, leads on to fortune; omitted, all the voyage of their life is bound in shallow and in miseries." Doch ist gerade in diesem Zitat unsere von der chinesischen abweichende Schicksalsauffassung ausgedrückt. Dem Chinesen geht es nicht um den Mut, die Geschicklichkeit, die Entschlußkraft, sich plötzlich auf den Rükken eines vorbeigaloppierenden Pferdes zu schwingen und damit ein blindes Schicksal zu übertrumpfen, sondern um die Einsicht, an welcher Stelle der gesetzmäßige Ablauf der Welt den Einsatz des Menschen aufzunehmen bereit ist.

Das Orakel hilft dem Menschen, diese Einsatzstelle zu erkennen. Die Befragung des I-ching ist aber nicht als eine einfache Vorrichtung gedacht, mit der der Abergläubische sich die Entschlüsse leichtmacht, sondern es setzt die Versenkung in seine Erkenntnisse voraus. Nur für den am I-ching gebildeten Charakter konnte das Schafgarbenorakel wirksam sein. Ihm verheißt das Buch echten Orakelspruch: „Die Veränderungen und Umgestaltungen beziehen sich auf das Handeln. Heilvolle Taten haben gute Vorbedeutungen. Darum dienen die Bilder dazu, die Dinge zu erkennen, und das Orakel dient dazu, die Zukunft zu erkennen." Ein Orakel ist nur darum möglich, weil sich die Freiheit der Entschlüsse und der Lebensgestaltung mit der unentrinnbaren Einfügung des Menschen in den Kosmos die Waage halten. Launenhaft kann nur der Mensch sein, nicht das Schicksal.

Die 64 Hexagramme sind die Bilder von 64 Situationen, die alle Möglichkeiten menschlicher Lebenslagen umfassen. Jede Situation wird in ihrer kosmischen Gebundenheit deutlich; von dorther muß Richtlinie und Ratschlag kommen. Darum hat das I-ching bis in unsere Zeit seinen Einfluß bewahren können: es nimmt nicht dem abergläubischen Menschen die Entscheidungen einfach ab, sondern es lehrt den verantwortungsbewußten Frager, die Möglichkeiten und Gefahren seiner Entschlüsse klarer zu sehen.

Schrift – Orakel – Kalender

Um solche Gedanken auszudrücken und niederzulegen, bedarf es einer Sprache, die gewohnt ist, abstrakte Begriffe und ihre Beziehungen zu den konkreten Dingen klar in Worte zu kleiden, und einer Schrift, die einen größeren Wortschatz bewältigen kann – bei einer Wortschrift also einer großen Zahl von Zeichen. Vom Schrifttum der Shang ist nichts in unveränderter Form auf uns gekommen; wir können uns von dem Umfang ihrer Literatur kein sicheres Bild machen. Vieles deutet darauf, daß er nicht gering war. Einen Schöpfungsmythos oder ein Heldenepos – dem Gilgamesch oder der Ilias vergleichbar – scheint es nicht gegeben zu haben, trotz vielerlei Ansätzen, die als Legenden weiterlebten. Mündliche Überlieferung wird vieles in die Chou-Zeit hinübergerettet haben, das in der Shang-Zeit nicht des Aufschreibens wert erachtet wurde, zum Beispiel viele der Lieder. Aufzeichnungen, die Staat und Kult betrafen, sind sicher von den offiziellen Schreibern ausführlich und regelmäßig gemacht worden. Viel Schreibarbeit verursachten die Ankündigungen an die Geister der Ahnen, denn diese waren dem gesprochenen Wort unzugänglich; man konnte nur schriftlich mit ihnen verkehren. Sie mußten von allem unterrichtet sein, was ihre Nachkommen wünschten, erlitten oder planten, damit sie zur rechten Stunde ihren Beistand gewährten.

(Abb. 14) Buchtexte wurden auf Bambusstreifen geritzt; diese waren auf Schnüre gereiht und zusammengerollt. Die Annalen, die den Gelehrten der Chou-Zeit noch vorgelegen haben müssen, werden diese Form gehabt haben. Tatsächlich hat man Texte aus der Spät-Chou-Zeit im Grabe eines Herrschers von Wei gefunden, die in dieser altertümlichen Weise aufgezeichnet waren. Man wußte auch schon in der Shang-Zeit mit einer Art Tusche zu schreiben, die einen Pinsel erfordert; die chinesische Geschichte setzt diese wichtige Erfindung allerdings erst um 115 v. Chr. an. Als Vorgängerin der Bild- und Wortzeichen gab es eine Knotenschrift, von der das I-ching sagt: „In der Urzeit knotete man Stricke, um zu regieren. Die Heiligen späterer Zeiten führten statt dessen schriftliche Urkunden ein, um die verschiedenen Beamten zu regieren und die Untertanen zu beaufsichtigen."

(Abb. 5, 8–14) Wir kennen die chinesische Schrift der Shang-Zeit aus unmittelbarer Anschauung; Sakralbronzen und Waffen, vor allem aber die Orakelknochen haben sie uns überliefert. Der Bronze-Arbeiter führte die Inschrift, die innen im Gefäß oder unter dem Henkel oder unter dem Boden ihren Platz fand, so sorgfältig aus wie die

Zeichnung der Zier. Meist war sie kurz. *(Abb. 10)* Oft enthielt sie eine Nennung des Ahnherrn mit seinem posthumen Namen, der einem der zehn Wochentage entlehnt wurde. Viele der Bronzen tragen Zeichen, die nicht zu lesen, sondern wohl als Besitzerzeichen anzusehen sind. *(Abb. 11, 12, 13)* Auch Angaben über Gottheiten und Opfer glaubt man in den Bronzen lesen zu können. *(Abb. 5)* Die „Schreiber", die die Buchstaben in die Orakelknochen ritzen mußten, wurden durch die Spröde solcher Technik an der Ausbildung einer Kalligraphie gehindert. *(T. 41)* Fast alle Schriftzeichen sind als Vorformen der heutigen zu erkennen, doch haben sich viele in Form und Bedeutung – ebenso wie Wortschatz und Sprache – so verändert, daß dem modernen Chinesen ihre Entzifferung nur nach jahrelangem Studium möglich ist.

Man nennt die chinesische Schrift eine Bilderschrift, doch darf dies nicht zu wörtlich und nicht zu eng ausgelegt werden; Wortschrift ist die richtige Bezeichnung für ihre bereits in der Shang-Zeit ausgebildete Form. Wohl liegen den Piktogrammen Abbilder des Geschauten zugrunde – zum Beispiel „Sonne", ein Kreis mit einem Punkt darin; oder „Baum", ein Stamm mit zwei Ästen und zwei Wurzeln –, aber auf diese einfache Weise konnte man nur den konkreten Substantiven zu einem Schriftzeichen verhelfen. Für die Verben braucht man schon eine Zusammenstellung von Gegenständen – zum Beispiel „schießen", Bogen und Pfeil; „Herde hüten", Hand und Rind; „versammeln", Vögel auf einem Baum. Adjektive können ebenfalls nur durch eine Verbindung von Dingen ausgedrückt werden, die beim Leser die Vorstellung von einer bestimmten Eigenschaft erwecken, zum Beispiel „gut", Frau und Kind. Ebenso muß bei der Schreibung abstrakter Begriffe verfahren werden. Das alte Zeichen für Yin stellt eine Wolke dar; es deutet damit das Beschattende, Dunkle an. Yang wurde mit einem vor der Sonne fliegenden Yakschweif oder Wimpel geschrieben; damit wurde die Bedeutung des Hellen und des Befehlgebenden ausgedrückt. Beide Zeichen erhielten dann den gleichen Zusatz, den Bergabhang: Yin wurde somit die im Schatten liegende, Yang die besonnte Seite des Berges. Es leuchtet ein, daß in den mehreren Jahrhunderten ihrer Entwicklung, die schon für die in Anyang gebrauchte Schrift angenommen werden müssen, die meisten Bildzeichen sich vereinfacht und gewandelt haben, bis man sich weit mehr auf die Übereinkunft als auf die Darstellungskunst verließ. „Hand" und „Stock" zusammen bedeuten nicht „schlagen", sondern „Vater", und dies nicht wegen des Züchtigungsrechtes, sondern weil der Vater bei der Männerweihe den zeremoniellen Schlag erteilte. So mußte die Schrift erlernt werden; sie war Privileg, ja Geheimnis eines Standes. Die den ursprünglichen Bildern beigefügten phonetischen Elemente machten dem Uneingeweihten ein Erraten des Sinnes vollends unmöglich, denn sie waren wie die erkennbaren Bildabkürzungen geformt und durften doch nicht als solche aufgefaßt werden. Das Zeichen für „kommen" zum Beispiel ist das Bild einer Getreideart, deren Namen ebenso wie das Verb „kommen" ausgesprochen wurde. *(Abb. 5)*

Diese Schrift spiegelt die besondere Art der chinesischen Sprache, ja des Denkens. Wie die Zeichen gleichwertig aneinandergereiht werden – für jedes Wort ein eigenes Zeichen –, so stehen die Worte gesondert und selbständig nebeneinander, dem koordinierenden Denken der Chinesen entsprechend. Kein Wort muß zu seiner sinngemäßen Verwendung im Satz durch die Veränderungen der Deklination oder Konjugation vorbereitet werden; kein Schriftzeichen kann sich durch einen zusätzlichen Strich als Genitiv- oder Perfekt-Form zu erkennen geben. Im Zeichen wie im Wort sind Sinn und Gegenstand festgelegt, aber nicht die Art der Beziehungen, in die sie mit anderen Worten treten. Ob jemand „schießt" oder den „Schuß" bereut – das Zeichen und die Aussprache machen keinen Unterschied zwischen Substantiv und Verb. Aus der Zusammenstellung der Worte im Satz ergibt sich der Sinn, aus dem Sinn die Funktion des einzelnen Wortes in diesem Satz. Diese Eigenart der Sprache macht die Deutung und Übersetzung der alten Schriften so schwierig. Denn gerade sie gab den chinesischen Schriftstellern, Philosophen und Dichtern die Möglichkeit, sich in knappster Form auszudrücken, weil der Leser die den Zeichen möglichen Funktionen kennen mußte.

Die Inschriften der Orakelknochen lehren uns, daß in Sprache und Schrift der Shang die Eigenarten des Chinesischen schon ausgeprägt waren. Das Vermitteln des Orakelspruches wird eine wesentliche Aufgabe der Priesterklasse gewesen sein; diese hat sicher auch die Schriftkundigen gestellt. Das Wahrsagen mit Hilfe eines Tierknochens ist älter als die Kultur der Shang. Ob das Schafgarbenorakel, das es überdauerte, ebensoalt ist, wissen wir nicht; die Überlieferung schreibt es dem legendären Kaiser Huang Ti, einem der vorzeitlichen Kulturbringer, zu. Das Knochenorakel mutet primitiver an, weil uns die tatsächlichen Fragen und Antworten aus der Shang-Zeit erhalten sind, also seine praktische Anwendung, nicht seine metaphysische Unterbauung, wie sie das I-ching für das Schafgarbenorakel gibt.

Das Aufschreiben von Frage und Antwort auf den Orakelknochen war nicht unerläßlich. Meistens war es nur die Frage, die eingeritzt wurde; manchmal wurde auch die Antwort hinzugefügt. Die größere Zahl der Tausende von Knochenstücken jedoch, die im vorigen Jahrhundert von den Feldern von Anyang als heilkräftige „Drachenknochen" in die Apotheken wanderten, war unbeschriftet. Als aber 1899 die ersten Zeichen die Aufmerksamkeit der Gelehrten erregten, sammelte man mit großer Emsigkeit die beschrifteten Knochen, die oft nur wenige Piktogramme und Bruchstücke eines Satzes trugen, und entzifferte nach und nach über 2000 Zeichen.

Die Aufzeichnungen auf den Knochen geben uns eine Bestätigung der Herrschernamen, die die chinesische Geschichtsschreibung überlieferte. Als geschichtliche Quelle sind sie von größtem Wert wegen ihrer unverfälschten Wahrhaftigkeit, die eben darauf beruht, daß sie nicht als Chronik gedacht waren, sondern jede Situation ihrem Tageswert entsprechend darstellen mußten. Sie sind jedoch manchmal für den Historiker sprödes und unergiebiges Material, weil die Fülle der Einzelnachrichten ohne Verknüpfung mit Ursache oder Folge sich darbietet und darum die geschichtliche Bedeutung oder Belanglosigkeit der Ereignisse nicht immer zu bestimmen ist. Doch tritt dieser Mangel zurück hinter dem unschätzbaren Beitrag, den die Knochen der Forschung mit der Möglichkeit geleistet haben, die Schrift der Shang zu entziffern, und den reichen Informationen, die wir über Gesellschaft und Lebensform durch sie allein erhalten haben.

Schon in Lung-shan brauchte man Tierknochen zum Orakel, es waren meistens Rinderknochen; in Anyang wurden die Bauchschalen der Schildkröten vorgezogen. *(T. 41)* Die sorgfältige Vorbereitung der Knochen begann mit dem Sauberschaben und Polieren. Die Rückseite wurde dann mit elliptischen Einkerbungen versehen. *(Abb. 7)* Zur Erlangung des Orakelspruches preßte man einen glühenden Stift an eine Seitenwand einer solchen Kerbe. Der Knochen sprang unter der Einwirkung von Druck und Hitze. Auf der glatten Außenseite zeigten sich gewöhnlich zwei Risse, einer längs der Kerbe und einer, der vom Druckpunkt aus seitlich abzweigte, so daß eine mehr oder weniger regelmäßige T-förmige Figur entstand. Aus der Lage der Sprünge zueinander, aus ihrer Länge und dem Winkel, den sie miteinander bildeten, entnahm der offizielle Wahrsager die Antwort – ob ja oder nein – auf die Frage. Es hing also von seinem politischen Weitblick, seiner Menschenkenntnis, seinen medizinischen Erfahrungen oder seiner Wetterkunde ab, ob die Götter guten Rat und richtige Voraussage gewährten.

Das Knochenorakel war eine vornehme Art der Götterbefragung; es diente nur dem König oder seiner Umgebung. Alle Fragen, die sich der Schildkröte zur Einholung von Auskunft und Rat bedienten, gehen den Herrscher an. Er führte als der oberste Priester die großen Opfer durch; Opfersorgen machten einen großen Teil der Fragen aus, die er den Göttern zur Entscheidung vorlegte. Die Fragen nach der Ernte spiegeln seine Sorge um den Bestand des Staates. Der Krieg war sein Wille und seine Verantwortung. Die Jagd war sein Vergnügen. Die häufige Frage nach dem Wetter war keine müßige Neugierde; für Krankheit und Reise, für Ernte, Jagd und Krieg war die Witterung von größter Wichtigkeit. Es wurde nichts unternommen, ohne vorher eine übermenschliche Meinung einzuholen. Immer wieder wird gefragt: Wird die kommende Woche günstig sein? Von der Antwort hingen Pläne und Entscheidungen für die nächsten Tage ab. Schon in der Shang-Zeit spielten die glücklichen und ungünstigen Tage eine große Rolle; sie haben bis in das zwanzigste Jahrhundert hinein alle Entschlüsse der Chinesen beeinflußt. So lauteten die Fragen oft nicht: Wird der Kriegszug erfolgreich sein? sondern: Ist morgen der richtige Tag für einen Kriegszug? Oder: Wird uns morgen reiche Jagdbeute gewiß sein?

Die Betonung der glückbringenden Tage, des richtigen Zeitpunktes im Jahr, ergab sich aus der Notwendigkeit eines rechten Kalenders für die Landwirtschaft. So wie im alten Griechenland Hesiod die Anzeichen festlegte, nach denen der Landmann die Jahresarbeit einteilen konnte, so stellte in China der König, später der Kaiser, dem Volke den Kalender aus. Bis zur Revolution 1911 gab der Herrscher mit der Zeremonie des Pflügens der ersten Furche den Bauern das Zeichen zum Beginn der Frühjahrsbestellung. Die Kaiserin tat ein gleiches für die Zucht der Seidenraupe. Im Frühling feierten die Landleute den „Auszug des Feuers“ mit Fruchtbarkeitsriten. Sie zogen auf die Felder, rodeten und hackten, säten und jäteten. Im Herbst brachten sie das Feuer ins Dorf zurück und feierten mit Maskentänzen das Erntefest. Im Winter ruhte die Erde und somit auch die schwere Arbeit des Mannes. Die Frau verarbeitete die Erträge von Hanfanbau und Seidenzucht.

Der Kalender beruhte auf den Phasen des Mondes. Noch heute hält der chinesische Bauer an dieser Zeiteinteilung fest, denn nur sie gibt ihm zuverlässige Wetterregeln. Das Jahr beginnt ungefähr Anfang Februar; das ist der Frühlingsanfang. Die scharfe Kälte Nordchinas bricht stets in der Woche des Neujahrsfestes. Ebenso setzt die sommerliche Regenzeit immer um den vom Mondkalender angegebenen Tag ein. Die Diskrepanz zwischen den zwölf Mondmonaten und dem längeren Sonnenjahr, die von Zeit zu Zeit durch einen Schaltmonat ausgeglichen werden mußte, war eine gefährliche Fehlerquelle. Das vernichtendste Urteil, das über eine katastrophenreiche Regierungsperiode gefällt werden konnte, lautete: Der Kalender war in Unordnung geraten. Damit war die Einheit im Kosmos, der dem Himmel folgende Gang der Erde gestört, und jegliches Unheil konnte seinen Lauf nehmen. Es war darum immer das Bestreben der Herrscher Chinas, gute Astronomen an ihren Hof zu ziehen, die auf den Kalender achteten. Der Herrschaftsanspruch stützte sich auf die Segnungen der rechten Jahreseinteilung, auf die Anleitung zum Befolgen des vom Himmel vorgezeichneten Weges, die der König dem Volke zuteil werden ließ.

Sklaven – Bauern – Krieger

Die Inschriften der Orakelknochen ergänzen das Bild, das uns die Sakralbronzen vom Opfer gaben, um einen grauenvollen Zug, der durch die Ausgrabungsfunde bestätigt wird: Die Shang brachten Menschenopfer dar. Ebenso großzügig, wie sie bei den wichtigen Opfern viele Rinder, Schafe, Schweine und andere Tiere schlachteten, töteten sie auch Kriegsgefangene und vergruben sie als Opfer für Shang Ti und die Ahnen. Das Knochenorakel wurde befragt, ob es günstig wäre, morgen einen Kriegszug in die Nachbarschaft zu unternehmen, um die Menschenopfer zu erbeuten. In Gruppen von zehn wurden sie auf den Knochen gefordert oder angeboten. Und so hat man sie in Anyang gefunden, ihre Köpfe in Zehnergruppen vergraben, ihre Körper an anderer Stelle verscharrt. Es mag wohl sein, daß manches Gefäß, das unter den Weingefäßen vorgestellt wurde, das Blut der Opfertiere oder der Menschenopfer aufnahm. Unter den Waffen gibt es große Äxte, die dem Beil eines Scharfrichters gleichen; für den Nahkampf im Kriege waren sie zu schwer und zu breit, aber wohl geeignet, einem hilflosen Opfer mit einem Hieb den Kopf abzuschlagen. Zeichen, die sich auf mehreren Waffen gefunden haben, stellen einen gebundenen Menschen dar, dem eine Axt im Nacken sitzt. *(Abb. 11)* Dazu findet sich fast immer das Bild eines Opferkessels. Das Buch der Urkunden erzählt, wie die Wagenkämpfer vor einer Schlacht angefeuert wurden: „. . . und die, die meinen Befehlen nicht gehorchen, sollen vor den Geistern der Erde getötet werden, sie und ihre Kinder."

Auf die geschichtliche und wirtschaftliche Situation der Shang wirft diese freigebige Überlassung von Menschenmaterial an die Götter und Geister interessante Lichter. Der tatsächliche Herrschaftsbereich der Shang kann nicht so groß gewesen sein, wie ihn die spätere Geschichtsschreibung gerne darstellt. Denn die Orakelknochen erzählen von häufigen feindlichen Überfällen auf die Stadt – der angriffslustige Nachbar war also ganz in der Nähe. Darum waren auch die an sich unbedeutenden Expeditionen in feindliches Gebiet, mit dem einzigen Ziel des Menschenfangs, ohne allzu großen Aufwand an Streitwagen und Fußvolk durchzuführen; vor allem wird die Nachschubfrage nicht hindernd gewesen sein. Vielleicht waren die also mit Krieg überzogenen und mit Überfällen sich rächenden Stämme solche, die die Shang als unterworfen und tributpflichtig betrachteten – eine Ansicht, die von den Betroffenen aber nicht geteilt wurde. Wenn Kriegsgefangene gemacht werden, stellt sich die Sklavenhaltung als natürliche Folge ein. Auch in Anyang hielt man Sklaven; nicht alle Gefangenen wurden geopfert. Daß man trotz der Annehmlichkeit, die der Besitz vieler Sklaven für den Herrn bedeutet, stets bereit war, auf größere Gruppen zugunsten der Ahnen zu verzichten, zeigt, daß auch die Reichen nicht in der Lage waren, eine unbegrenzte Zahl von Sklaven zu ernähren. Die Umgebung von Anyang, die für den Unterhalt der Stadtbevölkerung aufzukommen hatte, konnte dies nur für eine bestimmte Menschenzahl leisten; die Zahl der Münder durfte nicht willkürlich vermehrt werden. Die Lebensmittelzufuhr aus den entfernteren Teilen des Reiches wird unzuverlässig gewesen sein. Auch hier zeigt sich also, daß die Shang das weite Gebiet der nordchinesischen Ebene, das sie zu beherrschen vorgaben, nicht unbedingt in der Gewalt hatten, sondern nur dann, wenn sie sich zu einer größeren Expedition entschlossen, oder solange die Furcht vor einer solchen oder ihre Nachwirkungen die unterjochten Völker in Schach hielt. Die Gaufürsten in ihren kleinen Städten, die Dorfschulzen der entfernteren Gebiete waren weitgehend unabhängig.

Auf der Höhe ihrer Macht konnten die Herren von Anyang und der sich am Ende der Shang-Dynastie heraushebende Kriegswagen-Adel sich für unbesiegbar halten. Ihre Stadt war durch den Gelben Fluß, dessen Lauf damals nördlicher floß als heute, und durch Gebirgszüge einigermaßen geschützt und durch Wälle zusätzlich gesichert. Sie konnten Armeen von 5000 Mann aufstellen, die allerdings wohl nicht alle mit Bronzewaffen ausgerüstet waren. *(Abb. 8)* Die Durchschlagskraft des Reflexbogens aus Holz und Horn gab aber auch den Bambuspfeilen mit Knochenspitzen tödliche Wirkung. *(Abb. 8)* Ein heranbrausendes Geschwader von Kriegswagen konnte eine zahlenmäßig überlegene Fußtruppe auseinanderjagen. *(Abb. 9)* Die Wagen waren zweirädrig; die Räder hatten Speichen; sie wurden meist von zwei Pferden gezogen und von drei Mann besetzt: dem Fahrer, einem Bogenschützen und einem Speerträger. Die Streitaxt war die Waffe für den Nahkampf zu Fuß; das Schwert gab es noch nicht. Der einfache Mann des Fußvolkes fand wenig Schutz vor den feindlichen Waffen, vielleicht eine Art Rüstung aus wattiertem Stoff, in den Holzteile oder Leder eingenäht waren. Der Aristokrat hatte auch keine sehr wirksame Rüstung, nur einen Bronzehelm. Allerdings sind Helme seltene Fundstücke im Verhältnis zu der großen Menge der Waffen. Die Zahl der Aristokraten, die vom Kriegswagen aus kämpften, ist wohl nicht sehr groß gewesen; den größeren Teil des Heeres bildete das Fußvolk der Bauern; vielleicht wurden auch Sklaven eingestellt.

Der wichtigste Untertan war der Bauer; er wird auch einen Teil der Stadtbevölkerung ausgemacht haben, wenn seine Felder in unmittelbarer Nähe lagen. Wieweit das Land in seinem Besitz war und welches Maß an persönlicher Freiheit er hatte, ist nicht genau festzustellen. Sicher wurde er zu Fron- und Kriegsdiensten herangezogen. An den Fortschritten der materiellen Kultur war er kaum beteiligt; es ist fraglich, ob er auch nur ein einziges kleines Metallgerät sein eigen nennen konnte. Sein Pflug war ein gespaltenes Holz. Selbst wenn die Bronze für diese Aufgabe geeignet wäre, so hätte der Bauer doch keine Aussicht gehabt, in ihren Besitz zu gelangen. Da wohl noch kein Tier vor den Pflug gespannt wurde, sondern ein Mensch ihn ziehen mußte, blieb die Hacke das wichtigste Gerät des Kleinbauern. An Land war kein Mangel, aber es mußte viel gerodet werden; nicht alle Felder wurden regelmäßig bestellt. Die Wohnung des Bauern war die Erdhütte. Holz, Ton, Stein und Knochen blieben die Materialien, aus denen er seine Gebrauchsgegenstände herstellte. Er war aber nicht mehr ausschließlich auf seine eigene Kunstfertigkeit angewiesen, da es Handwerker gab, bei denen man das Gewünschte gegen Lebensmittel eintauschen konnte. Seine Kleidung machte er aus Hanffasergeweben und den Pelzen seiner Haustiere, vor allem der Schafe. Wolle scheint noch nicht gesponnen worden zu sein.

Die schwere Feldarbeit verrichtete der Mann. Hirse und Weizen waren – wie heute noch in Nordchina – die Hauptnahrung. Reis wurde in den wasserreichen Gegenden angebaut. Er setzte Anlage und Unterhalt von Bewässerungsanlagen voraus, die der einzelne Bauer nicht allein durchführen konnte, die also einen Beamten mit Autorität und Kenntnissen erforderte. Ob das ideale System der Feldverteilung, das im Schriftzeichen für „Brunnen" seinen Niederschlag gefunden hat (zwei senkrechte Linien, die durch zwei waagerechte gekreuzt werden), je wirklich durchgeführt worden ist, erscheint fraglich. Erst in der späten Chou-Literatur wird beschrieben, daß schon in der Hsia-Dynastie um jeden Brunnen und das ihn umgebende Land acht Felder angeordnet werden sollten. Der mittlere Acker gehörte acht Sippen gemeinsam; sein Brunnen und seine Erträge dienten allen und warfen die Steuern ab. Die umliegenden Felder wurden den Sippen zur eigenen Nutznießung übergeben, jedoch von Zeit zu Zeit neu verteilt, um keine Ungerechtigkeiten aufkommen zu lassen. Es entspricht dem chinesischen Hang zur Einordnung aller Lebenserscheinungen in Zahlenkategorien, daß er dies Neun-Felder-System erdachte, auch wenn es nie in der Praxis existiert hat. Es liegt nicht in der menschlichen Natur, die Durchführung einer so ordentlichen und gerechten Besitzverteilung zu fördern. Es würde kaum länger als eine Generation gedauert haben, bis einige tüchtige Familien den Versuch machten, nicht nur ein gutes Ackerstück festzuhalten, sondern auch vom weniger aufstrebenden Nachbarn das seine noch dazuzubekommen. Ein ausgeprägter Besitzerinstinkt verbindet den chinesischen Bauern mit dem Boden, er hat sich bis heute – durch Jahrhunderte des Nichtbesitzens – erhalten.

Alle Haustiere des modernen China finden sich schon in der Shang-Zeit, vor allem Rind, Schwein und Schaf. Die Geflügelzucht scheint noch in den Anfängen gewesen zu sein. Man unterschied drei Arten von Hunden: Jagdhunde, Wachhunde und Hunde, die gegessen wurden. Der Elefant wurde wahrscheinlich gezähmt, doch kam er als Haustier des Bauern nicht in Betracht. Auch das Pferd war für den durchschnittlichen ländlichen Betrieb ein unerreichbarer Luxus. Den Frauen lag die Zucht der Seidenraupen ob; Seidenstoff war aber eine Kostbarkeit, die jenseits der Möglichkeiten der Bäuerin lag.

Von dem Arbeitsertrag der fleißigen und genügsamen Landleute lebte die Stadt, lebte die Oberschicht, die die Krieger stellte, lebten die Priester, aus deren Mitte die Wahrsager, die Schriftkundigen und wohl auch die Verwaltungsbeamten hervorgingen. Nicht alle jedoch, die innerhalb der Mauern und in den Vorstädten wohnten, hatten teil an dem Überfluß, der hier zusammenkam. In Anyang gab es viele Handwerker, die nach Gewerben zusammenwohnten, wie es bis in die heutige Zeit in den chinesischen Städten die Regel war. Wir wissen nicht, wieviel Freiheit sie genossen. Die Aussicht, mit ihrem Kunstfleiß Reichtümer zu erwerben, war gewiß sehr gering, da der kleine Kreis derer, die dem Angebot die Nachfrage entgegenstellten, das Entgelt bestimmen konnten, ja vielleicht über Erzeuger und Erzeugnis Machtvollkommenheit hatten. Ein Kaufmannsstand, dessen Tätigkeit den Waren einen Marktwert gab, scheint noch keine Rolle gespielt zu haben. Es gab zwar Geld, aber der einfache Mann brauchte es nicht, weil seine Erzeugnisse laufend in die lebensnotwendigen Dinge umgesetzt wurden, die überall im Tauschhandel zu haben waren. Darum soll auf die Anfänge des Geldwesens erst an späterer Stelle eingegangen werden.

Gerät – Schmuck – Bauten

Für die Geschichte der Kunst wie für die der Religion ist das Fehlen der Vorstufen zu dem Höhepunkt, den die Kultur von Anyang bildet, ein fühlbarer Mangel. Was sich von Fragmenten in Stein, Knochen oder Elfenbein erhalten hat, zeigt denselben ausgebildeten Stil, dieselbe mythologische Fauna wie die Bronzen. In der Bronzekunst wurden die von der Holz- und Knochenschnitzerei übernommenen Techniken so fortgebildet und verfeinert, daß es so scheint, als ob alle anderen Kunstzweige ihren Zierstil von der Bronze erhalten hätten. Gegenstandsschmuck und Sakralkunst decken sich weitgehend. Auch auf Waffen, Wagenbeschlägen und Zierknöpfen wurden die Formen symbolischer Bedeutung angebracht. Von dem kostbarsten Material, der Bronze, blieb für das persönliche Schmuckbedürfnis wenig übrig – wenn man von den Waffen und Beschlägen für Streitwagen und Pferdegeschirr absieht, die die Eitelkeit des Mannes befriedigten.

Unter den zahlreichen Funden, die man in Anyang und an anderen Orten gemacht hat, stellen die Materialien Knochen, Elfenbein, Ton, Jade, Stein nur einen geringen Teil. Weitaus das meiste ist Bronze. Das darf nicht zu der Annahme verleiten, daß Bronze tatsächlich im Reich der Shang mehr als irgendein anderes Material verarbeitet wurde. Dazu war sie viel zu teuer. Holz, Knochen, Horn und vor allem Ton waren nach wie vor dem kleinen Mann allein zugänglich – es waren alles Stoffe, die er selbst zu bearbeiten verstand, die er nicht zu kaufen brauchte, die ihm sein Boden oder seine Tiere lieferten.

Aus Anyang stammen einfache Gefäße aus grobem, grauem Ton. In Form und Zier weisen sie sich als Nachkommen der neolithischen Keramik aus und lassen doch schon in ihrer straffen Bildung einen neuen, statischen Stil ahnen, der sich in den Bronzen voll zu erkennen gibt und auch die Anyang-Keramik aus feinem, weißem Ton, aus Kaolin, beherrscht. Während die grauen Töpfe schlicht und nützlich aussehen, sind die weißen Urnen, Krüge und Deckelschalen so reich verziert, daß sie den Bronzegefäßen weit näherstehen als den grauen Töpfen des Alltagsgebrauches. Es mag sein, daß die weiße Keramik der Allgemeinheit nicht zugänglich war, sondern in besonderen Werkstätten als billigere Ergänzung zu den Sakralbronzen – ebenfalls für das Zeremoniell des Opfers – geschaffen wurde.

(T. 41) Haarnadeln und andere kleine, schmückende Gebrauchsstücke wurden aus Knochen gemacht. Zierplatten, wohl zum Aufnähen auf die Kleider, gab es aus Perlmutt, das von einer Süßwassermuschel stammte. *(T. 41)* Der prächtigste Schmuck war aus Jade, dem Nephrit in bräunlichen, weißlichen und grünlichen Tönen, den die westlichen Nachbarländer lieferten. Auch er wurde zu den Formen des Tierstils geschnitten, zu Vögeln und Drachen und T'ao-t'ieh. Es waren meist flache Steinplatten von nur wenigen Zentimetern Ausdehnung mit eingeschnittenem Liniendetail und kleinen Bohrlöchern, die das Aufnähen ermöglichten. Damals wie heute schätzten die Chinesen den Jade über alles; darum war er mit der Bronze für das Zeremoniell ausersehen. Manches Stück, das uns heute als bloßes Ornament erscheint, war vielleicht Rangabzeichen oder Amulett. Die Waffen mit Jadeklingen, die in Bronze gefaßt waren, konnten keinen praktischen Zweck haben, denn trotz seiner Härte ist dieser Stein sehr brüchig. Sein Schlag wäre für einen Schädel zwar schmerzhaft, fatal wäre er aber nur für die Klinge. *(T. 40)* Es waren also Zeremonialwaffen, die bei feierlichen Anlässen von den dazu berechtigten Großen getragen wurden oder beim Opfer in festlichem Reigen von Tänzern geschwenkt – und schließlich dem Würdenträger mit ins Grab gegeben wurden. *(T. 22)* Die besondere Schönheit der Verbindung von weichschimmerndem Stein und warmglänzendem Metall wurde oft durch Einlagen von Türkisstückchen erhöht, die in die Form eines T'ao-t'ieh oder Zeichens in die Bronze gesetzt waren.

Jade ist schwer zu bearbeiten, denn er ist hart, aber springt leicht. Trotzdem haben es schon die Künstler der Shang-Zeit erreicht, ihm jene besondere Weichheit der Oberfläche zu geben, die Auge und Tastsinn gleichermaßen entzückt. Die Kanten müssen präzis, aber nicht scharf sein, die Flächen unmerklich schwingen, die Linien mühelos und ohne Stockung durchgezogen werden. Nur unendliche Geduld und unbeirrbarer Vollkommenheitswille konnten die technischen Schwierigkeiten überwinden und Kunstwerke schaffen, die so aussehen, als ob sie mit schnellem Schnitt aus fügsamem Material entstanden wären; und doch drücken sie Festigkeit und Unverrückbarkeit von Form und Linie überzeugend aus.

Der Aufgaben für Großplastik in Stein waren wenige. Was an Skulpturen in Anyang gefunden wurde, ungefähr ein Meter hohe Figuren von mythologischen Tieren, ist

Umsetzung der Gefäßplastik in die größeren Dimensionen, die der Marmor ermöglichte. *(T. 26)* Ihre Verwendung steht nicht eindeutig fest, doch ist aus tiefen Kerben und Bohrungen zu schließen, daß es sich um Bauplastik handelt. Vielleicht war der Stein in dieser Kunst nur ein Sonderfall, der große Holzschnitzereien zum Vorbild hatte. Von monumentaler Holzplastik hat sich aber nichts erhalten. Auf den großen und kleinen Tierfiguren, auf den wenigen Gefäßen, die Form und Zier der Sakralbronzen in Stein übertragen, und auf schwer deutbaren Bruchstücken, ist dieselbe Geduld, derselbe Formwille am Werk gewesen wie an den kleinen Jadestücken. Auch im Marmor erscheinen die Linien nie brüchig und hart, sondern glatt und fest.

Ton, Knochen und Stein sind die Materialien, die sich direkt zur Gestaltung anbieten. Die Bronze braucht technische Zwischenstationen, ehe sie sich der Formgebung unterwirft. Auch Lack und Seide müssen umständlich gewonnen und vorbereitet werden. Gefäße aus Lack sind nicht bekannt; nur an den Holzteilen in den Gräbern hat man einen Lackanstrich gefunden. Auch Seidengewebe aus der Shang-Zeit haben wir nicht; das Klima und die wechselnden Feuchtigskeitsgrade waren ihrer Erhaltung nicht günstig. Wir können über die Textilkunst nur Vermutungen anstellen. Die Bronzen wurden in den Gräbern oft auf Matten gestellt oder in sie gehüllt, oder in Stoffe gewikkelt. Im Oxydierungsprozeß hat die Patina diese die Bronzefläche berührenden Fremdkörper einbegriffen, so daß auf der krustigen, grünen Schicht mancher Bronzen Stücke von Matten oder Geweben festsitzen, hart und grün wie die Patina selbst. Unregelmäßig gesponnene Hanffaser und gleichmäßige, glatte Seide ist deutlich zu unterscheiden. Die Webart ist die einfachste, aber fein und dicht. Mehr ist den Resten nicht abzusehen. Sicher wurden die Gewebe gefärbt; auch Stickerei wird bekannt gewesen sein. Von der Kleidung der Shang können wir uns kein Bild machen; die wenigen Menschendarstellungen sind nicht unbedingt als Anyanger aufzufassen. Man kann annehmen, daß das weite, mantelartige Gewand schon in der Shang-Zeit das Kleid der Oberschicht war, während der Bauer auf weniger arbeitsbehindernde Modelle angewiesen war. Sonnenhut und Regenmantel aus Stroh oder Schilf fanden sich sicher schon im Kleiderkasten von arm und reich.

Viererlei Prunk zeichnete die Herrenschicht von Anyang aus: Prächtige Kleider und persönlicher Schmuck an Gewand, Waffen und Wagen, ein reicher Schatz an Opfergefäßen, Häuser über der Erde und ein großes Begräbnis. Der großzügigen Ausstattung vieler Gräber verdanken wir die meisten unserer Kenntnisse von der Kultur der Shang. Die Grabanlagen lassen Rückschlüsse auf die Gebäude in der Hauptstadt zu. Die sogenannten Königsgräber sind große Gruben aus festgestampfem Lehm mit rampenartigen Zugängen, über die die Särge, die Wagen und Pferde, die Opfer und Gaben in die Tiefe gelangten. Alles war mit Lehm zugedeckt, der Schicht für Schicht festgestampft wurde, bis die Stelle wieder dem Erdboden gleich war. Ein Hügel wurde anscheinend nicht aufgeschüttet. Man hat stellenweise beobachten können, daß die Sakralbronzen nicht in der eigentlichen Grabkammer mit dem Toten in die Erde gegeben waren, sondern in einer Art Vorraum. Es wurde darum angenommen, daß für einige Zeit nach dem Tode eine Opferstätte zugänglich blieb, die die Familie besuchte und wo sie die Bronzegefäße benutzte. Doch hat man darüber keine sicheren Angaben. Es muß der Zeitraum nach dem Tode, in dem diese Opfer in unmittelbarer Nähe dargebracht wurden, begrenzt gewesen sein; nach seinem Ablauf wurde auch das Vorgrab geschlossen, indem man sorgfältig darauf achtete, daß die Opfergefäße in gutem Zustand unter die Erde kamen.

Bauteile aus Holz, Stein, sogar aus Bronze zeigen, daß die Architektur nicht auf Schmuck verzichtete. Er wird hauptsächlich in Holzschnitzerei ausgeführt worden sein, denn Holz war das Baumaterial. Stein hat es in China nie zu einer konstruktiven Bedeutung gebracht, von der wenig angewandten Wölbung der Tore und Brücken und einiger ungewöhnlicher Bauten abgesehen. In der Shang-Zeit war die Wölbung noch nicht bekannt. Auch Ziegel wurden nicht gebrannt; die Wände zwischen den Holzstützen waren mit gestampftem Lehm ausgefacht. Dieser Lehm ist ein festes und dauerhaftes Baumaterial. Viele Bauernhäuser in Nordchina sind heute noch aus Holz und Lehm, ohne Ziegel, gebaut. Im Weichbild der Stadt konnten einige Grundrisse festgestellt werden, die uns ein Bild von der Anlage eines Shang-Hauses geben. Die Kenntnis des Aufrisses entnehmen wir einem Schriftzeichen. *(Abb. 5)* Danach stand das reiche Haus auf einer Plattform, so wie heute noch jedes Gebäude in China. Auch diese Plattform war in Anyang aus gestampftem Lehm. In ihn waren die Steine eingelassen, die die Basen für die Säulen bildeten. Bei den vornehmsten Gebäuden wurden diese Basen aus Bronze gemacht. Die Stützen waren aus Holz, das aus den nahen Bergen herangeholt wurde. Sie standen in drei Reihen auf der rechteckigen Plattform ausgerichtet – den Längsseiten entlang je eine Reihe; die dritte lief durch die Mitte des Gebäudes zwischen den beiden anderen. Nach den wenigen erhaltenen Grundrissen zu urteilen, waren die Säulenabstände nicht von regelmäßiger Länge; an den Schmalseiten zum Beispiel konnten extra Stützen eingeschoben werden. Sicher waren die Abstände der mittleren Reihe, die den Firstbalken trug, ungefähr doppelt so groß wie die an den Außenseiten. Die Baumeister von Shang hatten also schon eingesehen, daß diese durch den Innenraum sich ziehende Säulenreihe der schwache Punkt ihrer architektonischen Gestaltung war; sie suchten darum die Zahl der frei – und störend – im Raum stehenden Stützen möglichst zu verringern. Als in den folgenden Dynastien ein technischer Fortschritt in der Dachkonstruktion diese mittlere Stützenreihe fortzulassen gestattet, war der Entwicklung der chinesischen Architektur nichts Wesentliches mehr hinzuzufügen.

Das Dach wird ein einfaches Sattel- oder Walmdach gewesen sein. Auf die Sparren wurden Matten gelegt und darüber Stroh, Schilf oder Lehm, oder Lehm auf Stroh. Der Eingang war wohl schon auf der Breitseite. Auch in diesem wichtigen Punkt ist also die Halle, die Grundform der chinesischen Architektur, die ihre Traufseite als Front präsentiert, schon vorgebildet. Diese Entscheidung zuungunsten des Giebels fiel nicht von ungefähr, sondern hatte einen praktischen Grund: Zur Front lagen die Öffnungen des Hauses, schwere hölzerne Türflügel reichten wahrscheinlich bis zum Architrav. Luft und Licht fanden vielleicht nur durch die Tür Einlaß oder durch kleine Fenster. Heute zeigt die chinesische Halle keine in die Wand eingeschnittenen Fensteröffnungen, sondern es wird an der Vorderseite die Wand nur bis zu ungefähr ein Meter Höhe zwischen die Säulen gespannt, die offenen Felder darüber werden mit einem Holzrahmenwerk geschlossen, das mit Papier beklebt ist. Auch so können wir uns in Anyang die architektonische Lösung des Fensterproblems denken, allerdings ohne den warmhaltenden, aber lichtdurchlässigen Papierschutz. Statt dessen können Holzläden vor den Öffnungen angebracht worden sein. Je ungeschützter nun eine solche Öffnung ist, desto wichtiger ist das überhängende Dach, das wenigstens das Hereinschlagen des Regens in das Hausinnere verhindert – und diesen Schutz kann nur die Traufseite geben. Ein weiterer Vorteil des vorspringenden Daches ist das Abschirmen der direkten Sonnenbestrahlung im Sommer.

Die meisten dieser Gebäude werden keine Ausmaße gehabt haben, die wir als gewaltig empfinden; ein monumentaler Charakter ging dieser Baukunst völlig ab; es gab nur eingeschossige Bauten. Aber sie erhoben sich über den Erdhütten des einfachen Volkes; im Gegensatz zu diesen wirkten sie prächtig und großartig. Prächtig war auch ihre Ausstattung: Schnitzereien an den Balken und Säulen – vielleicht bunt getönt oder mit Einlagen von Elfenbein geziert und Malerei auf den Lehmwänden. In starker Vergrößerung prangten die sakralen Motive, T'ao-t'ieh, Drachen und das Donnermuster, in Rot und Schwarz auf den ockerfarbenen Wänden; Plastik in weißem Marmor hob sich von diesem dunklen Grunde ab; auf dem Boden glänzten goldfarben die Matten. *(T. 26)* Von Möbeln wissen wir nichts; vielleicht gab es nur eine Plattform zum Sitzen und Schlafen.

Um eine Halle werden sich viele kleine und einfachere Gebäude geschart haben, denn man lebte in großen Familienverbänden zusammen, wenn auch noch nicht in patriarchalischer Ordnung; zu einem Haushalt gehörten mehrere Generationen. Ställe für die Pferde und die nahrungspendenden Haustiere, Vorratsgruben für Winter und Notzeit, Erdhütten für Diener und Sklaven – alle diese werden einen ziemlichen Flächenraum in Anspruch genommen haben.

Der größte Gebäudekomplex war der Palast. Hier residierte der Herrscher von Shang als König und oberster Priester; hier stiegen die Wahrsager, die Heerführer, die Tributträger die Stufen zur großen Halle hinauf. Hier wurden Kriegs- und Beutezüge beschlossen; hier wurden die Gesandten abgefertigt; von hier zog der König zur Jagd aus. Daß die Herren von Shang gewaltige Jäger waren, die häufig zu großangelegten Treibjagden auf Reh- und Schwarzwild in die nahen Berge gingen, erhellt aus den vielen Fragen an das Knochenorakel nach dem Jagdglück und aus den Antworten, die reiche Beute als Bestätigung einer eingetroffenen günstigen Voraussage aufzählten.

Die Kriegszüge waren nicht immer aggressiver Natur und führten nicht immer zur Mehrung des Reiches. Die Shang waren stets von ihren Nachbarn bedroht. Ihr Staatswesen war nie festgefügt, ihre Macht nie sicher unterbaut. Je größer das Reich wurde – es dehnte sich am Ende der Dynastie über das südliche Shansi bis in das heutige Shensi hinein aus, aber wohl nicht sehr weit südlich des Gelben Flusses –, desto schwieriger war seine Verwaltung. Sie mußte an Territorialherren abgegeben werden, die inmitten eines Gebietes saßen, dessen Herren sie vielleicht gewesen waren, und das sie nun als eine Art Lehen regierten. Anyang war am Ende der Shang-Dynastie sicher nicht die einzige Stadt; die Residenzen der Territorialherren werden Stadtcharakter gehabt haben.

Das Lehnssystem der Shang, so wenig es noch ausgebildet war, trug doch schon den Keim zur Vernichtung in sich, der alle Lehnsstaaten früher oder später anheimfallen. Ein Vasall, der der königlichen Aufforderung, Truppen zu senden, nicht nachkommt, fügt seinem Herrn fast ebenso großen Schaden zu wie einer, der sich in offener Rebellion gegen ihn stellt. Die chinesische Geschichtsschreibung spricht von einem Heer von siebenhunderttausend Mann, mit dem der letzte König von Shang zur Entscheidungsschlacht gegen die Chou angetreten sei. Diese phantastische Zahl kann unmöglich den Tatsachen entsprechen. Wahrscheinlich ist das Heer derer, die dem Hause Shang die Treue hielten, sogar kleiner gewesen als die paar tausend Mann, mit denen die Chou zur Eroberung auszogen.

Für unser Bild der Shang-Zeit ist Staatsmacht und Reichtum nur der Rahmen für eine Kunstepoche, die der Blütezeit von Kreta oder Babylon zur Seite zu stellen ist. Der Glanz dieser Kultur strahlt so stark über die Grenzen ihres Gebietes, daß die Barbaren, die ihre Nachbarn und Vasallen von Shang waren, von ihm erleuchtet und angezogen wurden.

IV

Chou

Die Chou sind zur Eroberung des Shang-Staates nicht mit dem Bewußtsein ausgezogen, die Nachfolger der einzigen legitimen Herrschaft der Welt zu werden. Als sie aber in den folgenden Jahrhunderten diese Macht – soweit die Blickweite im alten Asien ihnen eine solche Feststellung erlaubte – tatsächlich innehatten, hielten sie es für gegeben, dieses Dogma vom einzigen Reich aufzurichten und rückwirkend über die Hsia bis hinauf zu den mythischen Herrschern zu festigen.

Die Auffassung, es habe immer *ein* chinesisches Reich gegeben und dies sei das einzig rechtmäßige auf der Welt, entsprang folgerichtig dem Universismus, dem Glauben, daß vom Himmel alle Macht und Guttat ausginge, die von dem Himmelssohn, dem Herrscher, kraft seines und des Himmels Tê den Menschen übermittelt wurde. Tê ist die Wirkkraft der Tugend, die vom Tao ausgeht; Tao ist das Urprinzip, der Weg, der Quell allen Lebens und Geschehens. Ein solches Glaubenssystem, wie es die Chou mit den Gedanken des Universismus ausbildeten, war weit stärker zentralisiert als zum Beispiel die monotheistische Religion der Juden, deren erstes Gebot dem auserwählten Volke ausdrücklich die Verehrung der anderen Götter untersagte und durch die Abgrenzung des eigenen Gottes gegen die fremden Gottheiten Jahwe als dem jüdischen Volk ausschließlich zugehörig erklärte. Somit beschränkte sich der allmächtige Schöpfer der Welt auf *sein* Volk und überließ, bis zur Aufrichtung des messianischen Reiches, andere Völker den Göttern ihres falschen Glaubens. In der Auffassung der Chinesen dagegen konnte es nie Konkurrenten oder Usurpatoren des Himmels geben. Götter und Dämonen waren nur eine der Auswirkungen des Tao, nicht Widersacher mit eigenen Zielen, wie es zum Beispiel die gefallenen Engel sind. Das Tao ist allumfassend; diese Eigenschaft wird über seine Allmacht gestellt. Die Götter der Alten Welt sind meistens Persönlichkeiten und können darum wie menschliche Personen handelnd gedacht werden. Sie passen ihre Handlungen den jeweiligen Umständen an und greifen nach Gutdünken ein; man kann sie bitten, erzürnen und besänftigen; sie erscheinen wie Personen auf eine Aufgabe oder auf ein Volk ausgerichtet. Tao ist keine Person. Es ist überall und darum nirgends festzulegen. Die Toleranz der Chinesen in religiösen Dingen – die in der Praxis oft sehr zu wünschen übrig ließ – ist in ihrer Theorie die logische Folge dieser Auffassung vom Tao. Man konnte dem Chinesen keinen Gott und keine Lehre antragen, die dem Tao zuwider ginge, da es ja über allen Formen und Erscheinungen, über Göttern und Dämonen stand.

Dies ist nur eine kurze Andeutung über das Tao, die der Geschichte der Chou vorangestellt sein soll, weil alle Lebensbereiche auf es ausgerichtet waren. Ausführlicher kann es erst am Ende des Kapitels besprochen werden, weil erst am Ende der Chou-Zeit das Buch, das den Namen Lao-tzus trägt, die Gedanken über das Tao niederlegte. Als die Chinesen die kosmische Ordnung im Tao erkannten und als sie den Staat als

Ordnung des Zusammenlebens der Menschen in der Hierarchie Himmel-König-Volk ansahen, war in den Wandel des Kosmos – um dem Gedankengang des I-ching zu folgen – der Keim eingesetzt, aus dem China als das Reich der Mitte wachsen würde.

Wir geben darum von nun an dem Reich, das die Chou den Shang abrangen, den Namen, unter dem wir es in Beschreibung und Geschichte zu finden gewohnt sind: China. Erst unter der Herrschaft der Chou sind die politischen und geistigen Voraussetzungen gegeben, unter denen sich ein kleiner, wenn auch kräftiger Staat mit einer eigenartigen, die Nachbarn überflügelnden Kultur zur alleinigen Großmacht und zum einzigen Kulturquell in Ostasien entwickeln konnte. Politische und militärische Niederlagen, Fremdherrschaft und fremde Einflüsse, aufblühende andere Kulturen außerhalb der chinesischen Grenze haben an dieser Stellung Chinas bis ins neunzehnte Jahrhundert hinein nichts geändert.

Politische Geschichte

Die Chou wohnten im Tale des Wei, westlich vom Knie des Gelben Flusses, in der heutigen Provinz Shensi. Ursprünglich waren sie wohl ein altaischer Stamm, der in den Jahrhunderten vor der Eroberung einen kräftigen tibetischen Einschlag erhielt. Durch den Druck von Nachbarstämmen wurden sie nach Osten gedrängt, also an die Grenzen des Shang-Reiches, dessen mehr oder weniger friedliche Nachbarn sie in der Anyang-Zeit waren. Während die Shang, wie wir sahen, wichtige Elemente aus der Lung-shan-Kultur erbten, waren die Chou kulturelle Nachfahren von Yang-shao, allerdings ohne daß sie sich in der Kunst der bemalten Keramik hervorgetan hätten. Ackerbauer waren auch die Leute von Chou, und damit war ein gemeinsamer Boden gegeben, auf dem eine Übernahme der Kultur der Shang durch die barbarischen Chou möglich war. Diese Berührung brachte allerdings die politische Übermacht der Shang zur Geltung; die Chou mußten ihre Oberhoheit anerkennen. Sehr drückend scheint die Herrschaft der Shang nie auf den Chou gelegen zu haben; ihr Staat wurde eine Art Lehen, das die angestammten Könige recht selbständig verwalteten. Daß die Herrscher von Anyang Prinzessinnen von Shang mit den Chou-Fürsten vermählten, zeigt, daß der barbarische Nachbar eine Macht geworden war, die man lieber mit Diplomatie als mit Gewaltmitteln von zweifelhaftem Erfolg bei der Stange hielt.

Im zweiten Viertel des 11. Jahrhunderts regierte der König Wen, der Weise, der Vollkommene, das Volk der Chou. Es ist durchaus möglich, daß die Sage von seiner zeitweiligen Gefangensetzung in Anyang auf historischen Tatsachen beruht. Es würde erklären, daß dieser König als erster den Gedanken hatte, an Stelle eines, wenn auch nicht drückenden Abhängigkeitsverhältnisses und an Stelle von sporadischen Raubzügen, die dem geschwächten Reich der Shang nur einige seiner materiellen Güter abjagen würden, eine Eroberung mit dem Ziel einer dauerhaften Herrschaft zu setzen. König Wen konnte diesen Plan fassen, weil sein kleines Reich sich eine gewisse Vormachtstellung unter den Stämmen westlich des Gelben Flusses erworben hatte. Er durfte damit rechnen, daß seine Nachbarn, wenn er sich an die Spitze stellte, sich gern an einem Raubzug in die reichen Gefilde der Shang beteiligen würden. Es läge dann seiner Klugheit ob, diesen Raubzug in eine Besitzergreifung umzuwandeln und seine sicher nicht allzu zuverlässigen Bundesgenossen mit solch einer Entwicklung zu versöhnen. Wenn als gesichert gelten kann, daß König Wen in Anyang gewesen ist, sei es als Vasall oder als Gefangener, so wird glaubhaft, daß er diesen Plan faßte, der so viel weitsichtiger war, als Kriegspläne in jenen Tagen zu sein pflegten. Es ging ihm nicht um die Beute, sondern um die Übertragung des ganzen Machtapparates mit all seinen Reichtumsquellen, Repräsentationen und Ordnungsmöglichkeiten auf sich, sein Haus und sein Volk – also um eine Zukunft. Vielleicht sehen wir, von der chinesischen Tradition verleitet, die das Verhalten der Chou-Eroberer mit der Lehre vom Mandat des Himmels in Einklang bringen mußte, die Pläne des Königs Wen als zu hochfliegend und weitschauend. Er selbst hat ihre Verwirklichung nicht einmal in Angriff nehmen können. Aber seine Söhne haben sie nicht nur mit Zielstrebigkeit durchgeführt; sie haben in allen kritischen Lagen – an denen in den ersten Jahrzehnten der Chou-Herrschaft kein Mangel war – immer wieder einander die Autorität der väterlichen Pläne vorgehalten und an den vom König Wen vorgezeichneten Weg erinnert.

Der Nachfolger eines klugen Vaters war ein kriegerischer Sohn, der König Wu, der neben seiner Kriegstüchtigkeit, die in seinem Namen zum Ausdruck kommt, viel von der Umsicht und Zielstrebigkeit des Königs Wen geerbt hatte. Um 1050 – das ist das Datum, das man nach der jetzt gebräuchlichen Chronologie für das Ende der Shang-Dynastie erhält (oder 1028) – überschritt er den Gelben Fluß, schlug den letzten König von Anyang in einer vernichtenden Schlacht und bemächtigte sich der Hauptstadt. Damit war der Eroberungskrieg entschieden; es begannen aber nun erst die Schwierigkeiten. War es schon für die Herrscher der Shang schwierig gewesen, ihr Reich in Botmäßigkeit zu halten, so konnte dies für die neuen Herren kaum leichter sein. Dazu kamen aufflackernde Widerstände von Gruppen, die den Shang die Treue hielten oder aus ihrem Sturz die Selbständigkeit, aber nicht eine neue Oberhoheit erlangen wollten. So mußte der König Wu hier und dort Truppen einsetzen und Rebellionen niederschlagen.

Nun, da es klar zutage trat, daß dies kein Raubzug war, erhoben sich Stimmen im Lager der Chou, die Bedenken über dies Abweichen von bewährten Kriegszielen äußerten und es lieber gesehen hätten, wenn man sich mit der Beute in die Sicherheit der eigenen Dörfer zurückzog, anstatt sie im fremden Land stets von neuem zu verteidigen. Der König Wu wurde also vor die Aufgabe gestellt, seine Helfer und Bundesgenossen zu belohnen, und zwar in einer Form, die sie an sein neues Reich und Territorium binden und ihm weiterhin ihre Unterstützung sichern würde. Die Lösung dieser Forderungen ergab sich im Austeilen von Lehen. Das eroberte Land wurde aufgeteilt und als Lehen den einzelnen Fürsten unterstellt, die nun innerhalb ihrer nicht zu weit gespannten Grenzen und gestützt auf ihre eigenen Truppen ihre Herrschaft festigen konnten und damit die Oberherrschaft der Chou besiegelten.

Die Geschichte erzählt, König Wu habe seine tatkräftigsten Helfer mit Lehen belohnt, »noch ehe er vom Wagen stieg«, also noch auf dem Schlachtfelde. Wie stets, wenn es an das Verteilen von Lehen geht, erhielten die Familienmitglieder des regierenden Hauses die wichtigsten Anteile. Immer wieder im Laufe der Geschichte auf der ganzen Welt haben Herrscher auf diese Weise den Bestand ihrer Herrschaft zu sichern gehofft. Der Nachfolger König Wus sollte bald in seiner nächsten Familie die guten und die schlechten Erfahrungen machen, denen ein solches System die Türen öffnet.

Dieser Nachfolger, König Ch'êng, war ein Kind. König Wu starb einige Jahre nach der Einnahme von Shang; diese Jahre hatten nicht ausgereicht, um das neue Reich nach innen und außen zu festigen. Die schlechten Erfahrungen, die der kleine König alsbald mit zweien seiner Onkel machen mußte, die mit dem Erben der Shang paktierten, waren darum zu erwarten. Sie waren lange nicht so erstaunlich wie die guten Seiten, die ein dritter Onkel nun offenbarte. Dies war der Herzog Tan von Chou. Seine Persönlichkeit hat durch fast zwei Jahrtausende ihre Wirkung bewahrt. Sein Name ist ein Synonym für Vasallentreue, Staatsklugheit und Fürstenethik. Gewiß hat die Legende manches dazu getan, um aus dem Herzog von Chou das Vorbild des »Edlen« zu machen, wie es Konfuzius sich dachte; aber ohne die erstaunliche Tatsache, daß dieser Barbar sich nicht die Gelegenheit zunutze machte, seinen unmündigen Neffen zu beseitigen und die Herrschaft an sich zu reißen, hätte sich die ausschmückende Phantasie nie dieses Mannes bemächtigt, um ihn mit allen Tugenden auszuzeichnen. Barbarisch wirkten die Chou auch nur im Vergleich mit den Shang; vor ihren Nachbarstämmen zeichneten sie sich schon durch einen Anflug von Kultur aus, den sie den Shang abgesehen hatten. Schrift und Bewaffnung werden die wichtigsten Güter gewesen sein, die sie vor der Eroberung von ihren unfreiwilligen Lehrmeistern erhielten.

Der Herzog von Chou riß also die Zügel der Regierung und Militärgewalt an sich, als es offenbar wurde, daß sie seinem Neffen nur allzuschnell aus den Kinderhänden gleiten würden. Nach sieben Jahren übergab er sie wieder dem rechtmäßigen König. Diese Handlungsweise eines Mannes, der das Rechte tat, obgleich es niemand von ihm erwartete, zeigt außer seinem ehrenwerten Charakter noch ein anderes Moment deutlich auf: das Patriarchat. Unter den Shang ging die Thronfolge vom verstorbenen König auf einen Bruder über – nur wenn kein Bruder am Leben war, folgte die nächste Generation. Bei den Chou erbte stets der älteste Sohn der Hauptfrau. Die Treue des Herzogs von Chou galt nicht nur der Person seines jungen Herrn, sondern auch den Sitten seines Stammes, die er durch sein Verhalten deutlich über das Familienrecht der Shang stellte. Dies ist um so bemerkenswerter, als die Chou auch nach der Eroberung bemüht blieben, gelehrige Schüler der Shang auf allen Gebieten der Kultur zu sein.

Dies Bestreben, würdige Nachfolger eines bewunderten Volkes zu werden, machte die Chou aber nicht blind für die praktischen Fragen, die nicht nach Art der Shang gelöst werden konnten. Ihr Lehnssystem hatte andere Voraussetzungen und Aufgaben als das unentwickelte der Shang, und es brauchte andere Formen. Während wir für die Gesellschaft von Shang nur undeutliche Angaben über eine vermutliche Oberschicht machen konnten, zeichnet sich die erbliche Aristokratie der Chou deutlich ab. Es sind die Angehörigen des Clans, die zum Stamme Chou gehörten und nun, mit den besten Lehen ausgestattet, mächtig, wohlhabend und zahlreich wurden. Ihren Sitz hatten sie in Städten, die zum Teil Neugründungen waren und im Plan die Entstehung aus der Garnison nicht verleugneten. Es waren rechteckige Anlagen mit geradlinig sich kreuzenden Straßen. Diese Neuerung der plan- und regelmäßig angelegten Städte blieb für den gesamten chinesischen Städtebau das Vorbild; wo es nur immer das Gelände erlaubt, ist die Stadt quadratisch oder rechteckig; parallel zu den Mauern laufen die geraden Straßen von Tor zu Tor durch die Stadt. Die Hauptstraßen waren breit, denn man mußte mit großer Schnelligkeit die Kriegswagen auf ihnen versammeln und von einem Tor zum anderen werfen können. Eintausend Lehen gab es kurz nach der Aufrichtung der Chou-Herrschaft; das bedeutet die gleiche Zahl von Städten als Residenz und Garnison, die also, wenn sie auch noch so klein und unbedeutend waren, nicht als Dörfer bezeichnet und nicht mit Dörfern verwechselt werden konnten.

Von diesen Städten aus regierten die Vasallen der Chou für ihren König das Land und hielten alle die in Schach, die sich gegen die neue Herrschaft aufzulehnen versuchten. Da das Lehen in der Übertragung von Land bestand, wurden die Aristokraten Besitzer großer Güter, die sie durch Sklaven oder die in Abhängigkeit geratenen kleinbäuerlichen Familien bewirtschaften ließen. Sie stellten das Zugtier in den Dienst der Landwirtschaft; so übernahm der Pflug seine wichtige Rolle.

Im Buch der Lieder heißt es:

„Überall unter dem Himmel
Ist alles Land des Königs.
Bis an die fernen Grenzen
Ist jeder des Königs Sklave.“

(Nach Waley)

Theoretisch gehörte nun alles Land dem König, der es dem Erben eines Vasallen als Lehen bestätigen mußte – praktisch haben sich Fürsten und Adel als Besitzer betrachtet. Die größeren Lehen waren in kleinere unterteilt, so daß sich eine Stufenleiter der Abhängigkeit und Gefolgschaftspflicht vom kleinen Gutsherrn bis hinauf zum Himmelssohn bildete. Über die Ländereien und Dörfer, die Bauern und Handwerker seines Lehens hatte jeder Herr die absolute Gewalt. Dem Bauern stand vom Ertrag seiner Arbeit nur das zu, was er zum Lebensunterhalt brauchte; Fron und Kriegsdienst lasteten schwer auf dem Volk. Jeder Adlige hatte seine Krieger, die privilegierten Wagenkämpfer, mit denen er nicht nur seine Gefolgschaftspflicht erfüllte, wenn das Reich von Feinden bedroht wurde, sondern auch seinen Grundbesitz gegen landgierige Nachbarn verteidigte. Auch diese Kriegsleute, die einen großen Teil der Stadtbewohner bildeten, mußten von den Bauern unterhalten werden.

Die Stadtbevölkerung von Shang war die wertvollste Beute, die den Eroberern in die Hände fiel, denn kein Maß von Bewunderung und Nachahmungswillen hätte die Chou befähigt, sofort alle die Dinge herzustellen, die den Reichtum der Shang ausgemacht hatten. Die Schnitzer, die Töpfer und die Metallarbeiter wechselten nur die Herren, sonst wird sich in ihrer Lebensweise und in ihrer Arbeit wenig geändert haben. *(T. 30)*

Die Werke der Kunst aus der frühen Chou-Zeit zeigen keinen neuen Stil. Ein mißlungener Aufstand im Kerngebiet der Shang, der dem Sohn des letzten Shang-Königs, den die Chou als Vasallen in der alten Hauptstadt belassen hatten, das Leben kostete, hat auch die Lage seiner Untertanen verschlechtert. Sie wurden umgesiedelt; man wies ihnen in den zwei Hauptstädten der Chou neue Wohnsitze an, wo sie unter Kontrolle gehalten werden konnten. In der neuen Umgebung war ihr Status als der von Untergebenen besiegelt und damit ihr wirtschaftlicher Aufstieg für Jahrhunderte gehemmt.

Das Nebeneinander der zwei Hauptstädte, des alten Hao, unweit der letzten Chou-Residenz vor der Eroberung, und des neuen Loyang, südwestlich von Anyang am Gelben Fluß, entstand aus einer Meinungsverschiedenheit des Herzogs von Chou mit seinem Neffen. Der weitblickende Herzog sah die Notwendigkeit eines neuen Zentrums der Regierung, das sich mit dem Zentrum des Reiches decken sollte. Dies wurde nicht nur für praktisch gehalten, sondern entsprach auch den religiösen Vorstellungen der Chou vom Reich der Mitte, in dessen Mittelpunkt der Himmelssohn thronte. Der junge König aber kehrte nach seiner Mündigwerdung in die alte Hauptstadt zurück und überließ die neue einem Schattendasein, das sich nur bei seinen gelegentlichen Besuchen aufhellte. Einige Jahrhunderte später sollten die Könige der Chou die Weisheit der neuen Stadtlage anerkennen und in ihr Zuflucht nehmen. Denn in der Hauptstadt Hao im Wei-Tal beim heutigen Si-an hatten es die Könige viel schwerer als manche ihrer Lehnsfürsten im Gebiet des alten Shang-Staates, die nun über langansässige Kleinbauern ihre Herrschaft ausübten. Der chinesische Bauer hat sich meist ohne viel Widerspruch einem Herrschaftswechsel gefügt, wenn man ihn nur auf der Scholle ließ. Die Untertanen im kaiserlichen Landstrich jedoch waren zum Teil Nomaden, deren Gefolgschaftstreue zu den Chou noch nicht alt und keineswegs beständig war. Diese Stämme altaischer und mongolischer Abkunft waren beweglich und darum schwer zu bekriegen; für sie bildete das reiche Ackerland im Tal des Wei eine stete Versuchung – nicht zum Siedeln, sondern zum Rauben. Das Getreide, das die fleißigen bäuerlichen Untertanen des Königs dort bauten und für Winter und Mißernten speicherten, fiel immer wieder den plündernden Nomaden in die Hand.

Um 900 war die Herrschaft der Chou so weit gefestigt, daß noch einmal größere Eroberungskriege Erfolg haben konnten. Die Könige Chao und Mu führten ihre Truppen siegreich weit in das Gebiet der Barbaren des Westens und Südens, erreichten den Yangtse und fügten das Gebiet seines Nebenflusses Han ihrem Reiche ein. König Mu ist der Mittelpunkt phantastischer Legenden geworden: In seinem Wagen, dessen Pferde tausend Meilen am Tag zurücklegten, hat er die Quellen des Gelben Flusses aufgesucht, vom Flußgott selbst geleitet; er stattete der Hsi Wang Mu, der „Königinmutter des Westens“, die die Pfirsiche der Unsterblichkeit hütet, einen Besuch ab. Diese Geschichten spiegeln die kühnen Vorstöße bis ans „Ende der Welt“, die während der kurzen Machtblüte der Chou-Könige möglich waren.

Solange der Lehnsverband noch festhielt und die Könige für die Aufgaben der Grenzsicherung Hilfe von den Vasallen bekamen, konnte sich die Hauptstadt Hao halten; als aber schwache und gewissenlose Herrscher die Autorität ihres Hauses untergruben, wurde ihre Stellung in so exponierter Lage unhaltbar. Den Todesstoß versetzten die Lehnsherren selbst: Einige der mächtig gewordenen Fürsten des Nordens verbündeten sich und überfielen 771 v. Chr. den König Yu und töteten ihn.

Es ist bezeichnend für die chinesische Geschichtsschreibung, die weniger die objektive Darstellung zum Ziel hatte als den didaktischen Wert herauszuschälen versuchte, daß die Skandalgeschichten am Hof des Königs Yu, der seinen Lehnsherren zum Opfer fiel, ausgewertet wurden, um dem Erfolg der Treulosigkeit dieser Vasallen eine ethische Seite abzugewinnen und als eine – unter den durch die Unwürdigkeit des Königs geschaffenen Umständen – rechte Handlungsweise hinzustellen. Eine Sonnenfinsternis, die von der modernen Astronomie für das Jahr 776 bestätigt wird, kündete als Zeichen des Himmels das Unheil, das aus dem sittenwidrigen Verhalten des Königs entstehen mußte. Ein Fürst von Pao, der den Zorn des Königs Yu fürchten mußte, schickte ihm, auf seine menschliche Schwäche bauend, ein schönes Mädchen für den kaiserlichen Harem. Pao Szu wurde die Favoritin des Herrschers, aber dieser Erfolg stimmte sie nie fröhlich. Alle Versuche des königlichen Liebhabers, ihr ein Lachen zu entlocken, waren vergebens. Da ließ der König die Alarmfeuer anzünden, das verabredete Zeichen, das bei einem Barbarenüberfall die Vasallen zum Schutz der Hauptstadt herbeirief. Sie kamen eilends mit Kriegswagen und Fußvolk – und machten verdutzte Gesichter, als sie hörten, der König habe geruht zu scherzen. Von der Halle über dem gewaltigen Torbogen, der die Palastmauer durchschnitt, überschaute König Yu den Vorhof und die in ihm versammelten Truppen im Schmuck ihrer Wimpel, blitzenden Waffen und farbigen Rüstungen. Pao Szu stand neben dem Thron des Königs, der sich an dem Anblick der gefoppten Treuen weidete. Und Pao Szu lächelte. Als König Yu in wirkliche Bedrängnis kam, glaubte keiner der Lehnsherren mehr an den Hilferuf der Signalfeuer. Er verlor Pao Szu, sein Reich und sein Leben.

Dies hätte wohl das Ende der Chou-Dynastie sein können, so wie es das Ende der Chou-Macht war, aber keiner der aufständischen Lehnsherren war stark genug, sich den anderen als Großkönig überzuordnen. Da jeder dies von einer zukünftigen Entwicklung für sich erhoffte, erschien es ratsam, das Gleichgewicht beizubehalten und ihm in der Gestalt des Königs aus dem angestammten Geschlecht einen recht unverbindlichen Ausdruck zu geben. Denn der neue König, der nun in der Hauptstadt Loyang zu spät in den Genuß der weisen Gründung des Herzogs von Chou kam, hatte weder Land noch Macht. Er war eine Puppe in der Hand von vierzehn Lehnsherren, die in dem Kampf aller gegen alle im Laufe von drei Jahrhunderten von den ursprünglichen tausend Vasallen ihre Existenz behauptet und ihre Bereiche ausgedehnt hatten. Die Vernichtung der königlichen Zentralgewalt war nur eine Episode in dem Kampf der Fürsten um Gebiet und Macht. Dieser Kampf ging weiter und nahm um so größere Ausmaße an, je größer die wenigen Überlebenden wurden und je größer darum der Preis: die Herrschaft über ganz China.

Die ständigen Machtkämpfe in der Zeit der Östlichen Chou bilden den Hintergrund für eine geistige Entwicklung, die die Formen der Ordnung und des Friedens, die Humanitas und die Moral geprägt und zu einer solchen Feinheit durchgebildet und geschliffen hat, daß Kunst und Ethik, Philosophie, Staatslehre und Dichtung zu gleicher Vollkommenheit geführt wurden.

Man hat dies Phänomen, daß ein Volk in einer Zeitspanne von wenigen Jahrhunderten sich für zwei Jahrtausende seiner Geschichte sein geistiges Rüstzeug schuf, auf mancherlei Weise zu erklären versucht – aus der besonderen Veranlagung der Chou, die auf die besonderen, durch die Shang geschaffenen Vorbedingungen traf; ein weniges mag so seine nüchterne Erläuterung finden. Ausschlaggebend ist jedoch das Wunder des menschlichen Geistes, das zu seiner Entfaltung weder der günstigen Umstände bedarf noch durch die widrigsten gehemmt werden kann.

Die Träger dieser erstaunlichen Leistung waren die Gelehrten. Diesen Stand hatte es vor der Chou-Zeit nicht gegeben, denn er bedeutet weit mehr als nur Schriftkundige. Die Priester der Shang, die die Kunst des Schreibens beherrschten und darum fähig waren, die Verwaltungsschwierigkeiten, die das große Reich seinen neuen Herren bereitete, durch Ordnung in getrennte Bereiche, durch Festlegen von Richtlinien und Aussenden von Anweisungen zu mindern, rückten aus den Schreiberstellen, für die sie den Eroberern allein nütze schienen, bald zu Verwaltungsbeamten auf. Ihre priesterlichen Eigenschaften, denen sie ihre Stellung im alten Reich verdankten, hatten nun keinen Wert mehr, weil in den Familien der Chou der Älteste die Opfer durchführte, und dem König selbst das oberste Opfer an den Himmel vornehmste Pflicht war. Trotzdem konnten sich die Shang-Priester hier einschalten, denn sie beherrschten die sehr kompliziert ausgebildeten Riten. Von der Notwendigkeit, daß jede offizielle Handlung, und sei es auch nur im Familienverbande, in genauer Befolgung der Vorschriften vor sich gehen müsse, waren auch die Chou überzeugt. Denn kein Vorgang stand für sich allein, sondern war mit den kosmischen Vorgängen verbunden. So wie alles, was am Himmel geschah, seine Wirkung auf die Erde hatte, so rief auch jedes Geschehen auf der Erde eine Reaktion des Himmels hervor. Darum war es unerläßlich, die Formen einzuhalten, die ihm Ehre antaten, die er im Verhalten der Menschen zu sehen wünschte. Diese Formen waren in den Riten mit beruhigender Genauigkeit festgelegt; die Befolgung der Riten mußte also das Heil erwirken und das Unheil abwenden können. Dies waren die Priester bemüht, dem Bewußtsein des Adels und des Volkes einzuprägen; denn die Anerkennung der Riten, in denen sie allein bewandert waren, mußte auf ihren Stand wohltuend abfärben und sie unentbehrlich machen. So wurde aus dem Priester, auf dem Wege über den Schreiber und den Berater in allen Formsachen, der Ausleger und Bewahrer alten Schriftgutes – der Gelehrte. Und aus dem Gelehrten wurde der Beamte, der alle Verwaltungsangelegenheiten in der richtigen Form wahrzunehmen wußte.

Neben den Kaufleuten, die nur langsam aus kleinen, auf den Dörfern herumziehenden Hausierern zu vermögenden Handelsherren wurden, waren die Gelehrten der einzige Stand zwischen Adel und Volk, der sich einer gewissen Freizügigkeit erfreute. Sie haben sich dieses Vorrechtes würdig erwiesen, indem sie ihre geistige Freiheit über materielle Sicherheit stellten und sich mit ihrem Leben für ihre Überzeugung einsetzten. Der Philosoph Menzius, um 300 v. Chr., sagt zu ihrem Lobe: „Nur die Gelehrten können ohne gesicherten Lebensunterhalt Beständigkeit zeigen." Für die Gelehrten war ihre Aufgabe nicht damit erfüllt, daß sie die Überlieferung verwalteten und nach Bedarf austeilten, sondern es erwuchs ihnen aus dem Wissen um die Ereignisse der Vergangenheit und die Gründe, die diese Ereignisse ausgelöst hatten, eine hohe Verantwortung. Die Chou festigten ihre Stellung bei den Unterworfenen durch die Verehrung, die sie für die großen Herrscher und Einrichtungen ihrer Vorgänger an den Tag legten. Es war die Pflicht der Gelehrten, diese Vorbilder, die „Alten", im Gedächtnis der Menschen lebendig zu halten, damit ihre Nachfolger durch sie immer wieder zu den rechten Handlungen und Entschlüssen geleitet würden. Ob dies nun in der Form einer klugen Auslegung eines Orakels oder eines persönlichen Ratschlages geschah – der Gelehrte hatte die Möglichkeit, aus seiner Kenntnis der Geschichte und seiner abseits vom Kriegshandwerk und den Unterdrückungsmethoden der Feudalherren gewonnenen menschlichen Einsicht, die Geschicke des Reiches zu beeinflussen. Für ihn allein galten nicht die Grenzen und Interessen seines Standes, sondern das Wohl der Allgemeinheit. Die Gelehrten haben es verstanden, dies Wohl der Allgemeinheit, in dessen Pflege sie die alleinige Sicherung einer beständigen Herrschaft sahen, zur anerkannten Aufgabe des Herrschers zu machen. Daß so viele Fürsten diesem Ideal nicht nachstrebten, daß auch viele Gelehrte um ihres Vorteils willen den verantwortungslosen Herren nachgaben und schmeichelten, mindert nicht den Glanz des Ideals und der Persönlichkeiten, die sich dafür einsetzten.

Der Stand der Gelehrten konnte nur bestehen, weil es viele Fürstenhöfe gab, denen sie als geehrte Mitglieder angehörten. Sie erhielten Nachwuchs aus dem Adel, denn die Herren waren aufgeschlossen für alles Bildungsgut, das von den Shang überkommen war. Die Erziehung des Aristokraten war eine sorgfältige und weitgespannte. Neben allen ritterlichen Künsten, wie Bogenschießen und Wagenlenken, wurden die jungen Edelleute in den klassischen Schriften, den historischen Aufzeichnungen, den Quellen der Riten und Sitten, in Dichtung und Musik unterrichtet. Eine solche Allgemeinbildung befähigte den Fürsten, den Wert eines gelehrten Ratgebers zu ermessen und seine Ratschläge zu würdigen. Sie befähigte den Gelehrten, die Stellung eines Verwaltungsbeamten mit Umsicht und Weitblick auszufüllen. Bis zur Revolution 1911 hat der chinesische Staat seinen Beamtennachwuchs an der klassischen Literatur geschult; die Vorzüge dieses Systems überwogen seine Nachteile.

Die Ideale, die für menschliches Verhalten und alle menschlichen Verhältnisse von den Gelehrten aufgestellt wurden, sollten allgemeine Gültigkeit haben. Vom Verhältnis des Königs, als dem Himmelssohn, zum Himmel, bis zum kleinsten Gefolgsmann, der seinem Lehnsherrn unbedingte Treue schuldete, von den Pflichten des Königs dem ganzen Volk, also – nach dem Herrschaftsanspruch der Chou über die ganze Welt – der Menschheit gegenüber, bis zum Verhältnis des Vaters zum Sohn und den Geboten der Kindesliebe, entsprach jedem Recht des Höherstehenden seine Verantwortung, jeder Pflicht des niedriger Gestuften sein Anspruch auf Schutz und Umsorgung. Grundlage aller menschlichen Beziehungen war die Kindesliebe, der unbedingte Gehorsam gegen die Eltern. Auf ihr beruhte das feste Gefüge der Familie. Von ihr übertrug sich die Loyalität auf den Lehnsherrn. Im selben Verhältnis stand das Volk zum König. Das patriarchalische Prinzip erfuhr so seine großartigste Ausbildung. Auch die Frauen waren ihm eingefügt; das Mädchen wurde nicht bei der Geburt ihren Ahnen angekündigt, sondern erst bei der Heirat den Ahnen ihres Mannes vorgestellt und fest in das bestehende Abhängigkeitsverhältnis der jüngeren von der älteren Generation eingegliedert. Die junge Frau war den Schwiegereltern untertan, wie sie es als Mädchen den Eltern gewesen war. Neben diesem System der Unterordnungen steht der für den Fortbestand des Kosmos so wichtige Dualismus von Yang und Yin. Wie Mann und Frau andersartig, aber gleich wichtig einander ergänzen, so müssen der Herrscher mit der Tugend des Himmels und der Minister mit der Tugend der Erde sich zur Regierung zusammenfinden.

In einer so geordneten Gemeinschaft konnten nirgends Unklarheiten aufkommen; jedem war sein Platz zugewiesen. Seine Geburt hatte ihn auf diesen Platz gestellt; im Ablauf seines Lebens rückte er in die höheren Stellen des Familienverbandes auf und konnte es zum Familienältesten bringen – die alte Matrone zur unumschränkten Herrin des Hauses –, aber über die Grenzen seines Standes konnte er nicht ausweichen. Dieser theoretischen Ordnung entsprach in der Praxis eine Vielzahl der Zwischenstufen vom Fürsten bis zum kleinsten Gutsbesitzer, vom halbfreien Handwerker bis zum Haus- und Feldsklaven. Die Zahl der Hörigen war groß, die der Sklaven sehr klein.

Die Theorie der ausgewogenen Abstufung von Rechten und Pflichten, die selbst dem König, der alle Rechte hat, seine Verantwortung entsprechend bemißt, und selbst dem Sklaven noch den Anspruch auf Versorgung zugesteht, hat freilich wenig Verwirklichung in der Praxis gefunden. Es gab eine doppelte Moral für Adel und Volk; Gesetze und Strafen waren andere für einen Edelmann als für einen Bauern. Der kleine Mann wurde in Unkenntnis der Riten und Rechte gehalten; er konnte sich den Forderungen des Herrn nicht entziehen; die härtesten Strafen trafen ihn und seine Familie. Der Adlige war zwar auch dem mächtigeren Adligen ausgeliefert, aber er hatte sein kleines Heer; er konnte sich mit seinesgleichen verbünden, sei es, um sich eine größere Machtstellung zu erobern oder der Strafe für einen solchen Eingriff in die Gesellschaftsordnung zu entgehen. Darum heißt es in den klassischen Schriften: „Die Sitte reicht nicht hinab bis zum Volk, das Strafgesetz reicht nicht hinauf bis zum Adel.“

Dem Köig Mu wird eine Neuerung zugeschrieben, nach der die Körperstrafen, zum Beispiel Abschneiden der Füße, ja sogar die Todesstrafe, durch Geld abgelöst werden konnten. Dies mag in Kaurimuscheln oder in unbearbeitetem Metall, vor allem Kupfer, geschehen sein. Es zeigt, daß der Hof sehen mußte, zu Geld zu kommen, denn mit der

Verteilung des Landes und der Macht flossen auch die Tribute in viele Kanäle, die nicht alle zur Hauptstadt führten. Schon unter König Ch'êng wird – wie aus der Inschrift auf einem Bronzegefäß hervorgeht, die *Max Loehr* entzifferte – einer Gruppe von meuternden Wagenkämpfern eine Buße von ungefähr 16 Kilogramm Bronze auferlegt – ein mildes Urteil für die Verweigerung der Gefolgschaftspflicht.

Die Möglichkeit, sich von der Strafe loszukaufen, war nur dem Adel offen, denn der Hörige bekam kein Geld in die Hand. Für ihn bestanden noch die Zustände, wie sie im Anhang zum Buch der Wandlungen aus der mythischen Vorzeit des Kaisers Shen Nung geschildert werden: „Wenn die Sonne im Mittag stand, hielt er Markt ab. Er ließ die Menschen auf Erden herbeikommen und versammelte die Waren auf der Erden. So tauschten sie gegenseitig aus, dann kehrten sie zurück, und jedes kam an seinen Platz." Diese Tauschwirtschaft genügte, um die Bedürfnisse des Volkes zu befriedigen. Auf dem flachen Land, an den Toren und auf den Märkten der Städte, wo Bauer und Handwerker ihre Erzeugnisse in andere, ebenfalls lebensnotwendige umsetzten, brauchte man nicht die Mittlerrolle des Geldes.

Eine städtische Kultur jedoch kommt ohne einen anerkannten Wertmaßstab in einer beständigen Materie nicht aus, und dieser Wert kam dem kostbarsten Metall, der Bronze, zu. In der Shang-Zeit war das Metall nicht gleich Geld. *(T. 63)* Neben der Bronze stand noch ein anderer, leichter zu berechnender Maßstab; das war die Kaurimuschel, uraltes Zahlungsmittel der Küstenvölker. Die Shang importierten Kauri aus dem Osten – zogen sie als Tribut ein, müßte es in ihrer Auffassung heißen. Da die Muscheln keinem praktischen Verwendungszweck dienten, hatten sie einen Wert nach Übereinkommen. Genauere Angaben haben wir erst aus der Chou-Zeit: auf längeren Bronzeinschriften ist manchmal davon die Rede, daß der König oder Fürst einem verdienten Manne eine oder mehrere Schnüre von Kauri schenkte, wohl zu zehn Kauri die Schnur. Der also reich Gewordene ging hin und ließ ein bronzenes Opfergefäß gießen, auf dem die Schenkung vermerkt wurde, wie es zum Beispiel auf dem Gefäß in Rhinozerosform geschah. *(T. 36)* Eine solche Inschrift war sicher gedacht, die Ehre, die dem Manne widerfahren war, für die Nachwelt, das heißt für seine Nachkommen, zu überliefern; aber es will doch scheinen, als ob auch die Umsetzung der Kauri, die keinen Materialwert besaßen, in einen Gegenstand von brauchbarem Wert – eben aus Bronze – für nützlich gehalten wurde. Die genaue Erwähnung der Kaurizahl wiederum diente dazu, den Wert der Bronze über allen Zweifel festzulegen.

(T. 63) Kauri-Ersatz-Münzen leiten die endgültige Aufgabe des Muschelgeldes und die Einführung von Metallmünzen ein. Schon in der Shang-Zeit gab es Kauriformen, die aus Knochen oder Perlmutt geschnitzt waren; man muß dies als eine Entwertung des Geldes empfunden haben. Vielleicht stammen sie aus Perioden, in denen die Küstenvölker nicht zur Lieferung bewogen werden konnten. Dann tauchen Kaurimuscheln aus Bronze auf. Das ist das erste Anzeichen dafür, daß das Wert-Ding mit dem Wert-Zeichen zusammengelegt wird. Man muß annehmen, daß der einfache Mann, der Bauer und Handwerker, nie Geld in die Hand bekam; eine einzige Kaurimuschel war mehr wert, als er je auf einmal sein eigen nennen konnte. In der Spät-Chou-Zeit

setzen sich gegossene Metallmünzen aus Kupfer und Bronze in verschiedenen Formen durch, die gängige Metallgegenstände nachbilden, zum Beispiel Messer. Es gibt aber auch Münzen in Fischform, in der Gestalt der Klangsteine u. a. m. Wie die Kauri waren sie an einer Stelle zum Aufreihen durchbohrt. Messermünzen der Spät-Chou-Zeit wurden in einem Grab in Nord-Korea gefunden – Beweis für einen Handel, der das Geld über die Grenzen hinaustrug. Erst in der Han-Zeit wird der Gebrauch des Geldes allgemein geworden sein, wenn auch immer noch als Ergänzung zum Tauschhandel. Die Han-Münzen sind rund, mit einem viereckigen Loch in der Mitte – die Form, die sich bis in die Neuzeit gehalten hat.

Religion – Kunst

Der Wunsch des Chou-Adels, in allem nach dem Vorbild „der Alten" zu handeln, hat mancherlei Anpassungsschwierigkeiten mit sich gebracht, deren Spuren heute nur undeutlich zu erkennen sind. Denn was von den Einrichtungen der Shang nicht übernommen werden konnte, wurde rückblickend umgedeutet. „Das Mandat des Himmels" ist die wichtigste der Chou-Fiktionen. Erst den Chou galt der König als Himmelssohn und damit als Weltherrscher. Mit den Lehren vom Einklang des Geschehens im Himmel und auf der Erde, die man vorfand, und der eigenen Himmelsverehrung ließ sich eine solche Herrschaftstheorie aufbauen. Die Geschichtsschreibung hat die Herrschaftsübernahme der Shang von den verkommenen Königen der Hsia im Sinne dieser Auffassung dargestellt und dieselbe Situation vom verscherzten und darum auf den Edleren übertragenen Mandat des Himmels für die Eroberung der Chou geschaffen. Hier tritt uns der Himmel als eine unpersönliche, aber über allen Geistern mächtige Gottheit entgegen. Sie entstammte dem astralen Kult der Chou. Die Gottheit Shang Ti war kein Himmelsherr in dem Sinne, wie die Chou den „Himmel" als Gott auffaßten. Es ging aber nicht an, Shang Ti einfach abzuschaffen, so wurde er allmählich mit dem Himmel verschmolzen und gleichgesetzt; beide Namen erscheinen in den Inschriften und werden schließlich dasselbe bedeuten. Auf seine Menschenopfer mußte Shang Ti verzichten; sie gehörten nicht zum Kult der Chou. Die Gelehrten verurteilten sie aufs schärfste; sie führten vor allem humanitäre Gründe ins Feld. Daß die Erinnerung an solche Opfer noch lebendig war, ja daß sie auch in der Chou-Zeit noch vorkamen, beweisen Erzählungen, die dem Abscheu über solche Unmenschlichkeiten Ausdruck geben.

Die Erde, Gegenspieler des Himmels, behauptet auch in der Chou-Zeit ihre wichtige Stellung; der Erdaltar, ein Hügel außerhalb des Dorfes, später ein quadratischer Platz oder eine Erhöhung, bleibt der Mittelpunkt des Gemeindelebens; hier vollzog man die Riten zur Erhaltung der Fruchtbarkeit. Der Drache ist in der Chou-Zeit endgültig in die Stellung des Regen-Aufsehers eingesetzt. Im Staate Lu, der Heimat des Konfuzius, fanden bei einer Dürre beschwörende Tänze statt, bei denen die Männer die Bewegungen des sich in den Regenwolken schlängelnden Drachens nachmachten. Die anderen

Tier-Dämonen der Shang aber, die auf den frühen Bronzen ihre Macht zeigten, scheinen in der Chou-Zeit alle Bedeutung verloren zu haben.

Die Stellung der Ahnen wurde nicht angetastet; ihre Verehrung bildete weiterhin die vornehmste Pflicht jeder Familie, ob arm oder reich, adlig oder hörig. Auch die Ahnen wurden in das strenge Gefüge der Gesellschaft eingestuft; die Riten regelten ihre Ansprüche bis in jede Kleinigkeit der Opferhandlung. Der Speisezettel der Geister wurde dem der Lebenden angeglichen; neben Fleisch und Wein gab es Getreide und Gewürze. Noch standen den Ahnen der Aristokratie die Opfergefäße aus Bronze zu. Lange Inschriften berichten von Ereignissen, die zum Guß einer neuen Sakralbronze Anlaß gaben. Eine Ehrung, die dem Lebenden zuteil geworden war, wurde in dieser Form den Vorfahren mitgeteilt; von Rangerhöhungen wurden auch sie betroffen – und vom Niedergang der Familie. Der grausame Strafvollzug betraf oft auch die Ahnen, denn wenn mit dem Schuldigen seine Familie getötet wurde, so war nicht nur die Möglichkeit der Blutrache ausgeschlossen, sondern es wurden damit auch die Ahnen ausgeschaltet, denen nun niemand mehr die Opfer brachte. Allerdings konnten sie sich rächen: hungrige Geister waren böse Dämonen, die mit Recht gefürchtet wurden. So hielt dieses Glaubensmoment die rivalisierenden Lehnsherren in ihren Machtkämpfen von manchem extremen Schritt ab und bestärkte sie in dem Bestreben, nach allen Seiten hin ein Gleichgewicht zu halten.

Solche Überlegungen, die damals von den klugen Staatsmännern mit der Präzision einer mathematischen Gleichung angestellt werden mußten, mögen die Ursache des heute noch jedem Chinesen eingewurzelten Bestrebens sein, es mit niemandem zu verderben und jeden offenen Bruch zu vermeiden. Die erste Auswirkung auf politischem Gebiet zeigte sich schon bei der Ordnung des neueroberten Reiches: ein Sohn des letzten Shang-Königs erhielt die alte Hauptstadt als Lehen. Er wurde so in die Lage versetzt, seinen Vorfahren die ihnen zukommenden Opfer zu bringen. Sicher werden bei dieser Maßnahme auch andere Gesichtspunkte mitgespielt haben, die wir als allein praktisch bezeichnen würden, nämlich die Hoffnung, daß sich die fortschrittlichsten und vom Regierungswechsel am meisten betroffenen Elemente der Shang-Gesellschaft mit dieser Zwischenlösung abfinden würden. Diese Hoffnung erfüllte sich nicht – und doch hat man, als gleich nach dem Tode des ersten Chou-Königs Wu eine Revolte der Shang ausbrach, nicht die Konsequenz gezogen, nun keinen Shang-Abkömmling mehr zu belehnen, sondern sich damit begnügt, die Bevölkerung in die neuen Hauptstädte umzusiedeln und einem anderen Shang-Prinzen ein anderes Lehen zu geben. Dies war der Staat Sung, ein wenig südöstlich von der alten Hauptstadt gelegen, in einer Gegend, die als Stammland der Shang galt. Bis 286 v. Chr. hat dieser Staat und haben damit die offiziellen Opfer für die Shang-Ahnen bestanden. Spätere Dynastien wagten gewalttätiger vorzugehen: Nach einem Wechsel des Herrscherhauses wurden die Mitglieder der besiegten Familie möglichst vollständig ausgerottet, die Tempel der Ahnen zerstört und ihre Gräber geschändet; so glaubte man ihre Macht endgültig gebrochen zu haben. Den nötigen Schutz vor den erzürnten Geistern erhielt man von den Ahnen der vorvorigen Dynastie – ihre Tempel und Gräber wurden wiederhergestellt; man konnte darum erwarten, daß diese lange vernachlässigten Geister ein Haus, das sie rächte und von neuem ehrte, unterstützen würden. Wie stark sich die Begräbnissitten der Chou von denen der Shang unterschieden, ist schwer festzustellen, da die Ausgrabungen, die uns vor allem archäologisches Material aus dem Anfang der Chou-Zeit geliefert haben, die Gräber des Staates Wei von Hsün-hsien bei Anyang, eine Übernahme vieler Gebräuche der Besiegten vermuten lassen. Auch sie sind Erdgruben, die mit zahlreichen Schichten gestampften Lehms geschlossen und eingeebnet wurden. Die Grabform der Chou dagegen ist der Tumulus. Unweit ihrer westlichen Hauptstadt Hao ragen die mächtigen Hügel auf, die die Tradition, wohl mit Recht, als die Ruhestätten des Königs Wen, des geistigen Vaters der Eroberung, und seiner nächsten Nachfolger bezeichnet. Das gewaltige Hügelgrab und der kleine Grabhügel, je nach dem Stand des Toten, haben sich in China durchgesetzt. *(T. 23)*

In den ersten Jahrhunderten der Chou-Zeit veränderte sich die chinesische Geistigkeit so grundlegend, daß schon zur Zeit des Konfuzius manches in der Haltung und Handlungsweise der Menschen aus der Vorzeit und der Blütezeit der Shang unverständlich geworden war. So hatten die eifrigen Bewunderer einer idealisierten Vergangenheit jede Freiheit, sie zu ihren Lehrzwecken umzudeuten und neu zu fassen. Riten und Staatslehre in den Chou-Büchern sind Konstruktionen aus der Spät-Chou-Zeit, aus denen der alte Kern nicht immer leicht herauszuschälen ist.

Die humane Einstellung zum Menschen als einem Wesen, dem mehr Achtung als den anderen Geschöpfen der Natur zukommt, zeigt sich nicht nur in einer Ideal-Schau der Menschen der vergangenen Epoche, sie verschüttet auch den Zugang zu einem Glauben, der im Menschen einen Spielball kosmischer Mächte sah. T'ao-t'ieh und Drache, Tiger und Schlange sind nun nicht mehr dem Menschen überlegen, sondern sie erscheinen in einer Ordnung, die der Mensch aus den Erfahrungen ableitet, die ihm die Umwelt vermittelte. Da eine Erfahrung der mythischen Wesen wie T'ao t'ieh und Drache nicht vorlag, wird ihre Macht gemindert. Sicher hat das T'ao-t'ieh in der Shang-Zeit nicht die beschränkte und bösartige Rolle gespielt, die eine wörtliche Auslegung seines Namens und die Erklärungsversuche der Spät-Chou-Literatur ihm zuweisen. Daß das T'ao-t'ieh mehr in der Vergangenheit als in der Gegenwart der archaischen Zeit verwurzelt war, erhellt aus der Tatsache, daß es mit dem Umbruch des Weltbildes unter der gefestigten Herrschaft der Chou, unter dem Einfluß ihres astralen Kultes, verschwindet. Auf keiner Sakralbronze aus Mitte- und Spät-Chou finden wir es in der zentralen, durch die Größenverhältnisse ausgezeichneten Stellung, die es in der Shang-Zeit so selbstverständlich innehatte. Daß es als Teil der Gefäßzier bis in die Han-Zeit hinein weiter verwendet wird, beweist nur, wie restlos seine Macht dahin ist. *(T. 73)* Es wird nun – glanz klein – auf der Schulter angebracht, wenn es gilt, einen Ringhenkel festzuhalten. Und – schlimmer noch – es wird hübsch gemacht, mit sanft geschwungenen Augenbogen, mit zierlichen Locken um den harmlosen Hörnerschmuck, mit verschnörkeltem Gebiß. Nichts konnte seinen Machtverlust beschämender deutlich machen als dieses Weiterleben im reinen Ornament. Die Bezeichnung dieser Masken mit dem alten Namen T'ao-t'ieh ist damit fragwürdig geworden. Denn es hat kein Leben mehr, da ihm die Machtausstrahlung genommen wurde.

Auch die Stellung des Drachen wird einer Veränderung unterzogen, die wohl vor allem eine Einschränkung bedeutet. Im I-ching sahen wir ihn als Vertreter des Yang, also dem Himmel zugehörig. Dieser Drache ist als der einzig Überlebende einer großen und vielgliedrigen Familie anzusehen. Seine Macht ist von feststehenden kosmischen Ordnungen abhängig. *(T. 24)* Er gehört zur Exekutive des Himmelsherrn, der Dürre und Überschwemmung, die der Drache zu bringen hat, als Zeichen seines Mißfallens mit der Verwaltung des Herrschers sendet und eine gute Regierung mit gutem Wetter vergilt. Die Launenhaftigkeit des Drachen ist nur eine scheinbare, denn eine höhere Ordnung regelt sein Tun und Erscheinen. Manche Legenden, in denen der Drache als ein Schrecknis auftritt, lassen vermuten, daß er früher nicht nur auf der Seite des Himmels – auch wenn er strafen muße – gestanden hat, sondern auch zu den bösen Mächten gehörte. Da wir nicht wissen, wie die einzelnen Dämonen des Shang-Glaubens ihre Macht brauchten, können wir über ihre Machteinbuße und ihren Bedeutungswandel nur Vermutungen äußern.

Da die Literatur nur nach vielen Einschränkungen, vorsichtigen Vermutungen und sorgfältiger Textkritik über den Unterschied zwischen Shang und Früh-Chou Auskunft gibt, wird das Zeugnis der Kunstwerke an Wert gewinnen. Sie zeigen, daß in den ersten Jahrhunderten der Chou-Zeit das Neue sich nur langsam vorbereitet; in Form und Schmuck der Bronzen hat sich nicht viel geändert. Und doch spürt man schon einen Wandel, der im Ikonographischen sich vielleicht am stärksten in der größeren Zahl der Vogeldarstellungen – also eines Licht-Vertreters – ankündigt, im Stilistischen eine Lockerung und Vereinfachung mit sich bringt, die – vorerst kaum noch spürbar – Gefäß und Zier der abstrakten Formung entziehen und organischen Gesetzen Geltung zu schaffen versuchen.

(T.42) Man sieht den Sakralbronzen der Früh- und Mitte-Chou-Zeit an, daß ihre Benutzer nicht mehr die höchsten Anforderungen stellten, daß sie weder den kultivierten Geschmack noch das Qualitätsgefühl der Leute von Shang hatten. Die Handwerker werden dies schnell erkannt und ausgenutzt haben. Sie durften zum Beispiel ein reichverziertes Gefäß mit T'ao-t'ieh und Drachen anbieten, das völlig auf den feinen Hintergrund der Lei-wen verzichtete. Viele Früh-Chou-Bronzen wirken wie mechanisch vereinfachte Nachbildungen der Shang-Bronzen – die Formen sind da, aber der Geist, der sich in den Spannungen äußerte, ist nicht mehr darin. *(T. 30)* Bei manchen Stücken ist dies sehr stark spürbar; sie sind grob und schwer, während andere noch die besten Traditionen der Shang-Kunst lebendig halten können; ihre Formen und Linien sind elastisch; ihr Gewicht wird von der Kraft ihrer inneren Spannung getragen. Diese Kraft erlahmt jedoch im Laufe von wenigen Generationen. Im 10. Jahrhundert wird noch manche Werkstatt ihren Stolz dareingesetzt haben, ihre Arbeit ohne zu erröten neben die ihrer Vorgänger stellen zu können; aber in dem Maße, wie die bewunderten Vorbilder seltener wurden und die Forderungen nach Qualität nachließen, ging auch das

handwerkliche Können zurück. *(T. 45)* In der Mitte-Chou-Zeit sind viele Gefäße nach) lässig gemacht. Man hat nicht immer den Eindruck, daß dies dem Unvermögen der Künstler entspringt – es gibt noch viele gut gearbeitete –, sondern dem Bewußtsein, die schnelle Arbeit und das unvollkommene Stück auch absetzen zu können. Vielleicht läßt sich hieraus auf eine selbstständigere Stellung des Handwerkers schließen oder auf einen geschäftstüchtigen Kaufmann, der sich zwischen Hersteller und Verbraucher einschaltete und Ware für jeden Anspruch bereithielt. Als zum Ende der Chou-Zeit die Anforderungen wieder strenger wurden, war das Unglück geschehen: die sich wiederholenden Motive wurden mit Modeln in das Wachsmodell oder die Gußform eingepreßt; fehlerhafte Stücke wurden nun nicht mehr eingeschmolzen, sondern säuberlich ausgeflickt.

Die Periode Mitte-Chou umfaßt die Jahrhunderte der niedergehenden Königsmacht von 900 bis 600 v. Chr. Das Jahr 771, in dem König Yu getötet wurde und sein Nachfolger die Hauptstadt verlegen und auf die reiche Domäne im Wei-Tal verzichten mußte, ist ein historischer Einschnitt, der in der Kunst nicht spürbar ist. Die Folgen der politischen Umwälzung werden sich erst nach dem Ende des 7. Jahrhunderts auf kulturellem Gebiet zeigen. Noch zieht die Kunst, die konservative Dienerin der Religion, keine neuen Impulse aus den Kräften, die in den aufstrebenden Lehnsstaaten frei werden. *(T. 43)* Die Mitte-Chou-Kunst spiegelt nur das Nachlassen der schöpferischen Kräfte, die die Eroberergenerationen zum Erfolg geführt hatten. An die Stelle der alten Tierdämonen, deren Macht vergangen ist, hat sie keine neuen Formen zu setzen, die mit gleicher Lebendigkeit vom Inhalt her gespeist würden. Sie beschränkt sich auf eine kleine Auswahl der überlieferten Gefäßformen; diese werden schlecht und recht mit schmückenden Mustern versehen, mit Stabfeld und Kehlen, mit Schuppen und verschlungenen Bändern, die einst Drachen waren, mit Wellenbändern, die nichts mehr als nur die Art der Flächeneinteilung von den ursprünglichen Tiermotiven beibehalten haben. Weich und kraftlos schleichen die Linien hin; ohne Wille und Widerstand bilden sie sinnlose Verzierungen. Auf das intuitive Weltbild der Shang, das in der Kunst sein umittelbares, nicht durch das Medium des Intellektes gezwängtes Abbild finden konnte, folgte in der Früh- und Mitte-Chou-Zeit der ordnende Verstand, der sich aller Lebensbereiche bemächtigte und mit seinem Licht forschend in die Zusammenhänge des Kosmos hineinleuchtete. Die Zahl spielte eine wichtige Rolle; der heiligen Zahl Fünf zum Beispiel wurden zugeordnet: die fünf Himmelsrichtungen einschließlich der Mitte, die fünf Farben, die fünf Elemente und die fünf menschlichen Beziehungen – von Vater zu Sohn, Mann zu Frau, älterem zu jüngerem Bruder, Fürst zu Beamten, Freund zu Freund.

Die klassischen Bücher

Kunst stellt dar, aber sie erklärt nicht. Die bildende Kunst hatte in dieser Ära nur wenig Gelegenheit, sich zu entfalten; der ordnende Geist bediente sich des Wortes, um die Früchte der Gedankenarbeit zu ernten und zur Nahrung und Aussaat zu bieten.

Die einfachen Hexagramme, die Strichzeichen des I-ching, die durch das Auge aufgenommen werden konnten, und ihre kurzen Beischriften, die nur ein Bild vor das innere Auge stellten, genügten nun nicht mehr; Erklärungen und Kommentare zu den Erklärungen mußten alle Situationen ausschöpfen. So erst entstand das I-ching als eines der klassischen Bücher.

Drei andere noch aus dieser Gruppe bergen Material, das aus Früh- und Mitte-Chou stammen mag: das Shu-ching, das Buch der Dokumente, das I-li, das Buch der Riten, und das Shih-ching, das Buch der Lieder. Alle diese Bücher sind aber durch die Hände der Konfuzianer – die Überlieferung sagt: des Konfuzius – gegangen, haben Änderungen erfahren und Zusätze erhalten, oder sind überhaupt erst zu Büchern zusammengefaßt worden. Viele Texte aus der Shang- und Früh-Chou-Zeit lagen auch den Konfuzianern wahrscheinlich nicht mehr in der ursprünglichen Fassung vor, da um 800 v. Chr. die sogenannte Große Siegelschrift die chinesische Schrift vereinheitlichte und wichtige Texte in die neue offizielle Form umgeschrieben wurden. Bei einer Wortschrift sind sinnverändernde Fehler schneller gemacht und nachhaltiger in der Wirkung als bei einer Lautschrift. Sorgfältige Textkritik muß heute die älteren Bestandteile herausschälen und den Wert der Bücher als Quellen erschließen.

Die Eigenmächtigkeit, mit der die Konfuzianer die klassischen Schriften redigierten, ist vielleicht nicht so hart zu verurteilen wie die Fälschungen, die als angebliche Dokumente der Shang den Chou-Dokumenten aus politischen Absichten beigefügt wurden. Trotz ihrer ehrlichen Bemühungen blieb den Konfuzianern der Sinn vieler Textstellen dunkel; sie werden das nicht mehr Verständliche in der ihnen einleuchtendsten Weise zu klären versucht haben. Sicher verwischten sie damit manches, das uns heute wertvolle Quelle sein könnte, wenn sie sich nicht mit ihrem literarischen und moralischen Eifer darüberhergemacht hätten. Die große Bücherverbrennung des ersten Kaisers Shih Huang Ti 213 v. Chr. brachte die Nachwelt nicht nur um den gesicherten Wortlaut der Klassiker in der Redaktion der konfuzianischen Schule, sondern vor allem um manche ältere Textstelle, die am Ende der Chou-Zeit noch vorhanden, den zeitgenössischen Gelehrten aber schon befremdlich und darum nicht erinnerungswert oder -möglich war. Als die Texte in der Han-Zeit wieder gesammelt und rekonstruiert wurden, hatten sie wohl einen weiteren Teil ihres älteren Bestandes eingebüßt.

Das Shu-ching, das Buch der Dokumente, ist kein einheitliches literarisches Werk, sondern der Niederschlag des schon im Altertum sehr ausgebildeten Schreiber- und Kanzleiwesens. Ansprachen an die Truppen, Erlasse zum Bau der zweiten Hauptstadt, Ermahnungen an die Lehnsfürsten, Warnungen vor Rebellion – alle diese Reden und Dokumente wurden in den kunstvollen Stil der Hofkanzlei gefaßt und in ihren „Akten"-Kästen aufgehoben. Wer zuerst eine Auswahl unter den erhaltenen Schriftstücken getroffen hat, und welche Gesichtspunkte ihn dabei leiteten, wissen wir nicht. Nachdem aber einmal ein solches Korpus bestand, war es natürlich, daß in der Spät-Chou-Zeit noch manches Stück angefügt wurde und daß auch Rekonstruktionen und Fälschungen hineinkamen. Es ist nicht sicher, ob diese Sammlung schon zur Zeit des Konfuzius abgeschlossen vorlag. Das Shu-ching enthält wertvolles historisches Material, meist in der Form moralisierender Ansprachen und Erlasse. Vom Wohl des Volkes ist viel die Rede. Die Überzeugung vom „Mandat des Himmels“ wird immer wieder vorgetragen. In dem Aufruf, der dem König von Chou vor der Entscheidungsschlacht gegen die Shang in den Mund gelegt wird, heißt es: „... Und nun begegnet der König von Shang den fünf Tugenden mit Verachtung ... Er wirft ehrliche Beamte ins Gefängnis ... Er vernachlässigt die Opfer für Himmel und Erde ... Wunderbare ... Dinge läßt er machen, um seine Frauen zu ergötzen. Gott wird keine Nachsicht mehr mit ihm haben, sondern ... ihn vernichten.“

Das I-li ist nur eines von mehreren Büchern, das sich mit den Riten – chinesisch: Li – der Chou-Zeit befaßt. In ihm vermutet man die ältesten Angaben über das Zeremoniell. Seine Anweisungen umfassen den Lebenskreis und -ablauf des niederen Adels, also eines Standes, der durch seine Zugehörigkeit zur herrschenden Schicht die Verpflichtung hatte, durch genaue Befolgung dieser Regeln zum Gedeihen des Reiches das Seine zu tun und dem Volk ein gutes Beispiel zu geben, und der es sich am wenigsten leisten konnte, solche Verpflichtungen leichtzunehmen oder sich gar darüber hinwegzusetzen. Die Gelehrten, die diese Bücher zusammenstellten, waren sehr gewissenhaft; für jede Kleinigkeit im Benehmen beim Bankett, beim Wettschießen, bei der Eheschließung, beim Opfer geben sie Auskunft und damit unumstößliche Anweisung. Gerade bei den Ritenbüchern aber muß man den Anteil der Stellen, die noch aus der Früh- oder Mitte-Chou-Zeit stammen könnten, sehr gering ansetzen. Die Vorschriften der guten Sitte wurden mündlich weitergegeben, solange sie allgemein respektiert und befolgt wurden; erst als sie mißachtet waren, hielt man es für nötig, sie aufzuschreiben und damit, gestützt auf das Vorbild der „Alten“, den Menschen dringlichst anzuempfehlen.

Das Shih-ching, das Buch der Lieder, ist ein Werk der schönen Literatur, in dem nicht der didaktische Zweck oder die moralisierende Tendenz aus jeder Zeile spricht. Allerdings haben die Konfuzianer alles getan, um auch den Volksliedern und religiösen Gesängen ein Sackgewand umzuhängen. Schon die Erklärung der Entstehung dieser Liedersammlung möchte den unbefangenen Geist, aus dem die Dichtungen entsprangen, in einen staatsmoralischen Zweck einpassen: Ein Beamter, so heißt es, habe die Aufgabe erhalten, in allen Teilen des Landes die Lieder des Volkes zu sammeln, damit der König erführe, welche Sorgen seine Untertanen bewegten und wo sie unzufrieden waren. Tatsächlich enthält das Shih-ching eine Gruppe von Liedern, die die Zustände unter den unfähigen Königen tadeln, besonders am Köngig Yu Kritik üben und Ungerechtigkeit und Günstlingswirtschaft bei den Fürsten anprangern. Das beweist aber noch nicht die Richtigkeit der im Geiste der Konfuzianer geprägten Entstehungsgeschichte. Vollends Schiffbruch erleidet ihre Theorie an den zahlreichen Liebesliedern, die Werbung und Liebesleid, Untreue und glückliche Ehe besingen. Sie sind manchmal im Tone eines heiteren Volksliedchens, das man sich im Chor oder im Wechselgesang von den jungen Landleuten angestimmt denken kann – unseren Spinnstubenliedern vergleichbar – oder in der Form eines Kunstgedichts mit allen Feinheiten der Andeutung und der Metapher. Trotzdem haben die Gelehrten, die am Ende der Chou-Zeit die 305 Lieder des Shih-ching zusammenfaßten, und die Gelehrten, die es in der Han-Zeit, nach der Bücherverbrennung, wieder erstehen ließen, es sich nicht nehmen lassen, in jedem Lied eine moralische Mahnung zu sehen und entsprechend im Kommentar zu deuten. Dies ging nicht ohne Gewalttat am Text ab. Erst in der Sung-Zeit hat der große Gelehrte Chu Hsi den Mut gehabt, die Lieder allein zu lesen und sie dem ursprünglichen Sinn gemäß zu verstehen und zu genießen.

Die Entstehung vieler Lieder wird um die Zeit der Hauptstadtverlegung, also im achten Jahrhundert, angenommen; nur ganz wenige werden aus der Shang-Zeit stammen; die Opferlieder der Shang wurden im Staate Sung, wo die Ahnen der Shang ihre Opfer erhielten, komponiert und gesungen. Die Preislieder auf den Herzog von Chou sind sicherlich erst viel später entstanden, zu einer Zeit, in der ein so ehrenhafter und umsichtiger Fürst vom Volke ersehnt wurde, weil die zeitgenössischen Herrscher dem Ideal in keiner Weise entsprachen. Trotz des großen Alters mancher Lieder und der Zeitspanne zwischen Entstehung und Niederschrift wird sich an Wortlaut und Inhalt wenig verändert haben, denn die gebundene Sprache ist gegen Gefahren, die in der mündlichen Überlieferung liegen, besser geschützt als die Prosa.

Das Shih-ching wird eingeteilt in Brauchtumslieder, Gesellschaftslieder und Rituallieder. Gerade die Brauchtumslieder, in der Art der Volkslieder, geben uns reiche und unmittelbare Beschreibung des täglichen Lebens mit Arbeit, Not, Freude und Sehnsucht. Die Hörigen bei der Feldarbeit, die Bauleute, die an den Mauern der neuen Hauptstadt den Frondienst leisten, die Soldaten auf endlosen Märschen, ihre Frauen, die jahrelang auf die Rückkehr ihrer Männer warten, die jungen Leute, die sich zum Frühlingsfest treffen – sie alle haben gesungen, was sie bewegte.

Müde sind meine vier Pferde.
Weit zieht sich die Straße hin.
Wie sehne ich mich heim!
Bei des Königs Kriegszügen ist kein Ende abzusehen –
Krank ist mein Herz und schwer.

*

Die Schönste der Schönen
wollte mich hier an der Mauerecke treffen.
Aber sie versteckt sich, will sich nicht zeigen.
Ich kratze mir den Kopf, geh' verlegen hin und her.

*

Sie warf mir eine Quitte zu.
Ich schenkte ihr dafür einen schimmernden Gürtelschmuck.
Nein – nicht bloß als Gegengabe,
als Zeichen nie endender Liebe schenkt' ich ihn ihr.

(nach Feifel und Waley)

Die schlichte Ergebenheit in das Schicksal, die Fröhlichkeit auch bei schwerer und undankbarer Arbeit, die den Chinesen noch heute auszeichnet, klingt aus diesen Liedern. Preisgesänge auf die guten Herrscher erzählen manche Legende aus der Zeit der Shang und frühen Chou; aber es gibt andere Lieder, in denen Erbitterung über Unterdrücker, Haß auf korrupte Beamte und erpresserische Lehnsherren sich Luft machen. Auch die Vergnügen des Adels werden besungen, die Jagd, das Wagenlenken. Wer sich hervortut, wird im Lied gefeiert. Unter den Opferliedern, die die Taten und Tugenden der Ahnen preisen oder Gebete an die Götter sind, klingen die reinen Töne echter Frömmigkeit auf.

Die dichterische Form der Lieder ist einfach; die Strophenzahl ist nicht begrenzt, ebenso die Anzahl der Zeilen in der Strophe. Jede Zeile hat vier Wortzeichen, doch gibt es auch hier Ausnahmen. Die Reime dagegen sind kompliziert. Oft werden eine oder mehrere Zeilen in jeder Strophe unverändert oder mit geringen Abweichungen wiederholt; dies ist eine Form, die für ein Volkslied, das von einer Gruppe gesungen wird, die gegebene ist; die Mehrzahl der Sänger fiel erst beim Refrain ein. Auch die kunstvolleren Gedichte werden gesungen worden sein; zum mindesten wurden sie in einer Art Rezitativ vorgetragen. Manche Forscher nehmen an, daß sich die Arbeit des Konfuzius am Shih-ching auf die Richtigstellung der Melodien beschränkte. Es wird von ihm berichtet, daß er über den Niedergang der Musik in seiner Zeit klagte und die lasziven Weisen tadelte, die in Mode gekommen waren. Es wird ihm aber kaum gelungen sein, dem Volk für seine leichten Lieder die schwer-tönenden Melodien aufzuzwingen, die er dem goldenen Zeitalter der mythischen Vergangenheit zuschrieb und allein für moralisch hielt.

Mit dem I-ching, Shu-ching und Shih-ching gehört das Ch'iu-ch'iu zu den ersten vier Büchern, die in der Han-Zeit zum Kanon der klassischen Schriften zusammengefaßt wurden. Ch'un-ch'iu heißt „Frühling und Herbst". Es sind die recht trockenen Annalen von Lu, des Heimatstaates von Konfuzius, die von ihrer einfachen chronologischen Aufreihung diesen Namen erhalten haben. Sie umfassen die Jahre von 722 bis 481, die in der Periodeneinteilung der Chou-Dynastie darum nach diesem Buch genannt werden. Die Tradition, daß sie von Konfuzius redigiert wurden, überzeugt nicht. Sehr aufschlußreiches historisches Material bringt das Tso-chuan als Kommentar zum Ch'un-ch'iu; seine Entstehungszeit ist unsicher und wird von manchen um 300 v. Chr. angesetzt, von anderen bis in die Han-Zeit hinabverlegt.

Es hat sich bei der Übersicht über die chinesische Literatur der Chou-Zeit gezeigt, daß sie für den oberflächlichen Betrachter nicht anders als mit den Augen des Konfuzius zu sehen ist. Das Bild verschiebt sich noch stärker, wenn wir bedenken, daß die Konfuzianer, besonders der Han-Zeit, uns ihrerseits einen sicher nicht richtigen Eindruck von der Sehweise des Konfuzius aufgezwungen haben. Es ergab sich also für die modernen Gelehrten die Aufgabe, wie bei der Restauration eines Gemäldes die Übermalung Schicht um Schicht abzulösen. Und wie bei einem solchen Unternehmen ist auch in der Aussonderung und Rekonstruktion der alten Textbestandteile die Arbeit mühselig und der Erfolg oft unsicher. Eines muß man Konfuzius zugestehen: Er hat eine reiche und vielfältige Literatur mit Verständnis benutzt und bewahrt. Selbst wenn keine der ihm zugeschriebenen Bearbeitungen von ihm vorgenommen, ja keines der ihm in den Mund gelegten Worte von ihm gesprochen wurde, bliebe er eine Macht, die über die Grenzen seiner Gegenwart hinweg die Vergangenheit und die Zukunft formte und verband.

Konfuzius und seine Schüler

Die Lebensdaten des Konfuzius werden mit 551 bis 479 angegeben. Sein Familienname war K'ung; er stammte angeblich aus einem vornehmen Geschlecht, das sich von der Familie Shang herleitete. Sein persönlicher Name war Ch'iu = Hügel. Um seine Geburt haben sich Legenden gebildet, wie dies bei vergöttlichten Sterblichen stets geschieht. Es heißt, daß seine Mutter einem Hügel opferte und um Kindersegen flehte, darum nannte sie den Sohn Ch'iu. Sein Gelehrtenname, der in China eine wichtigere Rolle spielt als der persönliche Name, war Chung Ni. Der in den europäischen Sprachen gebräuchliche Name Konfuzius entstand aus dem chinesischen K'ung-fu-tzu = Meister K'ung.

Die historischen Angaben über sein Leben sind dürftig. Sein Vater war ein kleiner Beamter; er heiratete in hohem Alter eine junge Frau. Konfuzius ist der Sohn dieser Ehe. So verlor er früh den Vater und wuchs in Armut auf. Schon seine Kinderspiele – so wird erzählt – zeigten die künftige Geisteshaltung an; mit kleinen Gefäßen spielte er Opfer und Zeremoniell. Seinen Unterricht wird er bei einem der Gelehrten erhalten haben, die der Riten kundig waren und ihre Befolgung in dem Landstädtchen Ch'ü-fu, im heutigen Shantung, überwachten und nebenbei die Söhne der Adelsfamilien unterwiesen. Es ist möglich, aber nicht verbürgt, daß er in jungen Jahren die subalterne Stelle eines Amtsschreibers innehatte. Er studierte die Bücher des Altertums und errang den Ruf eines großen Schriftgelehrten und Experten auf dem Gebiet der Riten. Dieser Ruf zog eine Reihe von Schülern an und ermöglichte ihm einige Reisen, die seinen Blick und seine Erfahrungen weiteten.

Was Konfuzius seine Schüler lehrte, wich im Inhalt nicht vom Lehrplan der sechs freien Künste ab, der für das Sommersemester Bogenschießen und Wagenlenken, für den Winter die Riten, Musik, Schreiben und Mathematik vorsahen. In den sportlichen Fächern war er auch ausgebildet, überließ das Lehren aber anderen und beschränkte sich auf Literatur, Riten und Musik. Diese gab er nicht einfach als Wissensgut weiter, sondern als Mittel zur Charakterbildung.

Die Riten sind die Form, die die sittliche Gesinnung ausdrückt – und prägen hilft. Auch das ästhetische Moment des Zeremoniells und die Musik werden in den Dienst der Ausbildung der sittlichen Persönlichkeit gestellt. Diese ist aber nicht um ihrer selbst willen das Ziel der Erziehung, denn der Mensch ist nicht vornehmlich Individuum, sondern Glied einer Gemeinschaft. Die Gemeinschaft muß gedeihen, damit der einzelne sicher und glücklich leben kann; vornehmste Pflicht des einzelnen ist es, die Gesellschaft zu stützen. Nicht für sich allein, sondern für die Allgemeinheit soll der Mensch nach Sittlichkeit und Vollkommenheit streben – diese Tugenden sind ausschließlich auf die Gesellschaft ausgerichtet. Konfuzius glaubte an das Gute als Grundform der menschlichen Natur und an die Möglichkeit, dies Gute durch Beispiel und Erziehung zu erhalten und zu festigen. Es wäre Pflicht des Fürsten und der Regierenden, das gute Beispiel zu geben. Nur durch Vorbild und Belehrung von oben könnten die grauenhaften Zustände, die durch die Machtkämpfe der Fürstenhäuser Sicherheit und Moral bis in die kleinsten Lebenskreise zerstört hatten, gebessert werden. Denn den Tugenden, die der Fürst dem Volke vorlebte, entsprachen die guten Eigenschaften seiner Untertanen. Übte zum Beispiel der Herrscher Kindesliebe gegen seine Eltern und Milde gegen die ihm Unterstellten, so war die Loyalität des Volkes die logische Folge. Ebenso würden Untugenden des Fürsten die entsprechenden Fehler beim Volke hervorrufen. So prägte Konfuzius den Begriff des „Edlen", der durch ständige Arbeit an sich selbst die Höhe zu erreichen versucht, die die „Heiligen" der Vorzeit kraft ihrer Bestimmung von Geburt an innehatten. Auch wenn der Edle in der Stellung eines Fürsten am meisten Aussicht hatte, das Ziel der Besserung für viele zu erreichen, so bestand doch für jeden Menschen die Verpflichtung, an sich die Ideale des Edlen zu verwirklichen und ihre Segnungen auf seinen Wirkungskreis auszustrahlen. Obgleich die Sittlichkeit auf das Ziel eines reibungslosen Zusammenlebens in größtmöglichem Glück aller ausgerichtet war, blieben ihre Gebote für den einzelnen frei von Bindung an Erfolg und Strafe. Meister K'ung sprach: „Darum achtet der Edle zumeist auf sich, wenn er allein ist."

Konfuzius war kein Religionsgründer. Seine Schüler haben ihn nicht als solchen dargestellt und verehrt. Der Konfuzianismus war auch als Staatskult des Mittelalters und der Neuzeit keine Religion. Konfuzius war ein kluger und edler Mensch, der sich bemühte, diese Eigenschaften in den Dienst seiner Mitmenschen zu stellen. Er wollte allen Menschen helfen: „Alle Menschen sind Brüder" – das war das Neue an seiner Lehre. Er hat die Verpflichtung zu diesem Dienst gepredigt und sich ihr nicht entziehen wollen.

Er wünschte eine Stelle als Berater eines Fürsten zu erhalten und so in der Lage zu sein, wie sein leuchtendes Vorbild, der Herzog Tan von Chou, ohne Förderung der eigenen Person ganz der Aufgabe des Herrschers, so wie er sie sah, zu dienen. Wenn es ihm gelingen würde – so glaubte er – , seine Ideen erzieherisch und verwaltungstechnisch anzuwenden und auszubreiten, dann würden alle Fürsten von ihrer Richtigkeit überzeugt sein und sie sich zu eigen machen. Die moderne Forschung hat an der Selbstlosigkeit seiner Motive Zweifel geäußert und die Behauptung seiner Gegner aufgegriffen, er habe nach einer Gelegenheit gesucht, sich selbst zum Fürsten oder gar zum Kaiser zu machen. Doch ist das wohl heute in gleichem Maße Verleumdung wie vor zweitausend Jahren. Konfuzius war zu klug, einen so sinnlosen Plan ernstlich zu erwägen.

Das Buch Lun-yü, in dem mehrere Generationen nach seinem Tode viele Gespräche des Konfuzius und seiner Schüler niedergeschrieben wurden, ist die wichtigste Quelle;

aber auch dieses Werk ist voll später Zusätze und Änderungen. Die biographischen Angaben in Büchern, die zweihundert und mehr Jahre nach seinem Tode geschrieben wurden, verdienen noch weniger Vertrauen. Sind sie von den Gegnern der Konfuzianer, zum Beispiel von Taoisten oder Legalisten, verfaßt, so machen sie Konfuzius entweder schlecht oder suchen ihn zu sich herüberzuziehen. Seine Anhänger dagegen sind bemüht, den Meister der Nachwelt als eine politisch wichtige Gestalt vorzustellen, ihm mehr Erfolg und wenigstens einen Ministerposten anzudichten. Tatsächlich hatte Konfuzius eine Zeitlang im Staate Lu Rang und Würde, die seinem Gelehrtenruf entsprachen. Aber die Minister aus den „Drei Großen Familien", die die alleinige Macht an sich gerissen hatten, gestanden dem unbequemen Verfechter von Rechtschaffenheit und Menschenwert keinen Einfluß auf die Pläne und Entscheidungen der Regierung zu. Der Meister konnte und wollte – sosehr er Höflichkeit und Rücksicht in Umgang und Gespräch übte – in den Fragen des sittlichen Verhaltens und der Interessen des geknechteten Volkes seine klare Meinung nicht unterdrücken.

Wenn wir die Überlieferung wörtlich nehmen, so hat die eine Gelegenheit, die das Schicksal Konfuzius gab, seine Ideale in die Tat umzusetzen, sowohl die erwarteten als auch ganz gegenteilige Folgen gehabt. Als der Meister fünfzig Jahre alt war, berief ihn der Fürst seines Heimatstaates Lu in die Regierung und betraute ihn mit wichtigen Ministerposten. Die Legende schmückt die Jahre der Amtstätigkeit des Konfuzius in Lu mit allen Wundern einer goldenen Ära aus. Maß und Sicherheit in Handel und Wandel, eine gerechte und einsichtige Justiz, Sorge um die landwirtschaftliche Produktion, erträgliche Steuern und Frondienste – all dieses war nicht neu, aber es wurde durchgeführt.

Konfuzius glaubte an die Notwendigkeit des Heeres zur Erhaltung des Friedens, aber er überschätzte es nicht, sah er doch täglich, wie wachsam man gegen die Übergriffe der Nachbarstaaten einerseits sein mußte, und wie andererseits ein großes, stehendes Heer gerade den, dem es gehorchte, zu solchen Überfällen verführte. Die Militärgewalt, die er in ihre Grenzen zu weisen suchte, ohne sie ganz auszuschalten, war aber in der Spät-Chou-Zeit schon zu sehr in ihre Eigengesetzlichkeit hineingewachsen, um sich von einem Idealisten in ihre Schranken zurückweisen zu lassen. Im Nachbarstaat Ch'i, dessen kriegerischer Macht der Meister mit kluger Diplomatie zu begegnen wußte, sah man mit Besorgnis auf den Erfolg und die Anziehungskraft des Experimentes von Lu. Ch'i war ganz auf sein Heer und seine Eroberungspläne ausgerichtet. Wenn es in Lu so weiterging, dann würde dort das ganze Volk bis zum letzten Mann für seinen Fürsten und Minister kämpfen; die Leute von Ch'i würden zu dem glücklicheren Staate überlaufen. Denn so hatte der Meister eine gute Regierung definiert: „Wenn die Nahen zustimmen und die Fernen herkommen."

Eines Tages traf eine Gesandtschaft aus Ch'i am Hof von Lu ein. Nachdem sich die Überbringer in einer ersten Audienz durch das Vorzeigen des fürstlichen Jadezepters ausgewiesen hatten, fand am folgenden Tag die Übergabe der Geschenke statt. Konfuzius stand in der Reihe der Minister, in vorschriftsmäßiger Amtskleidung, mit ruhiger Miene ehrfurchtsvoll auf seinen Fürsten schauend, so wie es das Zeremoniell befahl.

An diesem Tage wurde es ihm schwer, die höfischen Regeln einzuhalten, auf deren Befolgung er stets gedrungen hatte. Gästen und Geschenken gebührte Ehre, Schutz und Dank, auch wenn der Meister die böse Absicht durchschaute, mit der die kostbare Gabe ausgewählt war. Der Fürst von Ch'i schenkte dem Fürsten von Lu eine Truppe von Schauspielerinnen, Musikantinnen und Tänzerinnen von großer Schönheit. Am nächsten Morgen fand sich Konfuzius zur gewohnten Stunde im Palast ein, um in der täglichen Audienz die Regierungsgeschäfte mit dem Fürsten und den Kollegen durchzusprechen. Die Audienz fand nicht statt. Am folgenden Morgen wurde der Minister wieder abgewiesen. Noch einmal versuchte er es, aber er wurde verlacht ob seiner ernsten Amtsmiene und seines Arbeitseifers – der Fürst und seine Berater erfreuten sich am Schauspiel. Konfuzius nahm seinen Abschied.

So berichtet die Überlieferung. Die Enttäuschung und Resignation, die Konfuzius auf seinem weiteren Lebensweg begleiteten, werden nicht nur in der Vertreibung aus seinem Wirkungskreis ihren Ursprung gehabt haben, sondern auch in der bitteren Einsicht, daß das Gute sich nicht durch sein Beispiel allein durchsetzt und durch Vernunft allein nicht gestützt werden kann.

Einem Verbannten gleich, geht nun Konfuzius auf die Wanderschaft. Immer begleiten ihn treue Schüler; oft wird er freundlich aufgenommen, aber nie bittet man ihn, zu bleiben und seine Gedanken in die segensreiche Tat umzusetzen. Fürsten und Höflinge möchten wohl nützliche Ratschläge zur Kunst des Regierens von ihm hören, aber keiner will sich der Disziplin unterziehen, die das System des Meisters gerade von den Herrschern verlangt. Einem Usurpator möchte Konfuzius nicht dienen; lieber wandert er weiter in die Ungewißheit, die manchmal Spott und Hunger und sogar Verfolgung und Gefahr für ihn und seine Getreuen bereithält.

Wenn der Meister mit seinen Schülern in eine Residenzstadt kam, dann mag wohl der Fürst ihn mit Ehren in der Audienzhalle seines Palastes empfangen und an Spiel und Fest seines Hofes haben teilnehmen lassen. *(Abb. 29)* Maßen sich die vornehmen Herren im Bogenschießen, so konnten sie bei Konfuzius Verständnis für ihre Fertigkeit und die gute Form, mit der sie den Regeln gemäß zum Wettkampf antraten, voraussetzen. Beim Opfer schauten sie ehrfurchtsvoll auf ihn, denn war er nicht die größte Autorität auf dem Gebiet der Riten? *(Abb. 30)* Stolz wurden die sieben Opferkessel aus Bronze in der neuen Form mit flachrunder Schale und geschweiften Füßen herbeigetragen und mit dem Fleisch der Opfertiere gefüllt. *(Abb. 30)* Die Hofmusiker brachten ihre Instrumente; Diener schleppten das große Gestell, mit Drachenköpfen geschmückt und geschützt, an dem die gewinkelten Klangsteine aus dunkelgrün gewölktem Jade hingen, und das Gestell für die abgestimmten Bronzeglocken in der modernen, hängenden Form. Die blinden Musiker standen mit ihren Hämmern darunter, bereit, auf ein Zeichen des Hofmarschalls die Melodie zu beginnen. Die Trommler stellten sich hinter den großen Trommeln auf, mit erhobenem Arm ihren Einsatz erwartend. Wenn dann die Musik erklang, wenn die langklagenden Töne der Flöten von dem Anschlag auf Glocken und Klangsteinen gebrochen wurden, wenn Knaben mit jadenen Zeremonialwaffen in langsamen Drehungen und Armschwenkungen einen Tanz zu Ehren des Ahnherrn aufführten, dann mag wohl einer der Schüler verstohlen den aufrecht und bewegungslos sitzenden Meister betrachtet haben, wie in seinem stillen Gesicht kein Muskel spielte, wie er ganz die ernsten Töne in sich aufnahm und ihre erhebende Kraft spürte. Dann freute sich der Schüler, daß der Meister, der die Musik so hoch schätzte, diese Gelegenheit hatte, sie so großartig vorgetragen zu hören. Und er mochte wohl denken, daß dem Geiste des Meisters auch eine solche Ehre gebühren würde, wie er sie hier als Außenstehender erlebte, und konnte nicht wissen, daß noch nach 2400 Jahren diese Zeremonie vor der Seelentafel des Meisters in den Tempeln des weiten Reiches in fast gleicher Form abrollen würde – mit den Opfergefäßen auf dem Altar, den dreierlei Opfertieren, den hohen Beamten im neunfachen Kotau, mit der getragenen Musik, den tanzenden Knaben – und daß er, der Schüler, der den Meister so oft nicht verstand und sich immer wieder geduldige Zurechtweisung gefallen ließ, teilhaben würde an dieser Ehrung.

Beim Festmahl, das dem Opferritus folgte, hörte der mächtige Minister aufmerksam die Worte des Gastes über die Regierung an: „Regierung heißt recht machen. Wenn Eure Hoheit die Führung übernimmt im Rechtsein, wer sollte es wagen, nicht recht zu sein?“ Doch gab sich der Minister damit nicht zufrieden, plagte ihn doch die Sorge wegen des Räuberunwesens; wüßte der Meister einen Rat? „Wenn Eure Hoheit frei von Gier sind, so wird, ob selbst Belohnung darauf gesetzt würde, niemand rauben.“ Diese Antwort wurde ehrerbietig und höflich erteilt, aber der Frager spürte die harte Wahrheit, die seine Ausbeutung des Volkes traf. Nun sah er wohl ein, daß die erste Auskunft mehr als eine unpraktische Weisheit war und seine Frage nach der Regierung tatsächlich erschöpfend beantwortet hatte.

Kam die Rede auf die Musik, so wurde der Gast lebhaft und eifrig, lobte das eben Gehörte und sprach von dem guten Einfluß, den die Musik auf das Wesen der Menschen habe; nichts Schlechtes könne in ihrem Bannkreis gedeihen. Aber es mußte die rechte Musik sein – und hier stand der Meister auf, trat an die Klangsteine und wiederholte in leisem Anschlag einen Satz der Opfermelodie: so muß sie gespielt werden: „Früher begann die Musik – soweit man weiß – in strenger Einstimmigkeit. Bald wurde den Spielern mehr Freiheit (zum Improvisieren) gelassen, aber die Melodie blieb harmonisch, klar, einheitlich bis zum Ende.“

In seinem Eifer und der Freude über den Zuhörer nach seinem Herzen merkte er nicht, wie die Hofherren immer häufiger den Mundschenken winkten, aber er sah mit Mißfallen, daß die jungen Herren, denen der Fürst den Wein anbot, sich nicht die Mühe machten, die Stufen der Halle hinunterzusteigen, sondern im Saale die Verbeugungen machten, die bei der Annahme des Bechers vorgeschrieben waren. Als ihm selbst die Ehre zuteil wurde, aus der Hand des Fürsten den Trank zu empfangen, stieg er sofort hinunter und beugte sich genau nach den Vorschriften des Zeremoniells. Die Hofherren stießen sich an und kicherten, aber der eine oder andere mag sich doch im stillen geschämt haben, daß der alte, berühmte Gelehrte sie durch sein Beispiel zurechtweisen mußte. Am anderen Tag, als Meister und Schüler weiterzogen, brachte vielleicht einer von ihnen das Gespräch auf diesen Zwischenfall; er hätte es lieber gesehen, wenn den anmaßenden Höflingen nicht diese Gelegenheit zum Spott gegeben worden wäre; konnte sich der Meister nicht den Sitten der Gegenwart anpassen? Der Meister aber machte ihm klar, daß man sich wohl in kleinen Dingen nach der Mode richten sollte, wenn sie praktische Neuerungen brachte, nicht aber in Handlungen, die die innere Haltung ausdrückten: „Ein leinener Hut ist eigentlich dem Ritual entsprechend. Heutzutage benutzt man seidene. Es ist sparsam, so richte ich mich nach der Allgemeinheit. Unten sich zu beugen, ist eigentlich dem RituaL entsprechend. Heutzutage macht man die Verbeugung oben. Doch das ist anmaßend. Deshalb – ob ich auch von der Allgemeinheit abweiche, ich richte mich nach (dem Ritual der Verbeugung) unten."

(Diese Gespräche wurden den unzusammenhängenden Berichten des Lun-yü entnommen und zu der obigen Schilderung willkürlich verbunden.)

Zehn Jahre wanderte Konfuzius von Staat zu Staat, immer in der Hoffnung, einen Wirkungskreis zu finden. Nicht aus Standesdünkel und Ehrgeiz suchte er die Gesellschaft der Großen. Seine Lehre wandte sich vor allem an sie. Wohl sollen seine Vorschriften auch für das Volk Gültigkeit haben; es würde sie befolgen, wenn es das rechte Verhalten vom Vorbild seiner Oberen ablesen könnte. Der Meister lehrte nicht nur mit Worten; er bemühte sich, das zu sein, was er lehrte. Im Lun-yü heißt es: „Der Meister war frei von vier Dingen: Er hatte keine Meinungen, keine Voreingenommenheit, keinen Starrsinn, keine Selbstsucht." „Der Meister war in seinem Wesen mild und doch würdevoll. Er war ehrfurchtgebietend und doch nicht heftig."

Die Eigenschaften, die an Konfuzius gerühmt werden, sind die eines großen Herrn, der nicht anmaßend ist, aber stets ein Herr bleibt. Die Humanität konnte sein Ideal werden, weil er in die Oberschicht hineingeboren und darum nicht der ärgsten Rechtlosigkeit ausgeliefert war. Es war ihm selbstverständlich, daß das Wohl des einzelnen nicht durch Auflehnung und Selbsthilfe der Unterdrückten, sondern von der Obrigkeit her zu regeln war, die allein Überblick und Verständnis hatte. „Das Volk kann man dazu bringen, (dem Rechten) zu folgen, aber man kann es nicht dazu bringen, es zu verstehen." Durch das Lehnssystem konnte mit der politischen Macht die moralische verbunden und in allen Abstufungen vom Herrscher bis zum Familienvater durch rechtes Vorbild wirksam gemacht werden. Darum erschien ihm die Ordnung der Gesellschaft in höhergestellte Herrschende und niederes Volk natürlich und gut. Er entnahm dem Bestehenden die Prinzipien, nach denen es ohne Gefährdung, zu Nutz und Frommen aller weiterbestehen könnte. Er war nicht demokratisch im modernen Sinne, sondern leitete den Höherstehenden aus der Selbstverständlichkeit der Privilegien ihre Pflichten ab. Aus diesen Pflichten erwuchsen, wenn sie erfüllt wurden, den Untertanen Wohltaten, aber keine Rechte. Nur der Himmel richtete den Himmelssohn und dieser seine Beamten; eine Besserung schlimmer Zustände durch die, die unter ihnen zu leiden hatten, war nicht vorgesehen. Erst Menzius, der zweihundert Jahre nach Konfuzius lehrte, hat sich zum Recht des Volkes auf die Revolution bekannt.

Trotz seiner konservativen Haltung stützte Konfuzius nicht die erblichen Ansprüche der Aristokratie auf alle Macht und allen Besitz. Er wollte die Führung in die Hände der „Edlen" legen, befähigter Männer, die ohne Ansehen der Geburt in die wichtigen Ämter berufen werden sollten. Er wollte dem ganzen Volk ein gewisses Maß von Erziehung angedeihen lassen, so daß die Fähigen sich hervortun könnten und die Untertanen die Anordnungen der Minister verstehen und willig befolgen würden. Als dem Adel dreihundert Jahre später Macht und Besitz genommen wurden, geschah es nicht aus demokratischen, sondern aus totalitären Beweggründen – und diese konnten die Konfuzianer nicht billigen.

Den Wanderjahren im Wechsel von Hoffnung und Enttäuschun g folgten die Altersjahre der Sammlung und Bescheidung. Ein Schüler hatte es in Lu zu einer hohen Stellung gebracht und erwirkte für den Meister die Erlaubnis zur Heimkehr. Diese bedeutete nicht die Rückkehr in den Staatsdienst, aber sie ermöglichte eine bessere Ordnung der Lehrtätigkeit. Schüler kamen von nah und fern. Sie zahlten, was in ihren Kräften stand; der Meister wies keinen von seiner Tür. Er las mit ihnen die klassischen Bücher und wies ihnen in den alten Texten die allzeit gültigen Regeln des rechten Handelns. „Ich bin nicht geboren mit der Kenntnis der Wahrheit; ich liebe das Altertum und erforsche es mit Eifer."

Eine große Bibliothek wird er nicht besessen haben; die Bücher auf Bambusstäbchen waren kostbar und selten. Vieles wußte der Meister auswendig. Man hat in der Zeit des Konfuzius wahrscheinlich noch wenig Literatur gekannt, die nicht aus einem offiziellen Anlaß entstand. So ist es nicht verwunderlich, daß er nichts selber niederschrieb. Erst im 4. Jahrhundert begann die allgemeine Schreibfreudigkeit, erwachsen aus der Polemik, die die verschiedenen Schulen zu ihrer Selbsterhaltung pflegten. Konfuzius genügte es, im persönlichen Verkehr mit seinen Schülern Charaktere zu formen, die sein Ideal der Sittlichkeit und Menschenwürde weitertrugen. Auf der hohen geistigen Ebene, auf die er sich hinaufgearbeitet hatte, gab es für ihn keine Rivalen, deren Schriften er das eigene Traktat entgegensetzen mußte. Erst spätere Anhänger fanden es nötig, seinen Lehren durch den Hinweis auf das Altertum Ansehen zu geben und ihre eigene Abhängigkeit von den klassischen Büchern durch die Behauptung zu begründen, Konfuzius habe sie alle geordnet und bearbeitet. Seine Gedanken sind seine eigenen und zum Teil neuartiger, als es kleinliche Nachfolger wahrhaben wollten.

Konfuzius prägte in vielen Aussprüchen den Begriff des „Edlen". Dies ist eine dem strebenden Menschen erreichbare Stufe der Vollkommenheit: „Der Edle ist vollkommen und nicht engherzig." „Der Edle befördert das Schöne im Menschen." „Der Edle hat für nichts auf der Welt eine unbedingte Voreingenommenheit oder eine unbedingte Abneigung. Das Rechte allein ist es, auf dessen Seite er steht." „Der Edle zeigt Würde, aber keinen Hochmut. Der Gemeine ist hochmütig, aber nie würdevoll." „Wo ein Gebildeter weilt, kann keine Roheit aufkommen."

Dies sind nicht Aussprüche eines Metaphysikers und nicht eines Religionsgründers. Die religiöse Skepsis der Spät-Chou-Zeit hat auch Konfuzius angerührt, aber ihm nicht den Glauben an eine höhere Macht genommen. Seine tiefe Frömmigkeit half ihm über Demütigung und Schicksalsschläge. „Ich strebe nach Erkenntnis hier unten, doch dringe ich empor zu dem, was oben ist. Einer ist's, der mich kennt – der Himmel." Doch sprach er selten von seinem Glauben an den Himmel. Er wollte vor allem die irdischen Verhältnisse ordnen. Er bediente sich dazu nicht der Hinweise auf überirdische Belohnungen und Strafen; er verwies nicht auf sittliche Verpflichtungen dem Himmel gegenüber. Die Dämonie des Bösen berührte ihn nicht. „Der Meister sprach niemals über Zauberkräfte und widernatürliche Erscheinungen und Dämonen." Die Sünde ist einfach unpraktisch. Die Anlage des Menschen ist auf das Gute ausgerichtet; er soll sich dieser glücklichen Anlage entsprechend entwickeln. „Der Meister lehrte die vier Gegenstände: die Kunst, den Wandel, die Gewissenhaftigkeit, die Treue."

Diese Treue hat Konfuzius seinen Idealen und denen, die sie teilten, gehalten. Das Lun-yü berichtet von einem Schüler, Tzu Lu, der am Steintor übernachtete. „Der Türmer sprach: ‚Woher des Weges?' Tzu Lu sprach: ‚Von einem namens K'ung.' Da sprach der Türmer: ‚Ist das nicht der Mann, der weiß, daß es nicht geht und dennoch weiter strebt?'"

In dem Maße, wie der unmittelbare Eindruck von der Persönlichkeit des Konfuzius verblaßte und die Verhältnisse ihrer Umwelt sich weiterhin verschlechterten, suchten die Erben seines Geistesgutes dieses in dauerhafte Formen zu prägen: die Einstellung zu den Riten und zur Erziehung nahm die pedantischen Formen an, die oft Konfuzius selbst zur Last gelegt werden. Die Rivalität anderer Schulen, die ihrerseits Ansicht und Lehre mit scharfer Dialektik verteidigten, erzwang die Ausprägung starrer Gestaltungen für das konfuzianische Gedankengut.

Meng-tzu, 372–289 v. Chr., in Europa Menzius genannt, betrachtet sich als Schüler der konfuzianischen Lehre. Er hat seinen klaren Intellekt in den Dienst ihrer Verteidigung gestellt. Er ist, wie Konfuzius, der Auffassung, der Mensch sei von Natur aus gut. Die Erziehung müsse dieses Gutsein in ihm stärken und ihn gegen die bösen Einflüsse des Lebens wappnen, gegen die Gier nach Besitz und Macht und gegen die Versuchung, das eigene unbeirrbare, moralische Empfinden zu unterdrücken. Er rührt nicht an das patriarchalische System; er leitet ebenfalls alle Segnungen einer guten Regierung von der Güte des Herrschers ab. „Nie hat ein Mann, der zur Menschenliebe erzogen wurde, seine Eltern vernachlässigt; nie hat einer, der zum Pflichtgefühl erzogen wurde, seinen Fürsten hintangesetzt." Den Herrschern legt er immer wieder das Wohl des Volkes ans Herz und macht genaue Vorschläge für seine Beglückung. Das Volk wird zwar nicht für fähig gehalten, sich selbst zu regieren, aber es erkennt den guten Fürsten an und sucht sich dem schlechten zu entziehen. Die Liebe des Volkes ist darum die einzige Stütze des Fürsten; er kann sie sich nur durch Mehrung des Allgemeinwohls sichern. Menzius bekräftigt solche Ratschläge mit Zitaten aus dem Shih-ching und Shu-ching und mit Hinweisen auf die vorbildlichen Chou-Könige Wen und Wu. Er zieht die Klassiker in einem Maße zur Bekräftigung seiner Ansichten heran, wie es Konfuzius nie für nötig gehalten hatte.

Auch Menzius' um zwei Generationen jüngerer Gegenspieler innerhalb der konfuzianischen Schule, Hsün-tzu, etwa 300–220 v. Chr., betont die Wichtigkeit der Erziehung. Er geht aber von der Voraussetzung aus, daß der Mensch von Natur böse sei und darum lernen müsse, seine natürlichen Impulse zu unterdrücken, um das Gute zu erkennen und zu befolgen. Zu diesem Zweck legt er besonderen Wert auf die Riten, Li, und faßt diesen Begriff sehr weit: nicht nur die Formen der religiösen Betätigung und des Zeremoniells, sondern alle Formen, unter denen das Zusammenleben der Menschen ohne Reibung ablaufen kann; ethische Prinzipien sowohl wie gesellschaftliche Regeln gehören zu den Li. Seine schlechte Meinung von der menschlichen Natur läßt ihn in Erziehung und Staatslehre den Strafen und Belohnungen erhöhte Bedeutung beimessen. Dies war kaum noch im Sinne des Konfuzius.

Mohisten – Legalisten

Von den neun Schulen, die sich in der Spät-Chou-Zeit herausbilden, hat die konfuzianische die nachhaltigste politische Bedeutung errungen, und die der Taoisten den tiefsten Einfluß auf die chinesische Seele ausgeübt. Mit diesen beiden Anschauungen von der bestmöglichen Art, das Wohl der Menschheit zu fördern, wetteiferten in der Zeit der Kämpfenden Staaten noch mehrere andere, von denen die Mohisten und die Legalisten im ausgehenden Altertum Einfluß gewannen. Die Fülle der Meinungen und die Zahl der klugen Köpfe, die sie vertraten, wird auf die gewaltsame Veränderung der gesellschaftlichen Struktur zurückgeführt. Ein großer Teil des Adels saß nicht mehr auf der angestammten Scholle, denn Besitzteilungen, Gewaltstreiche oder Schulden hatten viele Vornehme landlos gemacht. Das bedeutete den Verlust der einzig gesicherten Existenzmöglichkeit, die man in einem Agrarstaat kannte. Je nach Talent und Neigung suchten die also heimat- und brotlos gewordenen Aristokraten als Ritter oder Gelehrte in Dienst und Sold eines Fürsten zu treten. Die Könige oder mächtigen Clan-Häupter, die sich im Kampf um Vorherrschaft und Landbesitz gehalten hatten, brauchten Männer, die ihres Standes waren und sich doch – aus Armut – dem Fürstendienst verschreiben mußten. Konfuzianer und Legalisten waren Stützen der bestehenden Staatsmächte. Das einfache Volk und die von den Legalisten ausgeschalteten Adligen und Ritter sahen ihre Interessen von den Mohisten vertreten.

Mo-tzu, 5. Jahrhundert v. Chr., wollte die Standesunterschiede beseitigen, aber nicht, wie die Legalisten, zur Aufrichtung des totalitären Staates, sondern unter dem Vorzeichen der allgemeinen Liebe. Für die Konfuzianer war die Liebe eine Regung, die dem Menschen von der Natur mitgegeben wird und die sich den natürlichen Bindungen gemäß auswirkt; sie ist am stärksten im engen Familienkreise und strahlt aus in Freundesliebe und Loyalität. Die Mohisten dagegen fordern eine allgemeine Menschenliebe, die alle Mitmenschen ohne Ansehen des Standes oder Verwandtschaftsverhältnisses umfassen sollte. Vom Standpunkt der Konfuzianer war dies ein gefährliches Verfahren, das alle Ordnungen auflösen müßte, die ihnen für den Bestand der Gesellschaft unentbehrlich schienen. Mo-tzu muß selbst Zweifel an den staatserhaltenden

Kräften der Menschenliebe gehegt haben, denn er forderte blinden Gehorsam von seinen Anhängern und wollte ein solches Verhältnis der absoluten Autorität vom Himmelssohn über die Führer größerer und kleinster Gruppen bis zum letzten Untertan ausgedehnt wissen.

Die Legalisten waren Realpolitiker; sie allein hatten darum in den chaotischen Zuständen unter den Kämpfenden Staaten praktische Erfolge zu verzeichnen, vor allem in dem Staat, der sich ihrer Methoden folgerichtig bediente, in Ch'in. Han-fei-tzu, †233 v. Chr., nach Shang Yang, etwa 370–338, einer der bedeutendsten Legalisten, war, wie manch anderer Vertreter dieser Schule, Minister in Ch'in. Die Zentralgewalt – nun nicht mehr des Königs aus der Chou-Familie, sondern des Fürsten im Territorialstaat – mußte stark sein. Darum sollte der Einfluß der Adligen ausgeschaltet werden. Militärmacht und ein unerbittliches „Recht" mit strengen Gesetzen und harten Strafen konnten allein den Bestand des Staates sichern. Der Despot, dessen Wille und Gewalt alles im Staate erfaßte und regelte, war das Ideal des Herrschers. Der Staat und das Recht waren um seinetwillen da. Dem Untertan wurden keine Rechte zugestanden; das „Recht" machte es ihm zur Pflicht, alle Gesetze zu befolgen. Seine Leistung und sein Leben gehörten dem Staat. In Ackerbau und Militärdienst sollten sich seine Kräfte erschöpfen. Fron und Strafen waren grausam, denn der Mensch, der zum Schlechten neigte, mußte durch Strafen in Zaum gehalten und von Auflehnung und Verbrechen abgeschreckt werden. Der Krieg war Mittel und Zweck, Ziel und Sinn der Herrschermacht.

Der Taoismus

Auch die Schule der Taoisten verehrt einen Begründer und sein Buch. Im Falle des Lao-tzu und des Tao-te-ching sind die Zweifel an der Überlieferung aber weit stärker als bei den anderen Schulen, deren Gründer als historische Persönlichkeiten faßbar sind. Heute wird die Existenz des königlichen Archivars Lao-tzu aus dem 6. vorchristlichen Jahrhundert, der sich aus Amt und Hauptstadt in die Einsamkeit zurückzog und seine Gedanken über das Tao und das Tê niederschrieb, in Frage gestellt oder als Legende abgetan. Das Buch ist wohl um 300 v. Chr. entstanden; sein Autor ist unbekannt.

Auch diese Schule begab sich in die politische Arena. Im Gegensatz zu den Legalisten wollten sie von keiner Bindung an Gesetze und Vorschriften hören; aber daß es einen Herrscher geben müsse, ist auch ihnen selbstverständlich. Nur soll er sich nicht in Einzelheiten einmischen und hier und da zu bessern und zu leiten suchen, sondern trachten, daß das Volk satt sei. Das gesättigte und zufriedene Volk soll nicht mit Wissen beunruhigt werden; im Zustand der Unwissenheit läßt es sich leiten. Diese Ansichten ähneln denen der Legalisten – Han-fei-tzu war anfänglich Taoist –, ohne allerdings den Krieg als Ziel hinzustellen. Sie sind nicht so zynisch, wie sie uns erscheinen, denn der Taoist sieht keinen Segen in den Kenntnissen. Diese verführen den Menschen nur dazu, Stellung und Besitz zu erstreben und sich damit in Unruhe und Schlechtigkeit zu verwickeln.

Die Lehre vom Tao als dem Urgrund des Kosmos ist in China sehr alt. Es wird angenommen, daß sie besonders im Staate Sung, in dem von den Nachkommen der Shang das alte Gedankengut gehütet wurde, verbreitet war. Konfuzius sind Wort und Begriff vollständig geläufig; allerdings gebraucht er sie mit einer etwas anderen Schattierung als die Taoisten, stärker auf das Zusammenleben der Menschen bezogen. Lao-tzu - er wird im folgenden weiterhin, der Tradition gemäß, als der Begründer der Lehre vom Tao und der Verfasser des Tao-te-ching genannt, mit dem Vorbehalt, daß es eine Fiktion ist, mit der hier gearbeitet wird - versucht dem Wesen des Tao mit Worten beizukommen, obgleich er es als unbegreiflich bezeichnet.

Tao heißt Weg. Te heißt Tugend. Als Weg und Tugend werden die Worte im Buchtitel Tao-te-ching meist übersetzt. Hier wird auf eine Verdeutschung verzichtet, weil keines unserer Worte ein so weites Bedeutungsfeld hat wie ein chinesisches Zeichen. Fast alle Übertragungen des Tao-te-ching sind darum unzulänglich, weil sie jeweils nur eine Möglichkeit des Zeichens berücksichtigen und, je nach der Ansicht des Bearbeiters, eine bestimmte Deutung in den Vordergrund rücken. So weichen die Übersetzungen, auch die der besten Sinologen, voneinander ab. Die Versionen, die manchen des Chinesischen unkundigen Autoren zum Ausdruck ihrer eigenen Gefühle gedient haben, vermehren die Verwirrung, die dies Buch mit seinen kurzen und vieldeutigen, rätselhaften und unverständlichen Aussprüchen gestiftet hat. Zudem ist der heute vorliegende Text stellenweise unvollständig und verwirrt; es ist versucht worden, durch Umstellen einzelner Zeilen die eine oder andere dunkle Stelle aufzuhellen.

Schon im I-ching war die stetige Wandlung als das einzig Beständige im Kosmos erkannt worden. Himmel, Erde und Mensch sind ihr unterworfen; es ist ihr Weg. Tao ist der Urgrund alles Bestehenden: mit ihm ist alles in ständigem Fluß und den ständigen Wechselwirkungen des mit ihm Bestehenden ausgesetzt. Diese Wirkung, die als Te, Tugend, bezeichnet wird, ist nicht so sehr eine moralische wie eine kosmische Kraft, deren Ausstrahlung der Mensch nicht durch willkürliches Eingreifen in das Geschehen hemmen soll. „Wu wei", „Nicht handeln", ist die Lebenskunst der Taoisten. Wenn der Mensch nicht mit seinen kleinlichen Wünschen und der daraus entspringenden Geschäftigkeit den kosmischen Rhythmus immer wieder störte, würde dieser den, der sich ihm hingibt, unverletzt durch sein Leben tragen.

Für den Konfuzianer mußte der Taoist, der zwar niemandem zum Schaden, aber auch niemandem zum Nutzen sein Leben möglichst zurückgezogen und im passiven Erleben der Natur verbrachte, als unmoralisch gelten. Anstatt seine Pflichten der Familie und Gesellschaft gegenüber zu erfüllen, löste sich der Schüler Lao-tzus von allen Bindungen, er war Egoist. Nicht ohne Spott setzten die Taoisten dem steten Bestreben der Konfuzianer nach Amt und Wirkungskreis die Geschichten ihrer Weisen entgegen, die hohe Ämter ausschlugen. Doch ist die Lehre des Tao-te-ching auch für den Herrscher gedacht und damit, wie die anderen Schul-Lehren, zum Wohle des Volkes anzuwenden. Wenn also der Herrscher nicht handelt, so werden Himmel und Erde, ihrem Tao entsprechend, und im Te ungehemmt, alles hervorbringen, was die Menschen brauchen.

Wer nichts festhalten will, verliert nichts. Wenn das Gute nicht betont wird, gibt es auch das Böse nicht. Auf einen siegreichen Kriegszug folgen sicher schlechte Zeiten ... Solche Aussprüche sind weder dunkel noch kompliziert. Sie zeigen, daß Lao-tzus System trotz seiner Mystik ebenso Anspruch hat, als Anleitung für eine praktische Lebensführung zu gelten, wie die Lehren der anderen Schulen. In die Tat umgesetzt, konnte es allerdings nur von denen werden, denen Stand und Vermögen die Freiheit gaben, sich aus dem Verbande der Gesellschaft zu lösen, ohne an ihren Platz zurückbeordert zu werden oder zu verhungern. Obgleich Anspruchslosigkeit die Vorbedingung war, lesen wir in den Lebensbeschreibungen, daß der Taoist sich auf sein Landgut zurückzog – mit wenigen Dienern. In den Legenden dagegen bringt es der taoistische Eremit durch Meditation, Atemübungen und wunderwirkende Kräuter so weit, daß er ohne Nahrung auskommt, seinen Körper schwerelos machen und durch die Lüfte fliegen kann, bis er schließlich zu den Unsterblichen entrückt wird. Hier scheidet sich die Lehre vom Tao und Te von dem populären Taoismus, für den weder das Buch noch sein Verfasser, noch seine Ausleger und Anhänger verantwortlich sind. Der Volks-Taoismus, der in der Ch'in- und Han-Dynastie auch in die oberen Schichten dringt, ist eine Zauberlehre mit Unsterblichkeitspillen und Alchimie, einem Wust von Aberglauben, eklektischen Lehren und schließlich auch den Formen und Traditionen einer Religionsgemeinschaft, die z. T. vom Buddhismus entlehnt wurden.

Bewußtsein und Logik sind nur hinderlich, will man das Tao erfassen. Die Lehrtexte sind darum sprunghaft, anekdotisch, voll schrulliger Anspielungen und unerwarteter Wendungen. Der bedeutendste unter den taoistischen Philosophen der Spät-Chou-Zeit, Chuang-tzu, der gegen Ende des 4. Jahrhunderts v. Chr. lebte, war ein begnadeter Dichter der Versenkung in die Natur. Immer wieder kleidet er sein Bekenntnis des Nicht-Wissens in klare Worte und eindringliche Bilder. Er träumt, er sei ein Schmetterling. Nach dem Erwachen weiß er nicht, ob er Chuang-tzu ist, der nur träumte, er sei ein Schmetterling, oder ob er ein Schmetterling ist, der nun träumt, daß er Chuang-tzu sei? Er weiß nicht, ob die Liebe zum Leben ein Irrtum ist. Aber aus den Erkenntnissen seines Herzens wird ihm Antwort. Ein Freund streitet mit ihm, weil er an einem schönen Tag die Fische beobachtet und meint, daß sie sich freuen. „Wie kannst du das wissen? Du bist kein Fisch", wendet der Freund ein. Chuang-tzu spielt mit dieser Logik und zeigt, wie absurd sie ist: „Du bist nicht ich, also kannst du auch nicht wissen, ob ich nicht weiß, daß sich die Fische freuen." Doch zum Schluß des Wortgeplänkels führt er den Gegner an die Wurzel seiner Erkenntnis: Aus der Freude, die sie beide zu dieser Stunde an dieser Stelle empfinden, weiß er um die Freude der Fische. Damit ist dem menschlichen Erkennungsvermögen deutlich die Grenze seiner Wirksamkeit gezogen, damit ist ihm aber auch eine Quelle aufgetan, die ergiebiger ist als die Logik: die Quelle, die hinter den Worten entspringt. Er legte dem Lao-tzu die Lehre in den Mund, man solle wie ein kleines Kind werden, das sich der eigenen Wünsche und Handlungen nicht bewußt ist. Der Verstand soll ausgeschaltet und das Herz leer sein. So kann man mit dem Tao eins werden – ein Ziel, das höher gesteckt ist als die Sittlichkeit.

In dem zeitgenössischen Werk Lieh-tzu werden ähnliche Gedanken in ähnliche Formen gekleidet: Ein Fürst sah auf der Jagd einen Mann, der aus einer Klippe heraustrat und durch die Feuer schwebte, mit denen die Jäger das Wild aufscheuchten. Sein taoistischer Berater erklärte dem Fürsten, dies sei denen möglich, die aus der Geschlossenheit ihres Wesens, die durch keine Gefühle mehr gesprengt wird, über den Erscheinungsformen der Natur stehen. Als aber der Fürst wissen wollte, warum von Lao-tzu nicht solche Kunststücke überliefert seien, erhielt er die Antwort: „Der Meister hätte all dies auch tun können, aber er konnte das Tun unterlassen."

Für die echten Jünger des Tao war die Überwindung der Materie und ihrer Widerstände Symbol für die Überwindung der durch das Bewußtsein hervorgerufenen Spaltung in gut und böse, schwer und leicht, nützlich und schädlich. Für die Zauberer des populären Taoismus war sie Selbstzweck.

Das Ausweichen der ehrlichen Geister vor dem krassen Opportunismus der Spät-Chou-Zeit in die Mystik des Taoismus ist ebenso verständlich wie die vielen Lehrmeinungen, die durch moralische oder praktische Vorschriften die Zustände zu bessern hofften. Eine wirkliche Philosophie ist keine dieser Lehren. Der Chinese ist ein diesseitiger Mensch. Er stellt sich selbst zwar nicht in den Mittelpunkt des Universums, aber er sieht das Weltgeschehen, und somit auch Lebenslauf und Handlungsweise des einzelnen, im Gefüge des Kosmos – von ihm bestimmt und auf ihn Einfluß nehmend. Die Übersetzung der Weltordnung in menschliche Verhältnisse gibt Sicherheit im Wohlergehen.

Kunst der Spät-Chou-Zeit

Eine geistige Haltung so rationaler, auf ein praktisches Ziel gerichteter Natur konnte kein Nährboden für die Kunst sein. Wären die Gelehrten die einzigen in China gewesen, die Gedankengut erzeugten und verwalteten, es hätte keinen Aufstieg aus dem Tiefstand der Mitte-Chou-Kunst gegeben. Daß die Spät-Chou-Zeit eine neue Kunstblüte hervorbrachte, beruht zum Teil auf dem Wohlstand, den Fürsten und Kaufleute – wenn auch auf unsichere Dauer – an sich zu reißen vermochten und sichtbar machen wollten, vor allem aber auf seelischen Kräften, die in der Shang-Zeit wirksam gewesen und nun latent, aber nicht verschüttet sind: Kräfte, die in der Abkehr der Taoisten von der Nützlichkeit und in der Freude des Künstlers am freien Schmuck wirksam werden.

Die Himmelsreligion, die die Chou als amtlichen Kult an die Stelle des Shang-Kultes mit den Schrecknissen der Menschenopfer und der Dämonenfurcht setzten, bediente sich weiterhin der Sakralbronzen. Sie brauchte sie aber nicht mehr, um auf ihnen unsichtbare Mächte sichtbar werden zu lassen, sondern nur als Gerät. Die Künstler sahen darum bereits in der schlichten Gefäßform eine künstlerische Aufgabe, die – so mußte es ihnen scheinen – von ihren Vorgängern vernachlässigt worden war. Das erstarkende Vertrauen in den Wirklichkeitswert der Erscheinungswelt führte den Künstler, der mit einer besonderen Sehkraft für die Zusammenhänge zwischen Zweck und Form begabt war, zum Begreifen der organischen Struktur. Er ging dabei von den Formen aus, die die Natur für besondere Funktionen folgerichtig ausgebildet hat: von den Formen des lebenden Körpers. Es ist bezeichnend für den Chinesen, daß er solche Einsichten nicht vom menschlichen Körper ablas, sondern von dem des Tieres. Er war gewohnt, das Tier stilisiert zu sehen oder Einzelheiten seiner Erscheinung vom Ganzen gelöst darzustellen. *(T. 51)* Mit sich selbst hatte er solche Experimente noch nicht vorgenommen. Wenn es ihm nun darum ging, Stehen und Tragen oder Wachstum und Bewegung vom lebenden Wesen zu abstrahieren und auf den Gegenstand zu übertragen, so wandte er sich zuerst an das Tier.

(T. 48) Das Gefäß der Spät-Chou-Zeit ist gewachsen, nicht gebaut. Zwar dienen seine einzelnen Teile weiterhin verschiedenen Zwecken – dem Stehen, dem Fassen, dem Bedecken –, aber das Ganze ist aus der Gesamtvorstellung der Zwecke geformt. Die Beine gliedern sich nicht nur in Fuß und Schenkel, auch ihr Anwachsen an den Gefäßkörper, das Aufnehmen seiner Last und Rundung ist deutlich gemacht. Das Gewicht des Inhalts zieht die Schale zwischen den Stützen herunter; die Füße müssen breit auf dem Boden stehen, um der Last entgegenzuwirken. Der Hohlraum, um dessentwillen das Gefäß nun allein existiert, gewinnt erst abgeschlossene Gestalt durch den Deckel, darum umfängt *eine* Linie Schale und Deckel. Ebenso werden Henkel, Standring und Füße in die geschlossene Silhouette einbezogen, anstatt als selbständige Formen angefügt zu werden. *(T. 50)* Der Henkel schmiegt sich in die Kurve des Umrisses und betont sie durch solche Wiederholung, oder er wächst als ein lebendiges Wesen heraus und beißt in den Rand, *(T. 47)* um uns seine Festigkeit zu zeigen. *(T. 51)* Der leichten Schale auf zierlichen Füßen wächst ganz organisch ein Tierkopf als Ausguß – nicht weil sie die Form eines Tierkörpers hat, sondern weil in den Linien ihres Baus die Bewegung auf den Kopf hin läuft.

Wie der Zweck dem Gefäß seine Wachstumsregeln gegeben hat, so blüht die Zier aus dem Wachstum der Form auf. Sie will nicht mehr bestimmte Vorstellungen zur Darstellung bringen, sondern sie dient der Gefäßform, indem sie dem Auge klarmacht, wie diese sich rundet, ansteigt und verschließt. *(T. 48)* In gleichmäßigen Kannelüren läuft sie um ein eiförmiges Ting, das keine Zone seines Baues von der anderen absetzt und darum keine Veranlassung für verschiedene Muster gibt. Oder sie zeigt das Ausbreiten und Verengen des Hohlraumes an, um dessentwillen die Bronze geformt wurde. *(T. 50)* Ein kräftig gezeichnetes Reliefband betont die weiteste Ausladung der geräumigen Schale; ein einfaches, flaches Muster legt sich um die Zonen mit minderer Ausdehnung. Herzförmige Ornamente, mit der Spitze nach unten hängend, deuten die Verjüngung des Gefäßes zum Boden hin an. Kein Motiv aber begrenzt willkürlich eine Fläche des Gefäßes, auf dem es sich voll zur Ansicht bieten könnte, wie es das T'ao-t'ieh der Shang-Bronzen tat, sondern alle führen in rhythmischer Wiederholung ihrer Schmuckelemente den Blick um den Gefäßkörper. Sie zeigen, wie er gewachsen ist.

Wachstum ist Bewegung. Das Gefäß hebt sich vom Fuße auf; die Zierbänder gleiten herum. Die Linie bewegt sich von einem Motiv in das nächste. Die mythologischen Wesen, die in der Shang-Kunst streng an die ihnen zugehörige Fläche gebunden waren, können sich nun bewegen; sie werden in Bewegung schlechthin aufgelöst. Das geschieht nicht nur dadurch, daß ihnen durch ihre Anordnung auf der Fläche eine Richtung gewiesen wird, oder daß die Wiederholung desselben Tieres im Fries den Anschein erweckt, als ob es um das Gefäß herumginge – solche Anordnungen gab es auch auf Shang-Bronzen –, sondern durch die Form der Tiere selbst. Sie sind gewachsen. *(T. 50)* Es wird der organische Zusammenhang deutlich, der die Teile dem Ganzen in Funktionen zuordnet, die das Ganze betreffen. Die Beine sind nun nicht nur imstande, Schritte zu machen, sondern auch den Körper fortzutragen. *(T. 51)*

Dies ist kein Naturalismus, wenn es auch natürlicher ist, Leben durch Bewegungsfähigkeit auszudrücken als durch die Machtausstrahlung, die die Shang-Künstler ihren Geschöpfen gaben. *(T. 50)* Auf den Henkeln des großen Bronzebeckens sind Masken angebracht, deren Hörner aus zwei Drachen- und zwei Vogelköpfen bestehen, die sich schwingen, schlingen, anschauen und auseinanderstreben. Sie greifen die Linienbewegung der Zierbänder auf und führen sie über den Henkel zum Rande hin, aber sie ordnen sich nicht zu den starren Augen und dem aufgerissenen Maul; sie verkörpern nicht die Macht des Dämons. Es ist darum fraglich, ob man ihn noch ein T'ao-t'ieh nennen darf. Der Naturalismus, zu dem schon die Shang-Künstler sich fähig zeigten, kann auch jetzt noch nicht Macht über die Kunst gewinnen, solange der Ausdruck dringenderes Anliegen ist als das Abbild. *(T. 77)* Eine Kultur, die ganz auf das Tier gestellt ist, wie die nomadische der nord-westlichen Steppenvölker, wird ihr Weltbild in Tierfiguren ausdrücken, deren Einzelheiten nicht von dem Naturvorbild abweichen. Eine Kultur der Ackerbauer mit ihren weitgreifenden und komplizierten Gemeinschaftsverhältnissen und ihrer unmittelbaren Bindung an die unsichtbaren Kräfte der Natur braucht das Symbol, entweder in abstrakter oder aus dem Naturvorbild abgewandelter Form. *(T. 49)* Doch wird der Nachahmungstrieb, einmal angeregt, die Anschauung neben die Vorstellung rücken, mit dem Ziel, allein durch die mit dem Auge erfaßten Formen alle Erfahrungen der inneren Schau ausdrücken zu können. Diese Entwicklung, die hier beginnt, wird erst in der Han-Zeit abgeschlossen sein. Zu einem seelenlosen Naturalismus hat sie die chinesische Kunst nicht geführt.

Der Umbruch im künstlerischen Geschmack nach der Aufgabe der überlieferten Formen um das neunte Jahrhundert ist der einschneidendste in der chinesischen Kunstgeschichte. Die Tatsache, daß die Vorherrschaft der Linie unangetastet bleibt oder daß man ikonographische Motive in ungebrochener Reihe durchverfolgen kann, mildert diesen Bruch nicht. Die Archäologie hat es sich vor allem angelegen sein lassen, die Zusammenhänge zu pflegen, und hat diese gefunden auf den Gebieten, die neben den ästhetischen liegen. Dies schließt aber eine grundlegende Wandlung des Geschmacks nicht aus. Eine Porzellanschale der Sung-Zeit hat mit einer Shang-Bronze nichts gemein, aber ohne die Gefäße der Spät-Chou-Zeit wäre sie nicht möglich. Ein Anzeichen für die Tiefe des Abgrunds, der sich zwischen der Shang-Kunst und der ganzen nachfolgenden chinesischen Kunst auftut, ist die völlige Unfähigkeit altertumsbegeisterter chinesischer Künstler seit Hunderten von Jahren, in denselben oder anderen Werkstoffen die Formensprache der Shang nachzuahmen. Auch die Zeichner für die Kataloge der kaiserlichen Bronzesammlungen des 12. und 18. Jahrhunderts, die sicher nicht ungewandt und nicht ungebildet waren, versagen, wenn es gilt, das Kräftespiel der Shang-Linien wiederzugeben. Die Spiralen und Dreiecksvoluten des Spät-Chou-Stils dagegen machen dem modernen Kunsthandwerker keine Schwierigkeiten.

Obgleich nun die geschwungenen Linien vorherrschen, ist der Stil nicht weich. Die Energie, die die Shang-Kurve stets zum Einsatz bereithalten mußte, vererbt sich auf die Linie von Spät-Chou. Sie kann sich nicht gehenlassen, selbst als die Gerade nicht mehr als ihr mächtiger Gegner auftritt. Schräggestellte Linien treffen sich in spitzen Winkeln; mit der Kurve bilden sie das häufige Schmuckmotiv der Dreiecksvolute. *(Abb. 20)* Die gerade Linie lebt in der Diagonale weiter. Als Kind eines Kompromisses, zwischen Senkrechter und Waagerechter, ist sie aber nicht von dem zähen Behauptungswillen der Shang-Geraden beseelt. Willig läßt sie sich von der Spirale regieren und schafft ihr die nötigen Kontraste, damit die Kurve noch in Spannung bleiben kann. *(T. 54)* Es ist folgerichtig, daß die Spirale die Hauptform der Kurve wird. Eine Linie, die so lange alle Kräfte auf das Einrollen konzentriert hat, muß, sobald der Widerstand fortgenommen ist, zur vollkommenen Spirale werden.

Erst die Maler werden die Linie alle Möglichkeiten der straffen und entspannten Schwingung lehren. Für diese letzte und größte Aufgabe der Linie sind aber die Voraussetzungen bereits dann geschaffen, als man in Mitte-Chou sich von der Geraden lossagt und damit von einem Schönheitsideal, das auf der dramatischen Spannung beruhte, wie sie für die Shang-Ornamentik bestimmend war.

Es ist wiederum verlockend, die einzelnen Phasen dieses Geschmackswandels an einer Aufeinanderfolge von verschiedenen Dekorationsstilen abzulesen. Die Funde von Li-yü in Shansi, von Chin-ts'un bei der Hauptstadt Loyang in Honan und im Tale des Flusses Huai zum Beispiel bieten sich für einen solchen Versuch an. *(T. 49)* Sie unterscheiden sich durch die Vorliebe für ein zartes Relief und Granulierung einerseits, das die Gefäße aus Li-yü charakterisiert, *(T. 50)* und eine flache Behandlung andererseits mit Einlagen von Kupfer, Gold, Silber, Türkis und Malachit in die Bronze, wie es vor allem seit dem 6. Jahrhundert in den Werkstätten der Hauptstadt geübt worden zu sein scheint. *(T. 75)* Für einzelne Stilelemente gibt es in dieser Epoche mancherlei Datierungsmöglichkeiten, doch ist es noch zu früh, ein Gefüge für sie zu schaffen, das ihre Abfolge festlegte und jedem Stück seinen Platz im zeitlichen Nacheinander zuwiese. Die bisher gemachten Funde haben nur einzelnen Flecken auf der weißen Landkarte der chinesischen Archäologie zu Farbe verholfen; zu viele Fragen sind noch ungeklärt.

Die verwirrendste dieser Fragen ist augenblicklich die nach Herkunft und Echtheit der sogenannten Hui-hsien-Figuren. Hui-hsien in Honan gilt als der Fundort einer bestimmten Art von Grabbeigaben, kleiner Figürchen von Mensch und Tier sowie Modellen von Bronzegegenständen, wie sie gemeinhin mit ins Grab gegeben wurden, also Opfergefäßen, Spiegeln, Agraffen. *(T. 59)* Alle sind aus einem feinen, schwarzen Ton modelliert und gebrannt; die Oberfläche ist glänzend poliert, zum Teil gelackt. Die kleinen Nachahmungen der Gebrauchsgegenstände sind zierlich gebildet; ihre Formen halten sich an die uns bekannten Stücke aus Bronze; Malerei in Rot und Weiß tritt an die Stelle der Metalleinlagen. *(T. 60)* Die Menschenfigürchen dagegen, die den größeren Teil der Hui-hsien-„Funde" ausmachen, haben keine Vorbilder in Metall oder Stein. Sie sind als Plastiken so überraschend in ihrer meisterhaften Stilisierung der menschlichen Gestalt, so überzeugend als Kunstwerke und Vertreter eines neuen plastischen Stils, daß sie die Verwirrung und Kontroverse um ihre Herkunft stetig vergrößern, anstatt zu ihrer Lösung beizutragen. Eines wird durch die gründlichen, neueren Ausgrabungen der chinesischen Archäologen bestätigt: Es gab und gibt keine beglaubigten Funde schwarzer figürlicher Keramik aus Hui-hsien. Was dort aus reichen Gräbern zutage kam, weicht nicht von dem ab, was gemeinhin in den Begräbnisstätten dieser Gegend und Epoche gefunden wird: Waffen und Wagen, Gefäße und Schmuck aus Bronze und Jade, einige kleine Menschenfiguren aus Bronze in der etwas unbeholfenen Bildung, wie sie auch den Gräbern um Loyang beigegeben waren. *(T. 64)*

Es lag also nahe, die ganze sogenannte Hui-hsien-Keramik als Fälschung abzutun. Die Vertreter dieser Meinung können sich sowohl auf die gängigen Formen der Gegenstände als auch auf die ungewöhnliche Ausbildung der Menschenfiguren berufen. Ihr stärkstes Argument wurde ihnen durch chemische Untersuchungen in die Hand gegeben, die Lack und Bemalung vieler Figuren als moderne Materialien erkannten. Dieselben Untersuchungen haben allerdings auch Lack und rote Farbe anderer Stücke als echt, das heißt für Spät-Chou möglich erwiesen. Dem geübten Auge gelingt es bald, den größeren Teil der Figuren als moderne Fälschungen auszuscheiden. Es bleiben aber mehrere Gruppen, die chemisch und künstlerisch allen kritischen Untersuchungen standhalten. Wenn sie nicht das Erzeugnis besser geschulter Fälscher sind, so müssen sie als wichtige Meilensteine in die Geschichte der chinesischen Plastik gesetzt werden. *(T. 60)* Einige Stücke, die lange vor der Fälschungswelle auf dem Pekinger Kunstmarkt auftauchten, verdienen unser Vertrauen; ihr Stil, so fremd und einmalig er erscheint, läßt sich in die Entwicklung der chinesischen Plastik einordnen.

Die Grabbeigaben sind nun andere als die, die in den Shang-Gräbern lagen. Der Wandel der religiösen Vorstellungen, des Lebensstils, der Mode, der wirtschaftlichen Verhältnisse spiegelt sich in den Dingen, die für den Toten unerläßlich sind, weil sie zum Tageslauf des Lebenden gehört haben. Man bringt dem Ahnen keine Menschenopfer mehr dar, doch ist der Glaube, daß Diener und Frauen dem Verstorbenen ins Grab folgen sollten, nicht überall mit Humanität auszurotten. Wirtschaftliche Erwägungen werden die Abschaffung der Tierschlachtungen unterstützt haben. Je mehr sich die Überzeugung durchsetzte, daß die gesamte Habe an lebendem und totem Inventar dem Verstorbenen als bleibender Besitz zustände, desto empfindlicher war der Schaden für die Familie, vor allem für den Sohn, der den Besitzstand von neuem aufbauen mußte. So erschien der Gedanke der Ablösung durch Nachahmungen als Rettung vor dem Ruin, den die Familie in diesen Zeiten der unsicheren Verhältnisse doppelt fürchten mußte. Strohpuppen und Holzfiguren werden üblich gewesen sein; aus China sind sie uns wegen der Vergänglichkeit des Materials nicht überliefert. *(T. 55)* In Bronze, in verhältnismäßig kleinem Format, wurden sie nur für die Reichen gestaltet. Konfuzius verurteilte solche Begräbnissitten, denn er fürchtete, daß die Figuren aus Stroh und die Gliederpuppen aus Holz die Hinterbliebenen auf den Gedanken bringen würden, lebende Menschen mit ins Grab zu geben; er verwechselte Ursache und Folgeerscheinung.

(T. 64) Pferde und Diener stellen dem Künstler ganz neue Aufgaben. Nicht Dämonenmacht soll er deutlich zeigen, sondern die praktische Aufgabe im täglichen Leben soll durch die alltäglich geschaute Erscheinung ausgedrückt *(T. 61)* und möglich gemacht werden. *(T. 62)* Der Realismus tritt hier als eine Forderung an den Künstler heran, die er mit künstlerischen Mitteln noch nicht zu befriedigen weiß. Zögernd und stockend tastet er sich von Einzelheit zu Einzelheit um die Erscheinung des Lebewesens herum. Er ist vor allem bemüht, seine Tätigkeit deutlich werden zu lassen: das dienende Darbieten oder die erheiternde Gaukelei oder die Hilfestellung bei der Jagd. Das gelingt besser für das Beiwerk zur Figur als für Körperbau und Bewegung, die nur unbeholfen gestaltet sind. *(T. 60)* Hierin bilden die Hui-hsien-Figuren einen Fortschritt und eine Ausnahme. Körper und Bewegung sind bei ihnen zu überzeugender Einheit verschmolzen; sie können des Beiwerks entraten.

In der Wandlung von der tektonischen zur organischen Gestalt, die die Sakralbronzen durchgemacht haben, werden die meisten der Formen, die sich in der Shang-Zeit so scharf unterschieden, zusammengelegt oder fallengelassen. *(T. 48)* Das Ting bleibt wichtig und zahlreich; Yu und Hu sind nicht mehr zu scheiden, sie bleiben als Weinbehälter allein übrig. Es ist nun nicht immer sicher, ob ein Gefäß noch Sakralbronze ist; auf die meisten wird diese Bezeichnung noch zutreffen; andere waren Prunkstücke des fürstlichen Haushalts für den profanen Gebrauch. Auch als solche hatten sie ihren Platz unter den Grabbeigaben.

(Abb. 29, 30) Kleidung und Schmuck waren nach Rang und Zeremoniell unterschieden. Zu den Hanf- und Seidenstoffen traten Wolle und Filz. Die Menschendarstellungen lassen erkennen, daß der lange, gefältelte Rock von Männern und Frauen getragen wurde; darüber wird die dreiviertellange Jacke üblich gewesen sein. Die Ärmel waren enganliegend oder sehr weit: die weiten Ärmel haben sich am Ende der Spät-Chou-Zeit durchgesetzt. *(T. 60, 61)* Die Kopfbedeckung war weniger Schutz als Abzeichen; so war es weder der Mode noch dem freien Ermessen des Mannes anheimgestellt, wie er sein Haupt bedeckte. Schwarze Seide und Leder gaben das Material für die meisten Hüte. Das Haar blieb lang und wurde hochgeknotet. *(T. 64)* Frauen werden seltener Hüte oder Mützen getragen haben, dafür türmten sie kunstvolle Frisuren und steckten Schmucknadeln hinein. In einem Toilettenkasten aus Lack war neben Kämmen, Spiegel

und Schminkdosen ein falscher Zopf aufbewahrt. Auch der Mann brauchte eine Haarnadel, um Knoten oder Hut zu halten. *(Abb. 31)* Für Krieg und Jagd trug der Vornehme ein kurzes Gewand. Von den Steppenvölkern des Nordwestens übernahm man mit der Kunst des Reitens die anliegende Hose. Auch der Gürtel scheint zur Nomandentracht gehört zu haben. Für den Krieger wird er ein unerläßliches Kleidungsstück, denn in ihn steckt er das Schwert, das nun zu seiner Bewaffnung mit Lanze und Hellebarde als neue Waffe tritt; es ist kurz und schmal. *(T. 65)*

Über Schnitt und Material der Kleidung sind wir auf Vermutungen, angeregt durch meist zu undeutliche, kleine Darstellungen, beschränkt; den Schmuck dagegen haben uns die Grabfunde in reicher Auswahl vorgelegt. *(T. 74, 75)* Zahlreich sind die Agraffen, die sowohl Jacken- wie Gürtelschließen gewesen sein können. Die schlanken, leicht gebogenen Formen, die bis zu zehn Zentimeter lang sind, werden am Gürtel ihre Funktion erfüllt haben. *(T. 14)* Sie werden oft in Paaren gefunden. Auf einer Bronzefigur ist ein breiter Gürtel durch zwei gleiche Agraffen geschlossen. *(T. 61)* Das eine Ende ist oft breiter und reich geschmückt; auf der Unterseite sitzt ein Knopf, *(Abb. 21)* der dem Stoff oder Lederstreifen eingeknöpft wurde. Das andere Ende biegt sich zu einem Haken um, der oft als Tierkopf gestaltet ist; er hielt einen Ring oder eine Lederschlaufe. Auf Form und Farbe wird Phantasie und Kunstfertigkeit verwandt; in die Bronze werden Gold, Silber und Türkise in graziös schwingenden Ornamenten eingelegt; sogar Glas in bunten Kringelmustern wird wie Edelstein verwandt. Jade ist entweder in der Form der Agraffe geschnitten oder, der größeren Haltbarkeit halber, von vergoldeter Bronze umfangen.

(T. 52, 54) Jade bleibt der kostbarste Stein. Rangabzeichen und kosmische Symbole, zum Beispiel die Ringscheibe Pi als Zeichen des Himmels, und der außen quadratische Hohlzylinder Ts'ung, das Zeichen der Erde, sind aus Jade. Die Beliebtheit dieses Nephrits beruht wohl nicht nur auf seinen Farben und seiner Härte, die eine glänzende Oberfläche möglich macht, sondern auf der Freiheit, die er dem geduldigen Gestalter zu ausladenden und durchbrochenen Formen, schlängelnden Drachenkörpern, reliefierten oder gravierten Details gibt. Jade bliebt in der Hand des chinesischen Künstlers nicht festgewordene Farbe oder Leuchtkraft, wie die kleineren Edelsteine es sind, sondern er wird ein Kunstwerk aus Linien, das sich mit Farbe und Glanz des Steines zusätzlich schmückt. *(T. 53)* Die auffallendsten Schmuckstücke wurden am Gürtel getragen; in den Liedern des Shih-ching werden sie oft in der Beschreibung einer schönen Erscheinung erwähnt.

(T. 66) Die adligen Herren und vornehmen Damen, die in der Pracht ihrer Seidenkleider, mit Stickerei und farbig abstechenden Borten, mit verschiedenfarbenem Ober- und Untergewand, mit dem Jadeschmuck in den Ohren und an goldener Halskette, mit der Gürtelschnalle in Einlegearbeit, mit Hofhut und Haarschmuck daherkamen, werden zu ihrer Toilette Zeit und helfende Diener gebraucht haben – und einen Spiegel. Im 7. Jahrhundert tritt zu den Gebrauchsgegenständen, auf deren Herstellung ein guter Teil der Bronze verwandt wird, der Spiegel. Es ist vielleicht nicht richtig, daß wir ihn

zuerst in Zusammenhang mit der Eitelkeit erwähnen. In Magie und Abwehrzauber spielt er eine wichtige Rolle; wir wissen nicht, ob dies seine erste oder eine zusätzliche Funktion war; sicher hatte sie Einfluß auf seine Ornamente. *(T. 74)*

Der frühe Bronzespiegel ist eine runde Scheibe von 10 bis 15 cm Durchmesser, deren eine Seite glatt geschliffen wurde, so daß sie dem Hineinschauenden sein Bild zurückwirft. Ein besonders hoher Zusatz von Zinn ergibt eine helle, gut reflektierende Bronze, die eine schöne, silbrige oder schwarze Patina annimmt. Durch eine Öse, die flach im Zentrum der Rückseite aufliegt, wurde eine Kordel gezogen, an der der Spiegel in der Hand gehalten oder aufgehängt werden konnte. Wir werfen heute auf die getrübte Vorderseite, die die Besitzerin einst zu langem Hineinschauen verleitete, nur einen flüchtigen Blick; uns zieht der Schmuck der Rückseite an. Kreisförmige Bronzespiegel – quadratische sind sehr selten – hat es in China von der Spät-Chou-Zeit an bis in die jüngste Vergangenheit gegeben; nie wieder aber ist ihre Fläche so vollkommen in Einklang mit Form und Handhabung verziert worden. Die Einpassung der Dekoration in den Kreis ist stets vollkommen gelungen, sei es in konzentrischen Schmuckbändern, in locker eingefügten Drachen- oder Vogelfiguren aus freigleitenden Linien, in regelmäßigen Ornamenten unendlicher und unbegrenzter Wiederholung in der Art des Textilmusters, oder in kräftigen Linienelementen, die sternartig sich zum Zentrum bekennen. *(Abb. 23)* Nie darf eine energiegeladene Linie, eine ausfahrende Bewegung von Drache oder Vogel aus der Kreisfläche herausschießen, stets ist sie so gelenkt, daß sie innerhalb des aufgebogenen Randes ihren Lauf beenden kann. Ein kreisrunder Gegenstand hat kein Oben und Unten; er wird einmal in dieser, einmal in jener Lage betrachtet – der kluge Gestalter trägt dieser praktischen Gegebenheit durch völlige Achsenlosigkeit seiner Komposition Rechnung. Er beschränkt sich auf die Muster und verzichtet auf das Bild. Dieser Verzicht war gewiß ein bewußtes Bescheiden und Erkennen der Grenzen, die dem Schmuck der Spiegelscheiben gezogen sein müssen. Spätere Epochen haben diese Bescheidung nicht immer geübt. Der Verzicht auf das Bild ist um so höher einzuschätzen, als dieses Gebiet gerade jetzt für die Künstler erschlossen wurde.

(Abb. 29-31) Ein Bild hatte es bis in die Mitte-Chou-Zeit nicht gegeben. Ein Bild setzt voraus, daß mehrere Figuren, lebendiger oder toter Natur, in ihrer räumlichen Beziehung zueinander dargestellt werden. Sind lebende Wesen abgebildet, so tritt zum Zustand die Handlung. Die Shang-Kunst kannte nur den Zustand; in der Chou-Kunst bahnte sich mit der Darstellung der Bewegungsfähigkeit oder der Bewegung die Erfindung des Bildes an. Sobald das Abbild einer Figur zu einer anderen Figur oder zu einem Gegenstand, oder zu ihrem Umraum in Beziehung gesetzt wird, ist eine bestimmte Situation gegeben, die nach Zeit und Umständen begrenzt und festgelegt ist. Die Handlung wird in ihrem Ablauf in der Phantasie des Künstlers gesehen – sie soll im Geiste des Beschauers wieder ablaufen. Da nur ein Abschnitt des Vorgangs aus der fließenden Zeit herausgegriffen und festgehalten werden kann, muß er von allgemein bekannten Figuren in allgemein verständlichen Gesten vorgetragen werden. Er muß

vertraut und interessant zugleich sein. Am besten bekannt und am interessantesten ist der Mensch sich selber. Mit dem Bilde führten die Künstler der Spät-Chou-Zeit den Menschen, so wie er aussah und handelte, in die chinesische Kunst ein.

(T. 15) Die ersten Bilder sind nur in den Formen auf uns gekommen, die durch die Haltbarkeit ihres Materials der Zerstörung und dem Verfall entgangen sind. Auf Bronzegefäßen, Vasen und großen Becken können wir die Entwicklung von der zweifigurigen Gruppe - zum Beispiel den Jäger im Kampf mit dem Tier - bis zum vielfigurigen Historienbild ablesen. *(Abb. 22)* Die einfachen Gruppen sind noch als Bestandteile des Ornaments in ein dekoratives System eingefügt. *(Abb. 29-31)* Bald aber lockert sich die strenge Aufteilung der Gefäßfläche in kleine Felder; auf breitem Plan entfaltet sich nun eine Handlung, die von mehreren Personen getragen wird und zu ihrer Verdeutlichung der Darstellung von Gegenständen, Waffen, Wagen, Häusern und Bäumen bedarf. Damit sind Mensch und Umwelt in das unlösliche Verhältnis zueinander gebracht, das allein Handlung ermöglicht - damit ist aber noch nicht die Figur nach Maßgabe des Augeneindrucks in ihre Umgebung gestellt. Noch wird die Fläche nach dem Prinzip des *horror vacui* gefüllt; noch werden Überschneidungen vermieden; noch steht und handelt jedes Ding und jede Figur unter eigenem Gesetz, das - zum Beispiel in den Größenverhältnissen - nicht immer auf die anderen Elemente desselben Bildes Anwendung findet. Das wichtige aber ist die Einheit des Geschehens und seine Verdeutlichung; die Handelnden werden so auf der Fläche ausgebreitet, daß jeder - der Jäger und der getroffene Vogel, der Musiker und sein Instrument, der Krieger und sein Gegner - sein Tun und seine Beziehung zu Ding oder Mensch deutlich ausspielen kann. Die Menschenbilder in diesen vielfigurigen Darstellungen auf Bronzegefäßen sind zu klein, als daß man einen Eindruck von ihrer Körperbildung erhalten könnte; schon die Bestimmung ihrer Kleidung macht Schwierigkeiten, oft scheinen zum Beispiel die Jäger unbekleidet zu sein, was sicher nicht der Fall war. Ein Schönheitsideal, das es gewiß gegeben hat, und das seinen Niederschlag in der Kunst fand, können wir aus diesen Bildern nicht ablesen.

Die historischen und Genre-Szenen des Bootskampfes, des Wettschießens und der Jagd, die die Bronzebildner uns überliefert haben, sind sicher nicht ihre Erfindung. Es gab eine Malerei, die sich von der ornamentalen Verzierung der Shang-Paläste herleitete, also vor allem Wandmalerei war. Wenn auch der Schmuck der Prachträume von der Aufgabe, Schutzzeichen auf die Wände zu bringen, befreit war, so wuchs ihm doch eine neue Aufgabe zu: Er sollte belehren. Gutes und böses Beispiel aus Legende und Geschichte machten den Fürsten und seinen Ratgebern ständig Vorhaltungen; immer schauten die Bilder mahnend von den Wänden herab. Dem Dichter Ch'ü Yüan, der etwa 343-290 v. Chr. im Staate Ch'u lebte, wird ein Werk zugeschrieben, das sich „Himmelsfragen" nennt und in scheinbar odnungsloser Reihung Episoden aus der legendären Vorzeit und der Geschichte in kurzen Bildern andeutet, z. B. König Mu ist stark im Begehren; rings umherziehend ordnet er das Reich". Eine Alte Tradition sieht in diesem Gedicht Beschreibungen von Wandgemälden alter Paläste, die der Dichter auf seinen Wanderungen sah und deren erklärende und moralisierende Beischriften er in die Frageform abwandelte. Danach muß der zitierte Vers auf ein Bild Bezug haben, das den König Mu auf einer seiner Reisen in die Länder der Legende darstellte.

Literatur und Kunst in Ch'u

Ch'ü Yüan stammte aus dem Fürstengeschlecht von Ch'u, dem südlichsten der chinesischen Staaten. Er diente seinen Königen, bis er durch Verleumdung, dem unfehlbar wirkenden Mittel der vielen ehrgeizigen Intriganten an den großen und kleinen Höfen, in die Verbannung geschickt wurde. Jahrelang wanderte er umher und gab seiner Friedlosigkeit und Verzweiflung in den Li-sao, den Klageliedern, die als „Elegien von Ch'u" in die Literatur eingegangen sind, dichterischen Ausdruck.

Den Wagen schirrt' ich mit der Drachen vier, bestieg den Phönix,
Und so, in Staub und Sturm, fuhr ich zur Höhe.
Des Sonnenwagens Lenker hieß ich eilen,
der Weg war lang, und weit entfernt mein Ziel.
Die Rosse tränkt' ich in dem Teich, darein die Sonne taucht,
Ich band die Zügel an den Baum der Sonn' im Osten,
Und mit dem Zweig des Zauberbaumes wehrt' ich ihr.
So fuhr ich ziellos in der Luft umher,
Vor mir des Mondes Lenker, hinter mir der Sturmgott,
Den Donnergott zur Seite als Berater.
Den Regenbogen schwang als Banner ich,
Von Perlenglocken weckt' ich klingelndes Getön.
. . . *(Nach Conrady)*
Ach, alles ist vorbei, das Reich hat keine Männer mehr.
Keiner ist, der mich versteht.
Warum mich da noch sehnen nach dem Vaterland?
(Nach Feifel)

Er ertränkte sich im Ilo-Fluß. Die Nachwelt hat ihm die Ehre und Gerechtigkeit zukommen lassen, die seine Zeit ihm schnöde versagte. Er gilt nicht nur als einer der größten Lyriker Chinas, dessen romantische und phantasievolle, bilder- und anspielungsreiche Gedichte die Poesie auf Jahrhunderte beeinflußt haben, sondern er ist auch wegen seines aufrechten Charakters das Vorbild des edlen Gelehrten und Ministers, der sich nicht scheut, seinem Fürsten unliebsamen Rat zu geben. Das Drachenbootfest am 5. Tag des 5. Monats, also ungefähr Mitte Juni, das auf alte Fruchtbarkeitsriten zurückgeht, in dem die verlierende Mannschaft der im Wettstreit liegenden Boote dem Flußgott zum Opfer ertrinken mußte, wurde umgedeutet als Erinnerungsfest an Ch'ü Yüan, der an diesem Tage freiwillig aus dem Leben schied.

Die leidenschaftliche Sprache und weitgreifende Phantasie des Ch'ü Yüan, die seltsam absticht von der klaren Verständigkeit des Konfuzius und seiner Schüler, ist das Erbteil fremder Volksstämme, die im Staate Ch'u dem Chinesentum eingefügt wurden. Noch Menzius äußert sich abfällig über die Barbaren von Ch'u, die es an der Verfeinerung von Sprache und Sitte fehlen ließen. Die Grabungsfunde bestätigen und widerlegen sein Urteil. *(Abb. 25)* Zahlreich sind die Figuren und Zeichnungen, die auf einen primitiven Dämonenkult schließen lassen. *(T. 68)* Die religiöse Form war noch die des Schamanismus; Zauberer und Zauberinnen spielten eine große Rolle. Sie führten die Geisterbeschwörungen durch; ihre Lieder mögen den religiösen Gesängen des Ch'ü Yüan zugrunde liegen.

... Opferfleisch bringe ich dar, gewürzt, auf Orchideen gebreitet.
Den Cassia-Wein stelle ich hin und scharfes Getränk.
Nun werden die Schlegel gehoben, die Trommeln geschlagen;
Im getragenen Takt fallen leise die Sänger ein;
Den Rohr-Flöten und Zithern singen sie schallende Antwort ...

(Nach Waley)

Man ist geneigt, über der aufgeklärten Humanität der konfuzianischen Lehre die geistigen Mächte zu übersehen, die aus dem Dunkel der Natur und der Seele, aus dem Geheimnis und aus der Angst aufsteigen. Auf den Shang-Bronzen war ihnen allein Rechnung getragen; in Ch'u stellten sie sich gleichberechtigt neben die rationalen Weltbilder und die sittliche Ordnung des amtlichen Kults.

Auf diesem Boden des Geisterglaubens und der Volksreligion, die an den alten Fruchtbarkeitsriten festhielt, gediehen die reifsten Gedanken des Taoismus und eine bildende Kunst, die vielseitiger und fortschrittlicher ist als in den nördlichen Staaten.

(T. 65–71) Seit 1935 werden um Ch'ang-sha, der Hauptstadt der Provinz Hunan, Ausgrabungen durchgeführt, die gerade in den letzten Jahren reiche Ergebnisse an Holzfiguren, Lackarbeiten, ja sogar an Malerei gezeitigt haben. Zum Gebiet von Ch'u, das im 5. und 4. und in der ersten Hälfte des 3. Jahrhunderts der ausgedehnteste der chinesischen Staaten war, der seine Grenzen bis nach Honan hinein vorschob und seinen Schwerpunkt vom Süden nach dem Osten verlagerte, gehörte das Tal des Huai-Flusses, dem die schönsten Bronzespiegel entstammen, und Shou-chou am Huai in der heutigen Pronvinz Anhui, wo Bronzegefäße mit besonders zartem Flächenornament gefunden wurden. Es ist anzunehmen, daß die Bronzen mit figürlichen Szenen, die die Wandmalereien nachahmen, ebenfalls in Ch'u zu Hause sind.

Glauben und Sitten von Ch'ang-sha, soweit wir sie aus den Funden ersehen können, weichen tatsächlich zum Teil von den Gepflogenheiten im nördlichen China ab. Es ist interessant, festzustellen, daß sie sich dagegen in einigen Punkten mit denen der Shang berühren. Dies mag für manche Kulturelemente der Shang die Herkunft von den Tai-Völkern des Südens bestätigen, und es mag darauf deuten, daß sich altes Kulturgut in dieser Gegend, die nie zum unmittelbaren Herrschaftsbereich der Shang gehörte, lebendig erhalten hat. Die Chou-zeitlichen Gräber zum Beispiel sind hier große, tiefe Gruben mit Grabkammern aus Holzstämmen und ohne Tumulus wie in Anyang – während die Grabform der Chou der Tumulus war. Hügel erheben sich in Ch'ang-sha erst über Gräbern aus der Han-Zeit und späteren Epochen. Für Ch'ang-sha muß eine Einschränkung der Feststellung gemacht werden, die das Verschwinden des T'ao-t'ieh in der Mitte-Chou-Zeit betraf. *(Abb. 25)* Hier lebt es weiter, nicht nur als Ornament, sondern als Dämon. Der Stilwandel hat es fast aller Ähnlichkeit mit dem Tiger entkleidet; es trägt ein Geweih und läßt eine lange Zunge heraushängen – Eigenschaften, die es mit menschenähnlichen Köpfen teilt. Das Geweih deutet *Salmony* als Symbol der Sonnenkraft, die so dem Toten ins Grab gebracht wird, die sein Weiterleben ermöglicht und böse Einflüsse von ihm fernhält. Die Zunge gehört in den Kreis des Regenzaubers. Der Schamane, der mit Geweih und langer Zunge dargestellt wird, hat dieselbe Macht wie der Dämon. Die Holzskulpturen mit einem Menschenkopf oder zwei Tierköpfen waren zum Schutz des Toten und seines Grabes aufgestellt. Die Kraniche sind Symbol des langen Lebens, ihr Tanz gibt ihnen Macht über die Schlangen. Auch sie machten ihren Einfluß im Grabe geltend. *(T. 70)* Die Ikonographie der Dämonen von Ch'u ist ein Gebiet, auf dem noch manches zu erforschen und zu klären ist – vor allem, wenn weitere Funde das Material bereichern und ergänzen. Indische Einflüsse dürfen für die religiösen Vorstellungen wie auch für die Ausbildung des Taoismus von Ch'u angenommen werden.

(T. 16) Die Lackarbeit war in Ch'ang-sha sehr verbreitet. Ihre Technik ist dem Künstler von Ch-u die gemäßeste; sie erlaubte ihm volle Entfaltung seiner besonderen Gaben. Diese Freiheit gewährte auch die Malerei auf Wänden oder Geweben, Hanf oder Seide; aber von ihr ist außer wenigen Fragmenten nichts erhalten. *(Abb. 26)* Nur undeutlich hebt sich das Bild einer Frau und eines Drachens aus dem nachgedunkelten Grunde der vor wenigen Jahren ausgegrabenen Malerei, und doch sehen wir hier schon deutlich eine Flüssigkeit des Pinselstrichs und Linienstils, die wir bisher erst der späten Han-Zeit als Errungenschaft zugeschrieben hatten. Glaubwürdig wird diese Beherrschung aller Umrißaufgaben und Ausdrucksmöglichkeiten der Linie, wenn wir die Lacke betrachten.

(T. 69, 71) Die Künstler von Ch'u arbeiten schnell; der nachgiebige Pinsel und die flüssige Lackfarbe ziehen langausfahrende oder in kleinen Schwüngen aufgesetzte Linien. Die Linie bleibt immer beweglich und biegsam. Der „flammende Stil", der um die Mitte des ersten nachchristlichen Jahrtausends in der buddhistischen Plastik ein spezifisch chinesisches Element bilden wird, stammt aus der Kunst von Ch'u. Geometrische Formen und stilisierte Tiermotive sind so reibungslos verbunden, wie sie es auf den archaischen Bronzen waren. Aber statt eines festen Gefüges, in dem die Linien die Flächen ausschalten, entsteht eine lockere Reihung; die einzelnen Motive scheinen sich nicht endgültig auf der Fläche festzulegen, sondern nur vorübergehend auf ihr niederzulassen. Stets ist die Fläche sichtbar und wichtig als Schauplatz des Linientanzes. So

sprunghaft und locker die Ornamente auch aufgesetzt erscheinen, sie werden von einer Komposition in strenger Zucht gehalten, die sich immer dem Gegenstand unterwirft und kein Ausbrechen aus der begrenzten Fläche zuläßt. Was flüchtig und nervös erscheint, ist in Rhythmus und Gleichgewicht ruhig und sauber durchkomponiert.

Ein so sensibler Linienstil erfordert eine leichte und sichere Hand in rascher Pinselführung. Der Stil der Bronzekünstler verlangt sorgfältig gezogene Striche. Ihre Straffheit und Schärfe mußte von manchem Künstler in Ch'u als lästige Pedanterie empfunden werden. Er mochte sich nicht mehr dem langsamen Tempo anpassen, das durch das Einschneiden der Muster bedingt ist; er griff darum zu den zeitsparenden Modeln, die im einzelnen zwar zierlich ausgearbeitet waren, aber oft recht nachlässig aufgepreßt wurden.

Plastische Form bedeutete dem Künstler von Ch'u wenig; er sah in ihr nur die Möglichkeit zur Flächenbildung. Ähnliches wurde schon auf den Shang-Bronzen beobachtet – hier zeigt es sich in viel stärkerem Maße. Die Gefäßformen sind unorganisch zusammengefügt, oft plump und schlecht proportioniert. *(Abb. 24)* Die Möbel sind nicht alle formschön; Tischplatten und -beine kommen wie zufällig zusammen. Allerdings brauchten die niedrigen Tischchen nur für Aufsicht gestaltet zu werden; ihre Fläche trägt reiche Lackmalerei.

(T. 65, 66, 67) Die menschliche Figur, die in Holz geschnitzt dem Grab beigegeben wurde, ist, mit wenigen Ausnahmen, weder körperlebendig noch graziös im Umriß, sondern steif und scharfkantig. Das Gewand dagegen ist mit zierlichen Mustern bemalt. Eine hochentwickelte Textilkunst darf mit Sicherheit für Ch'u angenommen werden. Die Seidenraupenzucht spielte hier eine große Rolle; die ersten vegetabilen Muster, die nun vereinzelt erscheinen, sind nicht die Reispflanze oder der Getreidehalm, sondern der Maulbeerbaum mit seinen raupennährenden Blättern.

Holz und Ton werden Bronze und Jade vorgezogen; sie kommen dem Stil von Ch'u entgegen. Am wesensnächsten aber ist dem künstlerischen Temperament die Technik der Malerei. Sogar Tonvasen werden mit Lackmalerei überzogen. Es wurde festgestellt, daß der Chinese stets die Linienkunst der plastischen Gestaltung vorgezogen hat. Dies gilt in verstärktem Maße für den Süden des Landes. Hier blühte die Malerei, von den ersten Anfängen bis in die Neuzeit hinein. Sporadisches Auftreten schöpferischer Talente in der Plastik erfolgte vornehmlich im nördlichen Raum. Dort entstanden in der Shang-Zeit die tiergestaltigen Opfergefäße; in Shansi im Stil von Li-yü, in Honan in den Funden von Chin-ts'un wurde in Bronze und Jade das Tier und der Mensch nach seiner wirklichen Gestalt gebildet; in den nördlichen Provinzen wird die buddhistische Plastik den Vorrang vor der Malerei haben.

Die Kleinkunst, die sich zum Schmuck der Gebrauchsgegenstände, der Waffen, der Spiegel und Spiegeldosen, im Süden vornehmlich des Linienornamentes bediente, zieht im Norden das Relief und die vollrunde Figur hinzu. Aus den schamanistischen Riten der nördlichen und nordwestlichen Nachbarn übernehmen die Chinesen nun Tiere, die zwar in ihrer Überlieferung oder Wirtschaftsform schon eine Rolle spielten, in ihrer

Ikonographie aber noch keinen wichtigen Platz hatten, so den Bären, das Pferd, den Hirsch. *(T. 77)* Der nomadische Tierstil wird in der Han-Zeit größeren Einfluß auf die chinesische Kunst gewinnen.

Die Kämpfenden Staaten – Kaiser Shih Huang Ti

Die Ausprägung territorialer Eigenarten in Lebensstil, Sprache, Kunst, Literatur und Denkweise ist bedingt durch die politische Situation in der Epoche, die nach der Lage der Hauptstadt seit 770 die Zeit der Östlichen Chou genannt wird. Sie umfaßt die Periode der Frühlings- und Herbst-Annalen, 722–481, und der Kämpfenden Staaten, die mit ihren Daten 403–222 über die Zeit der Chou-Dynastie hinausgreift. Die Macht des Herrschers aus dem Hause Chou war nur noch eine Fiktion, die von den Fürsten der großen Lehnsstaaten aufrechterhalten wurde, solange es ihnen praktisch erschien. Die Gebieter über große Territorien legten sich einer nach dem anderen den Titel König zu; als erster wagte dies 704 der Fürst von Ch'u. Dem Chou-Herrscher blieb die Bezeichnung und religiöse Stellung des Himmelssohns als Unterscheidung von seinen unbotmäßigen Vasallen. Nur er durfte das höchste Opfer für den Himmel darbringen, das den Einklang des Geschehens von Himmel und Erde gewährleistete. Es konnte darum nur einen Himmelssohn geben, wie es nur einen Himmel und eine legitime Oberhoheit über die ganze Welt geben konnte, die vom Himmel ausging. Diese Überzeugung hinderte aber die Fürsten nicht zu sehen, daß außerhalb ihrer Grenzen – sofern sie mit den Grenzen des Reichs zusammenfielen – Gebiete lagen, die nicht dem Himmelssohn unterstanden. Wenn der Fürst eines Grenzstaates sich diese Nachbarn untertan machte, so geschah es nicht zur Mehrung des Reiches, sondern zur Vergrößerung seines Staates. Die Fürsten, deren Lehen im Herzen Chinas oder zur Küste hin lagen, hatten diese Möglichkeit nicht; sie dehnten sich auf Kosten ihrer schwächeren Nachbarn aus. *(Abb. 31)* Doch konnten sie auf diese Weise nicht die Stärke der „Marken" erreichen und unterlagen nach und nach der Übermacht der Grenzstaaten. Diese Macht gründete sich zum Teil auf den Zustrom frischen, wenn auch barbarischen Blutes und die Übernahme von neuen Kampfmethoden. *(T. 55)* Als eine militärische Überlegenheit der Nomaden drohte, führten die chinesischen Fürsten deren Kriegstechnik an den Grenzen ein. Am Ende des 5. Jahrhunderts legte sich der Staat Chao eine Reitertruppe nach dem Vorbild seiner gefährlichen Nachbarn zu. Diese Umwälzung des Kriegswesens hat den Untergang des Lehnsstaates Chou besiegelt und die Eroberungszüge der Herrscher von Ch'in und Han möglich gemacht.

Im 7. Jahrhundert gewann der Staat Ch'i, den wir in der Lebensgeschichte des Konfuzius als Militärmacht kennenlernten, den Vorrang. Nicht nur im Kriegswesen, sondern auch auf wirtschaftlichem Gebiet war Ch'i fortschrittlich; der Staat hatte das Monopol für Eisen und Salz. Eisen begann die Bronze zu verdrängen; Salz wurde aus dem Meer gewonnen und ein einträglicher Handelsartikel. Diese Maßnahme sicherte dem Staate Einkünfte und damit den Unterhalt des Heeres. Mit diesem Heer erzwang

Fürst Huan von Ch'i, † 643, als Bevollmächtigter des Chou-Königs eine gewisse Ordnung im Reiche, leitete die Abwehr gegen die Nomadeneinfälle im Norden und hielt im Süden den aufstrebenden Staat Ch'u in Schach. Der Herr des Staates Chin und des Staates Ch'u – bis 591 – haben diese diktatorische Gewalt im Auftrag des Chou-Königs ebenfalls eine Zeitlang innegehabt. Es zeigten sich aber bald die Mängel einer solchen Verlegenheitslösung, denn gegen einen Bund widerspenstiger Vasallen konnte auch der mächtigste einzelne Fürst nichts ausrichten.

Die Zeit der Kämpfenden Staaten ist eine Periode des Kampfes aller gegen alle; Bündnisse werden geschlossen und zerbrechen wieder; ein Staat nach dem anderen unterliegt dem stärkeren Nachbarn. Das kleine Ch'in, dessen erste Fürsten seit dem 8. Jahrhundert in zähen Kämpfen die ursprünglichen Domänen der Chou-Könige im Nordwesten wiedererobern mußten, dehnte sich langsam nach Westen und Süden aus, bis es stark genug war, seine Rivalen anzugreifen. 256 v. Chr. beendete der König von Chou die Herrschaft seiner Dynastie; er dankte zugunsten des Königs von Ch'in ab, der damit das Ziel erreichte, nach dem so viele Fürsten der letzten Jahrhunderte gestrebt hatten. Fünfunddreißig Jahre dauerte es noch, bis Ch'in auch die letzten Rivalen besiegt hatte. 233 fiel das mächtige Ch'u; 221 war der König von Ch'in Herr über ganz China. Er legte sich den Titel Shih Huang Ti, der Erste Erhabene Kaiser, zu; mit diesem Zeichen knüpfte er an die Überlieferung von den vergöttlichten Herrschern des sagenhaften Altertums an.

Die These, die den Gelehrten lieb und nützlich war, daß der Fürst nicht aktiv eingreifen, sondern nur durch beispielhaftes Dasein wirken solle, bewährte sich an Shih Huang Ti. Sein erster Minister in der Zeit seiner Minderjährigkeit war ein Kaufmann, Lü Pu-wei. Nach der Überlieferung war er auch der Vater des jungen Herrschers, denn er hatte einst seine eigene hübsche Frau an den Fürsten von Ch'in abgetreten und den bald darauf geborenen Knaben als den Thronfolger durchgesetzt. Lü Pu-wei nutzte Stellung und Machtmittel des Staates Ch'in klug und maßvoll aus, um seinen jungen Herrn zum Ziel der Alleinherrschaft zu führen. Dieser aber setzte bald nach seiner Regierungsübernahme den umsichtigen und erfolgreichen Minister ab und gab sich ganz in die Hände der Legalisten, deren System, das in Ch'in zur Anwendung kam, schon geschildert wurde. Der Kanzler Li Ssu (etwa 280–208) war die bedeutendste Persönlichkeit in seinen Diensten.

Obgleich die ersten Fürsten von Ch'in ihr Land als Lehen erhalten hatten, spielte das Feudalsystem in diesem Staat keine große Rolle, denn der größere Teil seines Gebietes war nach und nach erobertes Land, und die meisten seiner Bewohner waren nicht reine Chinesen, sondern „Barbaren" mit altaischem und tibetischem Einschlag. So hatten es die Legalisten hier nicht schwer, den Adel und seine Ansprüche auszuschalten und einen Stab von Beamten an seine Stelle zu setzen, der einem zentralen Verwaltungsapparat diente und die Gleichsetzung von Macht und Recht durchführen sollte. Da nun nicht mehr die Feudalherren ihre Hörigen je nach Bedarf zur Auffüllung ihres Ritterheeres heranzogen, sondern jeder Bauer vom König einberufen werden konnte, verfügte dieser über eine gewaltige Kriegsmacht. Der Druck, den sie auf das Reich ausübte, war zugleich Stütze und Gefahr für seinen Bestand. Zivil- und Militärverwaltung standen gleichberechtigt nebeneinander in der neuen Regierungsform, die von Ch'in auf ganz China ausgedehnt wurde.

Ebenso fand die Einteilung in Bezirke und Kreise auf das ganze Reich Anwendung; damit waren die Lehnsstaaten ausgelöscht. Die Adligen verloren ihren Landbesitz; die Überlebenden der mächtigeren Familien wurden in die Hauptstadt, nach dem heutigen Si-an, deportiert.

Grund und Boden wurden käufliches und veräußerliches Eigentum; er wurde damit zur wichtigsten Kapitalsanlage in China und ist es bis zur jüngsten Umwälzung geblieben. Durch die Bedürfnisse der großen Städte, die das umliegende Land nicht mehr decken konnte, durch die breitere Verwendung von Bronze und Eisen, die in vielen Gegenständen des täglichen Gebrauchs – Pflug und Hacke, Maßeinheitsgefäß und Gewicht, Messer und Wagenbeschläge – fast jedem zugänglich und für Luxusdinge, wie Spiegel und Agraffen, sehr begehrt waren, kam dem Kaufmannsstand, der alle diese Nachfragen befriedigte, immer größere Bedeutung zu. Die Kaufleute sammelten Reichtümer und legten sie in Landbesitz an. Sie rückten in eine Gesellschaftsschicht auf, die Muße zur feineren Bildung hatte, und wurden so zu den Konkurrenten des Adels und der Gelehrten, die sie bald an Einfluß übertrafen, weil sie sich auf die Macht ihres Geldes stützen konnten. Lü Pu-wei war der erste seines Standes, der eine politische Rolle spielte. Der neue Verwaltungsapparat bediente sich der Kaufleute gern als Steuereinnehmer.

Eine so gewaltsame Zentralisierung, die sich, von klugen Ministern gelenkt, auf Sprache und Schrift, Maß und Gewicht, Wagenspurbreite und Straßen des ganzen chinesischen Reiches ausdehnte, mußte bei all denen auf Widerstand stoßen, die als Lehnsherren mächtig gewesen waren oder unter diesen zur privilegierten Schicht gehört hatten. Diejenigen Konfuzianer, die nur nach Ehrung und Amt strebten, sahen im Feudalsystem die einzig mögliche Staatsform, weil sie ihrem Stande zwischen Herrscher und Volk die mit Vorrechten verschönte Existenz verbürgte. Ihr Interesse am Los des kleinen Mannes war im Grunde ebenso gering wie das der Legalisten, die durch ein einheitliches Steuersystem, durch Bewässerungsanlagen und Verbesserung der Landwirtschaft den Bauern förderten, um ihn um so systematischer für die Zwecke der Zentralregierung zu nutzen. Machtlos und unwissend sollte der Bauer sein; seine Bindung an die Scholle wurde immer wieder durch jahrelange Kriegszüge oder durch die Fronarbeit an der großen Mauer gelockert. Die Konfuzianer hatten in den Idealen ihres patriarchalischen Systems eine Waffe, die sie gegen die Regierung erhoben – bis der Kaiser den vernichtenden Schlag gegen sie führte. Er ließ im Jahre 213 alle ihre Bücher aus Privatbesitz verbrennen; nur die Werke der Naturwissenschaften, der Medizin, der Landwirtschaft, der Zauberei und der Wahrsagerei waren ausgenommen. Mancher Gelehrte hat den Versuch, das geheiligte Schriftgut zu retten, mit dem Leben bezahlt. Durch Jahrhunderte hatten sich die Gelehrten stets auf die Autorität ihrer Klassiker gestützt; die Bücherverbrennung traf sie an der verwundbarsten Stelle. Der Staat nahm ihnen die Lehr- und Redefreiheit. Doch gelang ihm die Vernichtung der Intelligenz ebensowenig wie die Auflösung der Großfamilie.

Shih Huang Ti starb im Jahre 210 nach einem Leben voll rücksichtsloser Verwirklichung maßloser Pläne. Seine Kriege, seine Reisen, seine Jagden und Paläste, sein Aberglauben und sein Grab übertrafen alles, was ein einzelner Mensch je in China unternommen hatte. Ob er eine bedeutende Persönlichkeit war, ist wegen des negativen Bildes, das die spätere Geschichtsschreibung der konfuzianischen Schule von ihm entwarf, und wegen der überragenden Fähigkeiten seiner Minister heute schwer festzustellen. Er hinterließ seinem Nachfolger eine unerbittlich funktionierende Verwaltungsmaschine, ein schlagkräftiges Heer, eine Schutzmauer, die der ganzen Nordgrenze des Reiches entlang die von den einzelnen Grenzstaaten nach Bedarf errichteten Wälle gegen die Reiterhorden der Nomaden verband – Vorform der im 15. Jahrhundert n. Chr. erbauten Großen Mauer. Er hinterließ ihm aber nicht einen ausreichenden Stab von gebildeten Beamten, keine zuverläsiggen Generale und keine zufriedenen Untertanen. Er hinterließ dem Reich auch keinen würdigen Erben. Aufstand und Mord machten seiner Dynastie in wenigen Jahren ein Ende. Seine Paläste – und in ihnen die Exemplare der Klassiker, die unter der Obhut des Staates von der Bücherverbrennung ausgenommen waren – gingen in Flammen auf. Das alte China hatte er beseitigt; das neue Reich fiel auseinander. Das chinesische Altertum endet im Jahre 207 v. Chr. in einem Chaos, das wenig Hoffnung auf ein Wiedererstehen des Staates zuließ. Und doch wuchsen aus der alten Kultur und der neuen Staatsform Kräfte des Zusammenhalts. Als einer der Rebellen sich gegen alle anderen Bandenführer als erster Kaiser der Han-Dynastie durchgesetzt hatte, stellten sich wieder normale Verhältnisse – mit all ihren Unzulänglichkeiten – ein.

V

Han

(T. 1, 2) Die Veränderungen der gesellschaftlichen Struktur Chinas durch das Ausschalten des Adels unter der Ch'in-Regierung, die es erlaubten, daß ein Kaufmann wie Lü Pa-wei Minister wurde, waren so durchgreifend, daß in der Han-Zeit eine ganz neue Oberschicht sich bilden konnte und daß ein Mann aus dem Bauernstande den Thron des Himmelssohnes einnahm. Es darf uns darum nicht wundern, daß die Restauration des Konfuzianismus nicht das eiligste Anliegen des neuen Kaisers war. Ihm fiel die Aufgabe zu, für ein Riesenreich, das erst vor kurzem eine neue Struktur erhalten und sich noch kaum in sie hineingepaßt hatte, ehe sie überall Risse zeigte, eine dauerhafte Regierungsform zu finden.

Kao Tsu, wie der erste Kaiser der Han-Dynastie mit seinem posthumen Namen in der Geschichte genannt wird, griff auf, was ihm die Vergangenheit an Lösungen für die dringliche Aufgabe bot: Im Prinzip behielt er den Zentralstaat bei und mit ihm viele Verwaltungsformen der Ch'in-Epoche; aus praktischen Gründen sah er sich aber zur Verteilung von Lehen gezwungen, um die ungeheure Aufgabe, das Reich wieder zusammenzufügen, überhaupt bewältigen zu können. Diese Wiederaufnahme einer überlebten Form war aber nur eine scheinbare, denn es war damit nicht der Feudalstaat mit seiner Einklammerung aller Verhältnisse der Menschen zueinander wiederhergestellt, sondern es wurden nur an die Mitglieder der kaiserlichen Familie Lehen ausgeteilt, um sie in der eroberten Stellung zu festigen. Die Rolle des Adels war endgültig ausgespielt. Bis zum Anfang des 20. Jahrhunderts bleibt China der universale Kaiserstaat, den Shih Huang Ti geschaffen hat.

Landbesitzer – Beamte – Gelehrte

Die Wandlung der Oberschicht ist einer der wichtigsten Faktoren, durch die sich das Altertum von Mittelalter und Neuzeit unterscheidet. Der neue Stand der Landbesitzer – auch Gentry genannt –, der zwei Jahrtausende, vom 2. vorchristlichen bis ins 20. Jahrhundert, Träger der chinesischen Kultur gewesen ist, verdankt seine Entstehung den wirtschaftlichen Veränderungen am Ende der Chou-Zeit und der gewaltsamen Zentralisierung in der Ch'in-Dynastie. Als der Handel den ersten Aufschwung nahm, als Geld aus Kupfer und Bronze allgemein wurde, als die Kaufleute mit größeren Transaktionen größere Vermögen sammelten, als das Land den Händen des Adels entglitt und schließlich entrissen wurde, da bildete sich eine Schicht von Menschen verschiedener Herkunft, die durch Glück oder Geschicklichkeit aus den schlimmen Zuständen ihren Vorteil gezogen hatten. Dem Kaufmann war eine Ansammlung von Metall, das seinen Reichtum ausmachte, wenig nütze, denn die Geldwirtschaft war noch nicht so ausgebildet, daß er das seine hätte in mancherlei Unternehmungen arbeiten lassen können. Die einzig mögliche und sichere Kapitalanlage war Land. Als Landbesitzer traf sich der Kaufmann mit dem Großbauern, der durch Urbarmachung und aus dem Unglück seiner Nachbarn seinen Besitz ausgedehnt hatte. Die in Schulden und Elend geratenen Kleinbauern boten die nötige Ergänzung zum Bestande des Großgrundbesitzes; als Pächter bearbeiteten sie das Land, das ihnen nicht mehr gehörte. Den Besitzer aber zog es in die Stadt; sei es, daß er als Kaufmann dort sein Handelshaus hatte, sei es, daß er als Bauer von dem Luxus angezogen wurde, den er sich nun leisten konnte. Die nächste Generation wuchs bereits in der Sicherheit ererbten Wohlstandes auf. Harte Arbeit wurde nicht von ihr verlangt, aber man erwartete von ihr, die Unabhängigkeit und Muße hatte, die Wahrung der kulturellen Güter. So gab sich die neue Oberschicht der Landbesitzer den Aufgaben hin, die einst den Gelehrten oblagen. Sie studierten die klassischen Bücher, soweit sie aus erhaltenen Texten und mündlicher Überlieferung zu rekonstruieren waren; sie befolgten die Riten; sie pflegten die Künste.

Schon Kaiser Kao Tsu, der als bäuerlicher Held für Federfuchser und Pfennigzähler nichts übrig hatte, mußte sich an sie wenden, um seinen Bedarf an Schriftkundigen und Verwaltungstechnikern zu decken. Für das Eintreiben der Steuern – das vordringlichste Anliegen jeder Regierung – kam der Kaiser ohne die Landbesitzer nicht aus, denn diese zogen regelmäßig von ihren Bauern den Pachtzins ein und waren somit die einzigen, die der Regierung eine regelmäßige Zufuhr an Steuern gewährleisten konnten. So kam es, daß die Klasse der Landbesitzer der Stand wurde, aus dem alle Beamten hervorgingen. Sie allein konnten es sich leisten, ihren Kindern eine Erziehung zu geben, die ihnen die Allgemeinbildung der klassischen Schriften vermittelte, auf Grund derer der junge Mann die Prüfungen ablegen und die Beamtenlaufbahn antreten konnte. Das Prüfungssystem, das in der Han-Zeit eingeführt wurde und bis 1904 bestanden hat, war im Prinzip demokratisch; es hätte das Ideal des Konfuzius verwirklichen können, das den „Edlen" als eine jedem erreichbare Vollkommenheit der Persönlichkeit hinstellte. Aber die neue Oberschicht hielt darauf, daß nur einer der ihren durch die Prüfungen zu Amt und Würde kam.

Obgleich die Lehren des Konfuzius maßgebend für die Schulung der neuen Macht- und Kulturträger wurden, hat die Geschichte seine Ideale weder menschlich noch politisch verwirklicht. Die Zeit war über das System, das er – in geläuterter Form – zu halten versuchte, hinweggegangen und hatte völlig andere politische und soziale Verhältnisse geschaffen; sie hat aber nicht den Menschenschlag hervorgebracht, der sich nur der Pflege der guten Anlagen widmen wollte, an die der Meister so fest geglaubt hatte. Die ersten Kaiser der Han-Dynastie neigten mehr dazu, auf die Legalisten und die Taoisten zu hören; die einen hatten realistische Rezepte für den Absolutismus zu bieten, die anderen kamen dem Wunderglauben der halbgebildeten Herrscher entgegen. Erst Kaiser Wu Ti (141–86 v. Chr.) berief zu den Legalisten auch Konfuzianer an den Hof und erklärte den Konfuzianismus zur Staatslehre.

Die Gedanken des Meisters K'ung, die in den Händen seiner Schüler schon manche Veränderung durchgemacht hatten, wurden den Anforderungen ihrer neuen Stellung angepaßt. Es galt, für die gewaltsame Machtergreifung der Han das Mandat des Himmels zu bestätigen, das Shih Huang Ti als Gegner der Gelehrten natürlich von diesen versagt worden war. Schon Menzius hatte die Revolution gutgeheißen. Aber nun sollte das Haus der Han vor weiteren Revolutionen geschützt werden. Die Gelehrten stellten hierzu ein Regierungsprinzip auf, das sowohl den Wechselbeziehungen zwischen Himmel und Mensch Rechnung trug, als auch die ethischen Forderungen wieder in den Vordergrund rückte. So hieß es, solange der Herrscher die Tugenden von Jen und I, Menschenliebe und Pflichtgefühl, walten lasse, dürfe seine vom Himmel gewährte Souveränität nicht angetastet werden. Je mehr Konfuzianer in leitende Stellungen rückten, um so mehr wurde die Lehre den Verhältnissen angepaßt und durch Anleihen aus anderen Schulen ergänzt. Erst gegen Ende der Han-Zeit, in den ersten nachchristlichen Jahrhunderten, als schwache und machtlose Herrscher dem politischen Ehrgeiz, der die meisten chinesischen Gelehrten beseelte, keinen Anreiz und Halt boten, zogen sich die besseren Köpfe ins Privatleben zurück und leisteten in der kritischen Sichtung und Erläuterung der überkommenen Texte wertvolle Arbeit. Cheng Hsüan (127–200) ist als Kommentator der Klassiker auf Jahrhunderte hinaus das Vorbild der konfuzianischen Gelehrten geworden.

Zu den Fünf Klassikern kamen die Vier Bücher, zu denen das Lun-yü – die Aufzeichnungen über Konfuzius und seinen Schülerkreis – und das Buch Menzius gehörten; im ganzen zählte man seit der Han-Zeit dreizehn klassische Bücher. Für den Bildungshunger einer breiten Oberschicht genügte der alte Schriftbestand nicht mehr. Eine Zeit, die den Mangel an schöpferischen Talenten durch Bewahren und Ordnen wettmachen muß, wird ihr Interesse enzyklopädischen Unternehmungen zuwenden. Schon Lü Pu-wei hatte seinen literarischen Ehrgeiz auf diesem Gebiet bestätigt; auf ihn – oder seine Initiative – geht die erste chinesische Enzyklopädie der Geschichte und der Zeremonien zurück. Im Shan-hai-ching, dem „Buch der Berge und Meere“, fanden alle Berichte und Legenden aus Naturwissenschaft und Geographie Aufnahme. Um 100 n. Chr. wurde das Shuo-wen, das erste große Lexikon der Schriftzeichen, verfaßt. Die von dem Legalisten Li K'uei erstmalig zu einem Kodex vereinigten Gesetze schwollen in der Han-Zeit auf 26 272 Paragraphen an. Die erste Geschichte Chinas, das Shih-chi, „Geschichtliche Denkwürdigkeiten“, schrieb Ssu-ma Ch'ien, 145 bis etwa 86 v. Chr., der die Vorarbeiten seines Vaters, eines Hofastrologen, zu einem geschlossenen Werk verarbeitete. Es umfaßte die Geschichte der Kaiser vom legendären ersten Herrscher Huang Ti bis zu Wu Ti der Han-Dynastie. Anstatt in dem bis dahin üblichen, trockenen Annalenstil zu schreiben, gliederte er den reichen Stoff in einen chronologischen Teil und die Biographien hervorragender Personen. Tabellen und Monographien über verschiedene Themen der kulturellen Entwicklung, den Kalender, die Astronomie, die Musik u. a. m., ergänzen dieses großartige Buch. Die verfügbaren Quellen, z. B. Annalen, Dokumente oder Inschriften, wurden nach einheitlichem Plan herangezogen. So entstand eine Geschichte Chinas, die zwar nicht als objektiv anzusehen ist, aber für die späteren Geschichten der Dynastien maßgebend wurde und der modernen Forschung wertvollstes Material erhalten hat. In der schönen Literatur überlagerte der Einfluß der

Dichtung von Ch'u den des klassischen Shih-ching, das die Lieder aus dem Gebiet des Gelben Flusses bewahrte. Lyrik und Epik kleideten sich in gepflegte Sprache mit Rhythmus und Reim, die bei der getragenen Rezitation zur Geltung kamen. Das Papier soll am Anfang des 2. Jahrhunderts n. Chr. erfunden worden sein; es ermöglichte eine weitere Verbreitung der geschriebenen Bücher. Auch Seide, die in größeren Mengen zur Verfügung stand, wurde als haltbare und leicht aufzubewahrende Schreibunterlage verwendet.

Handel – Krieg – Aufstand

War in den letzten Jahrhunderten der Chou-Zeit die Fülle der neuen Denkweisen und ihre Formgebung aus der Bedrängnis unhaltbarer Zustände erwachsen, so zeitigte der Wohlstand und die Sicherheit unter den ersten Han-Kaisern jene ordnende und sammelnde, mit dem Vorhandenen zufriedene und haushaltende Geistesrichtung und ihre literarischen Erzeugnisse. Dieser Wohlstand war vor allem das Verdienst der weisen Regierung des Kaisers Wen Ti (179–157 v. Chr.), der die Ausgaben des Hofes einschränkte und kostspielige Kriege vermied. So blieben die Bauern trotz der harten Pacht, von der die neue Oberschicht lebte, vor unerträglichen Steuern verschont und konnten, da sie nicht zum Waffendienst abberufen wurden, durch Urbarmachung von Neuland und regelmäßiges Bestellen ihrer Äcker die Produktion steigern, die wiederum den Handel anregte und die Staatskassen füllte. Der Außenhandel spielte zum erstenmal eine größere Rolle: er brachte den Chinesen Luxuswaren und Pferde aus Zentralasien und dem Vorderen Orient; China führte vor allem Seide aus. In den Häfen der südöstlichen Küste, im heutigen Kanton, saßen ausländische Kaufleute, die Waren aus Indien einführten. Kaiser Wu Ti (141–86 v. Chr.) erreichte durch erfolgreiche Kriege, daß die Küste fest in den chinesischen Staat eingegliedert wurde – im Süden bis Kanton, im Norden bis nach Korea, 108 v. Chr., von wo aus sich der Handel mit Japan anzubahnen begann.

Größere Schwierigkeiten bereitete schon seit mehreren Generationen die Sicherung der Karawanenwege, die über Turkestan nach dem Westen Asiens gingen und eine indirekte Verbindung mit dem Römischen Reich herstellten. Die Hiung-nu, vielleicht Vorfahren der später in Europa erscheinenden Hunnen, waren schon dem Reiche der Ch'in lästig gewesen; den ersten Kaisern der Han-Dynastie wurden sie gefährlich. Gegen diese Nomaden, die mit ihren Reiterhorden unerwartet auftauchten, raubten und verschwanden, hatte Shih Huang Ti mit ungeheuren Kosten an Geld und Menschenleben den langen Erdwall errichtet, der die erste Große Mauer war. Trotzdem konnte sich China der Einbrüche der immer stärker werdenden Hiung-nu nicht erwehren. Die Kaiser versprachen Tribut; die Hiung-nu versprachen Ruhe – beide Versprechen wurden schlecht gehalten. Kaiser Wu Ti führte mehrere Kriege, mit wechselndem Erfolg, um die Hiung-nu von den Handelsstraßen durch Turkestan fernzuhalten. Aber erst 58 v. Chr. war die Macht des Hiung-nu-Reiches gebrochen.

Diese Kriege, die zur Sicherung der Grenzen und des Handels geführt wurden, kosteten mehr Geld, als ihre Erfolge einbrachten. Die Besatzungsarmeen, z. B. in Turkestan, mußten unterhalten werden, zudem zogen sie die Bauern von der Scholle ab. Die Reiterheere, die allein gegen die Nomaden wirksam waren, brauchten Tausende von Pferden; gutes Pferdematerial war in China nicht zu Hause. Die ausdauernden und genügsamen Ponys konnten nur von den Steppenvölkern gekauft oder erbeutet werden. Die schnellen Pferde mit den schlanken Beinen und dem breiten Hals und kleinen, klugen Kopf, die die Vornehmen voll Besitzerstolz als Wagen- und Reitpferde auf den Reliefs ihrer Gräber darstellen ließen, mußten die Chinesen aus Zentralasien, z. B. aus Ferghana, beziehen und teuer bezahlen. Sie bezahlten mit Seide, die als Steuer einkam; Seide ist aber nicht billig in der Herstellung. Die zarten Gewebe und feinen Stikkereien, die in den Gräbern der Hiung-nu-Fürsten und in den alten Niederlassungen der Seidenstraßen Zentralasiens gefunden wurden, waren kostbarer Gegenwert für ein edles Pferd.

Auf drei Straßen zogen die Handelskarawanen durch Turkestan nach Westen und nach Osten. Ihre Kamele trugen den chinesischen Kaufleuten Wollstoffe, Weihrauch, Bernstein und Korallen aus Arabia Felix zu. Aus Ferghana kam, außer den hochgezüchteten Pferden, der Wein edler Traubensorten, aus Turkestan der kostbare Jade. 115 v. Chr. beherrschten die Chinesen das Lobnor-Gebiet und den begehrten Handelsplatz Lou-lan: damit verfügten sie über direkte Verbindungen bis zum Aralsee und Persischen Golf. Aber mit den Römern, die Seide mit Gold bezahlten, trafen sie nicht zusammen. In den Händen der Tocharer oder Yüeh-chi, eines Volkes indogermanischer Sprache, lag der gewinnbringende Zwischenhandel. Später verteidigten die Parther mit Zähigkeit ihre so einträgliche Stellung zwischen dem Ursprungsland der Seide und den syrischen Städten, in denen die chinesischen Stoffe für die römische Mode zu durchsichtigen Gazen umgewebt wurden.

Neuer Steuerdruck und Verarmung machten das Volk aufsässig; Machtkämpfe ehrgeiziger Familien, die sich verbündeten und befehdeten, brachten untüchtige Herrscher um ihre Selbständigkeit. Eine Kaiserinwitwe, die für ihren kleinen Sohn die Regierung führte, besetzte alle wichtigen Stellungen mit ihren Verwandten und begünstigte ihren Neffen Wang Mang. Im Jahre 8 n. Chr. stürzte dieser, gestützt auf die Macht seiner Familie, den Kaiser, einen vierjährigen Knaben. Bis 22 n. Chr. dauerte seine Regierung und seine Dynastie. Er berief sich auf die großen Herrscher der Vorzeit und verkündete viele Gesetze und Neuerungen, die das Wohl des Volkes fördern sollten und als sozialistisch bezeichnet werden können. Allerdings wurden sie mit diktatorischer Gewalt durchgeführt, und die von ihnen Beglückten sahen bald ein, daß die Privilegien der Großgrundbesitzer nicht zugunsten der Bauern, sondern des Staates gestrichen waren. Die Bodenreform, dringendste Forderung von der Han-Zeit bis in die Gegenwart, verschaffte den landlosen Bauern keinen Grundbesitz, sondern machte sie zu Arbeitern auf Staatsgütern. Gerieten sie durch die Anleihen der Regierung in Schulden, so wurden sie Staatssklaven. Monopole, z. B. auf unbebautes Land, Salz und das Münzwesen, bereicherten den Staat auf Kosten seiner Untertanen. Wang Mang verbrauchte Unsummen für Repräsentation und unvernünftige, diplomatische und kriegerische Unternehmungen. Schon vier Jahre nach seinem Regierungsantritt wurden alle Reformen gestrichen; aber ihre Folgen waren nicht mehr aufzuhalten. Die zur Verzweiflung getriebenen Bauern schlossen sich zu dem Geheimbund der Roten Augenbrauen – genannt nach ihrem Erkennungszeichen – zusammen und zogen in plündernden und mordenden Haufen auf die Hauptstadt Si-an zu. Han-Prinzen machten sich die Lage zunutze und stellten ihrerseits Soldatenhaufen auf – von Heeren kann man bei dem allgemeinen Mangel an Disziplin nicht sprechen. Wang Mang wurde getötet, aber erst nach einigen Jahren gelang es einem Han-Prinzen, den verwaisten Thron seiner Ahnen als Kaiser zu besteigen. Von 25 bis 220 n. Chr. hat die Spätere oder Östliche Han-Dynastie in der Hauptstadt Loyang regiert.

Auf die Not und das furchtbare Blutbad, die die Folgen der Usurpation von Wang Mang waren, folgten Jahrzehnte des Friedens, der den Überlebenden Sicherheit und Wohlstand schenkte. Im Süden festigte sich die chinesische Herrschaft; aber in Turkestan konnte sie nur zeitweilig aufrechterhalten werden; die Hiung-nu bedrohten wieder die Nordgrenze. Im Innern gab es neue Unruhen durch die Machtkämpfe der Familienparteien. Das Schicksal der Frühen Han-Dynastie wiederholte sich: die Ausgaben am Kaiserhof mit seinen Hunderten von Palastfrauen und Eunuchen stiegen ins Maßlose; die Kaiser waren Puppen in der Hand ehrgeiziger Feldherren. Die Bauern mußten zahlen und kämpfen und zahlen und kämpfen, bis sie sich wiederum zur Selbsthilfe in Geheimgesellschaften zusammenrotteten, deren wichtigste die der Gelben Turbane war. Sie wurden geschlagen. Aber dem General, der als der mächtigste aus diesen Kämpfen hervorging, dem legendenumwobenen Ts'ao Ts'ao, gelang der Sieg nur mit Hilfe ausländischer Truppen. Die Hiung-nu, die unter ihm als Söldner dienten, erstarkten in einem Maße, das für den Bestand des chinesischen Reiches unheilvoll wurde. Dreieinhalb Jahrhunderte der Spaltung, des zeitweiligen Chaos, des Verlustes großer Gebiete und der Fremdherrschaft im Norden waren die Folgen der Machtkämpfe zum Sturze der Han. Die Literatur der Späten Han-Zeit erzählt von Unglück und Not, Ungerechtigkeit und Willkür, von Luxus und Wohlleben. Sie klagt über Armut und Geldgier, über Kriege und Unsicherheit. Die Menschen flüchteten sich aus der Wirklichkeit in die romantische Welt des volkstümlichen Taoismus. Sie waren aufgeschlossen für den 67 n. Chr. aus Indien kommenden Buddhismus, der die Nichtigkeit der Welt und die Lösung aus dem Kreislauf der Existenzen lehrt.

Kunst – Grabbeigaben – Gerät

Die Bodenfunde geben von dem Leben der Reichen ein anschauliches Bild; die Reliefs in den Grabkammern zeugen von dem Lebensstil und der vielschichtigen Geistigkeit dieser Zeit. Kunstwerke, die mit Sicherheit in die Frühe Han-Dynstie zu weisen sind, gibt es nicht viele; aus den ersten zwei Jahrhunderten nach Christus dagegen haben wir reiches datiertes und datierbares Material.

Um die Zeitwende, kurz vor Wang Mang, sind die Grabfunde aus Noin-ula in der Mongolei und aus Lo-lang in Nordkorea anzusetzen. In Noin-ula war ein Fürst der Hiung-nu mit all den Schätzen begraben worden, die er als Tribut oder durch Kauf und Raub von den Chinesen erlangen konnte. Trinkschalen aus Lacke, in der flachen, ovalen Form, die schon in Ch'ang-sha üblich war, sind z. T. datiert und als aus den Werkstätten von Shu, dem heutigen Szuch'uan im Westen Chinas, stammend bezeichnet. *(T. 77)* Andere Schätze von weither deuten auf Beziehungen zum hellenistischen Vorderasien, andere wieder auf einheimische Kunstübung, die in keinen Metallbeschlägen und in Filzarbeiten Tiere der Steppe in kämpfenden Paaren und Gruppen darstellt. Dieser Tierstil, dessen Werke im Ordosgebiet zahlreich gefunden wurden, ist auf die chinesische Kleinkunst nicht ohne Wirkung gewesen; auf Waffen und Beschlägen sehen wir kämpfende, eingerollte oder kauernde Tiger, Hirsche, Rehe, Wildpferde, die der Steppenkunst entstammen. *(T. 79)* Auch Zierformen hellenistischer und iranischer Herkunft werden von den Han-Künstlern aufgegriffen. *(T. 87)*

Für unsere Kenntnis der Textilkunst sind Noin-ula und Lou-lan an der Seidenstraße in Turkestan bedeutsam. An diesen beiden Stellen, wo die Gewebe entweder immer im Wasser lagen, wie in Noin-ula, oder immer im trockenen Sand, wie in Lou-lan, konnten sie erhalten bleiben. Die Feststellung, daß die Stoffe und Stickereien, die dem Barbarenfürsten in die Hände fielen, feiner und kostbarer sind als die, die zu den fernen und unbekannten Römern exportiert wurden, darf wegen der beschränken Zahl der Funde nicht verallgemeinert werden. Die Techniken der Weberei in Köper- und Brokatart, die Bildwirkerei in Seide, die hauchdünnen Spitzenstoffe mit Rhombenmuster, die Stickereien in winzigen Kettenstichen stehen bereits auf der Höhe der Vollkommenheit, die in der späteren Textilkunst Chinas unsere Bewunderung erregt.

(T. 72) Aus den Gräbern in Korea darf man die Spitzenleistungen des chinesischen Handwerks erwarten, denn dort sind die hohen Beamten beigesetzt, die den neueroberten Bezirk verwalten. Aus der Heimat hatten sie sich an beweglicher Habe mitgebracht, was ihnen das Leben so fern von den Kulturzentren Chinas erträglich machen sollte – und diese Dinge nahmen sie mit ins Grab. Wiederum sind es die Lacke, die datiert sind: um die Zeitwende und im 1. Jahrhundert n. Chr. Neben den Weinschalen und Schüsseln aus gelacktem Holz und einem Körbchen mit Lackmalerei, das zu den schönsten und wohl auch spätesten Stücken der Han-Funde in Korea gehört, lagen Bronzespiegel und Schmuckstücke in den Gräbern. Ein Kästchen ist mit Schildpatt bedeckt, das eine auf seiner Unterseite angebrachte Zeichnung durchschimmern läßt. Diese Überflutung der noch primitiven koreanischen Kultur mit den raffiniertesten Erzeugnissen chinesischen Kunstschaffens hat ihren Weg für zwei Jahrtausende bestimmt; Korea bleibt kulturell eine Provinz Chinas. Japan empfing die ersten chinesischen Einflüsse auf dem Weg über Korea.

Auf eigentlich chinesischem Gebiet geben uns drei verschiedene Kunstzweige Auskunft über Lebensweise, Sitten und Glauben der Leute von Han: Es sind die Spiegel, die Verzierung der Grabwände in Stein, Ziegeln oder Malerei, und die Grabbeigaben aus Ton. Bronzespiegel scheinen in der Han-Zeit noch verbreiteter gewesen zu sein als in der Spät-Chou-Zeit. Man unterscheidet mehrere Typen nach der Art ihrer Dekoration. Einige sind sehr einfach, andere mit figürlichen Darstellungen, denen ein reiches mythologisches Programm zugrunde liegt, in gedrängter Fülle geschmückt. Der Han-Spiegel ist schwerer, sein Relief höher, seine Figuren sind zum Teil wirklichkeitsnäher, als es in der Spät-Chou-Kunst der Fall war. Doch fehlt den Han-Künstlern die Sicherheit, mit der ihre Vorgänger im Kreisrund komponierten. Wie in der Literatur, so tritt auch hier an die Stelle der freien Erfindung die säuberliche Einordnung. Um diese zu erleichtern, wird die Kreisfläche der Han-Spiegel in konzentrische Bänder aufgeteilt, die mit verschiedenen Ornamenten oft recht phantasielos gefüllt sind; das Mittelfeld ist so klein, daß es keine Kompositionsschwierigkeiten mehr bieten kann. Die Bronzearbeit ist glatt und sorgfältig. Es gibt Steinformen mit dem Negativ der Spiegelrückseite, die so fein geschnitten sind, daß die Spiegel in solchen Formen gegossen werden konnten.

Die Grabkammern der Vornehmen wurden wie ein Zimmer im Palast gestaltet. In Korea fand man ein Grab ganz mit Holzstämmen nach Art eines Blockhauses ausgebaut. Das Grab in Nanyang ahmt in Steinpfosten und Wänden den hölzernen Ständerbau nach. In Shantung und in Szuch'uan bedecken Steinplatten die Wände der Grabkammern und -kapellen; sie sind mit ganz flachen Reliefs oder mit geritzten Zeichnungen bedeckt, die nur Nachahmungen von Wandmalereien sein können. Am berühmtesten sind die zahlreichen Steinplatten von Wu-liang-t'zu in Shantung. Nur wenig wirkliche Malerei hat sich in Gräbern gefunden; provinzielle Beispiele liefert die Mandschurei, höchst verfeinerte Maltechnik, einige geweißte Ziegel aus Loyang. Billiger gestaltete man die Grabwände aus gebrannten Ziegeln, die bis zu 1,80 m lang sind und in die die Bildmotive mit Modeln eingedrückt wurden *(T. 56)*: Pferde, Tiger, Wächter, Bäume, Vögel wiederholen sich auf den großen Ziegeln aus Loyang. Andere sind mit lebendig modellierten Darstellungen geschmückt. In Szuch'uan vor allem hat man am Ende der Han-Zeit sehr anschauliche Bilder aus dem täglichen Leben auf quadratischen Ziegelplatten festgehalten.

(T. 79–83) In der Han-Zeit wird die Sitte der Grabbeigaben aus Ton allgemein: andere Materialien, wie Bronze oder Holz, werden kaum noch verwendet. Jedem Verstorbenen der besitzenden Klasse wurde ein ganzer Hausstand mit Menschen, Tieren und Dingen mitgegeben. Der Kreis der Beigaben wurde also über den ganz persönlichen Besitz an Schmuck und Waffen hinaus erweitert, entsprechend der Grundlage des Reichtums, der in der Landwirtschaft lag. Speicher und Brunnen, Ställe und Vieh, Pferde und Wagen umgaben den Toten. Seine Diener und Dienerinnen warteten weiterhin in ehrerbietiger Haltung auf seine Befehle. Häuser und mehrstöckige, turmartige Bauten boten sich als Schauplatz für dieses Weiterleben im Tonmodell. *(T. 88)* In Massenproduktion wurden diese Tonbildwerke in Formen gepreßt und, je nach Preislage, durch Bemalung der Wirklichkeit angenähert. Wenn man aus den Sitten der modernen Chinesen, die aus buntem Papier gefertigte Gebäude und Figuren für den Toten verbrannten und so in sein anderes Dasein mitgaben, auf die Vergangenheit

schließen kann, so spielt schon in der Han-Zeit das Geltungsbedürfnis der Familie bei der Auswahl der Grabbeigaben eine Rolle. Auch eine weniger wohlhabende Familie, die nicht über einen Dienertroß und einen Wagenpark verfügte, wird zur Beerdigung diesen Luxus, in Ton nachgebildet, ausgestellt und mitgeführt haben – um die Nachbarn zu beeindrucken und um dem Toten im Jenseits eine Stellung zu sichern, die er hier nicht erreicht, aber sicherlich erstrebt hatte. So erklärt sich auch die große Zahl der turmartigen Häuser oder „Wachttürme". In einem großen Anwesen hat es sicher ein mehrstöckiges Gebäude und vielleicht auch einen Turm gegeben; die Mehrzahl der Wohnbauten war aber bestimmt eingeschossig, so wie es heute auch noch der Fall ist.

(Abb. 30) Während der Chou-Zeit muß die Baukunst alle die Fortschritte gemacht haben, die sie von der Hausform der Shang zur entwickelten Halle führten. Wir sahen diese Grundform des chinesischen Baues schon in der Shang-Architektur vorgebildet; die Chou-Bauten kennen wir nicht. Aus der Literatur können wir entnehmen, daß die Paläste weitläufige Anlagen von Höfen und Gebäuden waren und daß die Hallen auf einem Unterbau standen und mit Wandmalereien geschmückt waren. Dies wird durch die Bilder der Spät-Chou- und Han-Zeit bestätigt. Der gemauerte Unterbau, der Eingang an der Breitseite, zu dem man einige Stufen hinaufstieg, die ungefähr quadratischen Zwischenräume zwischen den Holzpfosten, das Konsolkapitell und der hölzerne Architrav, die schweren Holztüren, das Walmdach, mit halbzylindrischen Ziegeln nach der in Europa „Mönch und Nonne" genannten Art gedeckt, der betonte, an den Enden vorstehende Firstbalken – alle diese Einzelheiten sowie das Gesamtbild des Baues, als einer breit gelagerten Halle mit wuchtigem Dach, sind in der Han-Zeit durchgeformt. Das auffallendste Merkmal der chinesischen Architektur, die Schwingung des Daches, ist wohl erst zum Schluß der Han-Dynastie aufgekommen; sie findet sich auf Han-Modellen und -Darstellungen fast nie und wird erst mehrere Jahrhunderte später allgemein an größeren Bauten angewandt. Daß die Haupthalle eines Anwesens sich nach Süden öffnete und die Nebengebäude sich nach den anderen Himmelsrichtungen um sie ordneten, wird auch schon die Regel gewesen sein. Der Höherstehende empfing den Untergebenen stets mit nach Süden gewandtem Gesicht. *(T. 44)* Der Ständerbau aus Holz blieb weiterhin die chinesische Bauweise; gebrannte Ziegel waren seit der Spät-Chou-Zeit an die Stelle des gestampften Lehms getreten. Die Traufenden der Dachziegel wurden mit glücksbringenden und schützenden Tieren oder Schriftzeichen verziert. Die wenigen erhaltenen Reste der Han-Architektur sind Grabpfeiler aus Stein, den Formen des Holz- und Ziegelbaues genau nachgebildet und mit Reliefs geschmückt.

Auch für die Inneneinrichtung der Häuser wird die Han-Zeit keine wesentlichen Neuerungen gegenüber dem Spät-Chou-Inventar gebracht haben. Wohnweise und Kleidung waren ähnlich denen, die die Japaner bis in die moderne Zeit bewahrten. Man saß auf dem Boden oder auf einer niedrigen Plattform vor kleinen Tischen. Die Gewänder waren lang und lose; in der Han-Zeit wurden sehr weite Ärmel allgemein getragen. *(T. 79)* Obgleich der Reiter die enge Hose und Jacke brauchte, haben sie nicht in die offizielle Tracht Eingang gefunden. Das Übergewand reichte nun ebenso wie das Untergewand auf den Boden; es war an den Säumen reich mit Borten verziert. *(T. 82)* Am Hals zeigten sich die breiten Kragenstreifen der einzelen Kleidungsstücke mit ihren verschiedenen Farben. Alle Kleider waren vorne offen und übereinandergelegt; ein Gürtel hielt sie zusammen. Das lange Haar steckte der Mann hoch, die Frau trug es gescheitelt und band es auf dem Rücken mit einer losen Schleife. Manche Tonfiguren scheinen für die Anfügung eines Kopfputzes aus Metall, vielleicht Silberfiligran, hergerichtet zu sein, den die Frauen statt einer Mütze trugen. Die Schuhe waren aus Stoff oder Leder, in einfacher Form, die feineren gestickt. Die Frauenschuhe haben eine normale Größe; die Verkrüppelung der Füße durch Einbinden war noch nicht erfunden.

Die Vornehmen bewegten sich selten zu Fuß; ihre Frauen zeigten sich wohl nicht auf der Straße. Der Wagen blieb weiterhin das Beförderungsmittel, zu dem man das Pferd am häufigsten heranzog. Das Reiten war vor allem eine Sache des Kriegers. Der Wagen war noch zweirädrig; zum Schutz gegen die Sonne wurde ein Schirm aufgespannt oder ein Tuchverdeck in Halbtonnenform angebracht. Gefedert waren die Wagen nicht. Das chinesische Sprichwort „Eine Meile - zehntausend Stöße" wird sehr alt sein; es trifft heute noch auf die Wagen und Wege im Inland zu, die sich von denen der Han-Zeit nicht unterscheiden. Der Warenverkehr über Land wurde von solchen Karren mit Ochsen oder Maultieren bewältigt. Die Wasserwege der Flüsse wurden allmählich durch Kanäle ergänzt. Doch blieb in China bis in die moderne Zeit hinein der Mensch das wichtigste Lasttier. Nur wenige der Hausierer, die ihr Leben lang von Dorf zu Dorf zogen, hatten einen Esel; an einer Tragstange hing in zwei Körben ihr gesamtes Warenlager von ihrer Schulter. Der einrädrige Schubkarren wurde auch auf größeren Strecken gebraucht, z. B. um das Gemüse vom Bauernhof zum Markt zu bringen.

(T. 85, 86) Als Gefäße für den täglichen Gebrauch kamen weiterhin Körbe und Tontöpfe vor allem in Betracht, dazu solche aus Holz, Bambus und Kürbis. Für den vornehmen Haushalt gab es Bronze, in den einfachen, aus der Spät-Chou-Zeit überlieferten Formen; die Schmuckfreudigkeit hatte sehr nachgelassen. Die schwierige und wirkungsvolle Einlegearbeit findet sich kaum, höchstens wird Gravur, Vergoldung und Gold- und Silbertauschierung geübt. *(T. 87)* Lackschalen führen Form und Ornament der Spät-Chou-Lacke fort. So wie für den Flächenschmuck die leichte Bewegung des Malens der genauen Kunst des Schneidens und Gravierens vorgezogen wird, so bemächtigt sich die formende Hand des bildsamen Tons. Tonvasen werden den Bronzeformen nachgebildet, mit Reliefs, geritzten Zeichnungen *(T. 85)* oder gemalten Mustern verziert. Jagdszenen nach iranischem Vorbild sind besonders beliebt. *(T. 87)* Eine weiche, grüne Bleiglasur bedeckt viele der schmucklosen oder reliefgeschmückten Gefäße aus dickem, grauem Ton. *(T. 76)* Auch die Glasur ist nicht die Erfindung der Han-Töpfer; schon in der Spät-Chou-Zeit hat man eine harte, graubraune Tonware, die sich durch ihre Formen als Bronze-Ersatz ausweist, mit einer olivgrünen Glasur überzogen, die allerdings die Mängel eines ersten Versuches zeigte. Die grüne Han-

Glasur nimmt in der Erde eine irisierende, silbrige Patina an, die von Sammlern geliebt wird.

(T. 87) Zu den Grabbeigaben gehört auch der Kochherd mit einem oder zwei Feuerlöchern, der Schöpfkelle und dem Kochtopf. Auf den Reliefs von Wu-liang-tz'u ist er in den Küchen der großen Häuser abgebildet; er wird von vorne mit Holz geheizt. Von den Balken hängen Schinken, Geflügel und Fische. Diener eilen mit gefüllten Schalen zur großen Halle, wo der Verstorbene mit seiner Umgebung tafelnd sitzt, von Musikanten und Akrobaten unterhalten, oder wo er vom König des Totenreichs empfangen wird.

Aberglaube – Bilder

Gegenstände und Bilder, Literatur und Dichtung der Han-Zeit vermitteln uns das Bild einer wohlgeordneten, reichen und bequemen Lebensführung, deuten auf ein wohlgeordnetes Denken, das sich ein ebensolches Weltbild schaffen konnte. Und dennoch blühen Aberglaube und Magie, nicht nur bei den an materiellen und geistigen Gütern Armen, sondern auch in der gelehrten, vornehmen Welt. Angst und Unsicherheit und die primitiven Mittel, mit denen man ihnen zu begegnen sucht, beeinflussen das klare Denken. Das schamanistische Zauberwesen der Spät-Chou-Zeit, das in der Ch'in-Dynastie üppig wucherte, breitet sich weiterhin aus, besonders in den Zeiten der politischen Wirren. Die taoistischen Zauberer, die der Lebensgier mit dem Schwindel eines Elixiers der Unsterblichkeit und der Geldgier mit Alchimie entgegenkamen, waren die mächtigen Konkurrenten der konfuzianischen Gelehrten im Wettlauf um die Gunst des Kaisers und der herrschenden Familien. So kann es nicht verwundern, daß wir den Niederschlag ihrer Legenden und Aberglauben in allen Künsten finden, daß Mythen und historische Tatsachen nicht getrennt werden, daß Erfahrung und Phantasie gleichen Anteil an Geographie und Naturwissenschaften haben, wie sie z. B. im Shan-hai-ching niedergeschrieben sind oder in Wu-liang-tz'u illustriert wurden. Auch für den gebildeten Mann waren die Abwehrmittel, mit denen das Volk sich zu schützen suchte, wirksamer Zauber. Die Maskentänze, in denen die hilfreichen Tiere als Verbündete gegen die Dämonen von Menschen dargestellt wurden, waren für das Volk unerläßliche Zeremonien. Der Vornehme, der sie auf den Wänden seiner Grabkammer darstellen ließ, wird dies nicht getan haben, weil ihn das Bild eines Volksfestes belustigte, sondern weil auch er an ihre Macht, das Böse zu bannen, glaubte. Das Tier behauptet seine wichtige Stellng im Aberglauben des Volkes; es hat Einfluß auf die Mächte, gegen die der Mensch nichts vermag.

(Abb. 27) Die in der Han-Zeit so zahlreichen Bronzespiegel dienten wohl in noch größerem Umfang der Magie, als es schon in der Spät-Chou-Zeit der Fall war. Das kosmologische System von rundem Himmel und quadratischer Erde und den vier Weltgegenden kommt auf ihnen zur Darstellung, verbunden mit einer Fülle von Symbolen, die Glück und Schutz, Nachkommenschaft und Reichtum sichern sollen. Die

Tiere der vier Himmelsrichtungen sind dargestellt: für den Norden (und den Winter) die Schwarze Schildkröte mit der Schlange, für den Osten (und den Frühling) der Blaue Drache, für den Süden (und den Sommer) der Rote Vogel, für den Westen (und den Herbst) der Weiße Tiger. Die zwölf Zeichen des chinesischen Tierkreises umschließen das Spiegelrund. Im Zentrum, auf dem Platz des Polarsterns, sucht der Taoist das unbewegliche, allesbewegende Tao. Im Ablauf der Jahreszeiten tritt Yang oder Yin, die zeugende oder empfangende Kraft, stärker hervor; ihr Dualismus wird personifiziert in den Gestalten der Hsi Wang Mu – Königin Mutter des Westens – und Tung Wang Kung (oder Tung Wang Fu) – König Vater des Ostens. Sie stehen sich auf den reich reliefierten und vielfigurigen Spiegeln der ausgehenden Han-Zeit gegenüber. Glückliche Unsterbliche, der Mondhase und halbmenschliche Wesen huldigen ihnen.

Die Sichtbarmachung der übernatürlichen Mächte ist nun eine andere als in der Shang-Zeit. Nicht der Dämon als isolierte Erscheinung, sondern seine Beziehung zum Menschen ist der Inhalt der neuen Bilder. Die Möglichkeiten der Erzählung werden gesteigert. Die Umwelt mit Gebäuden, Bäumen, Brücken nimmt mehr Platz ein, wird mit mehr Einzelheiten ausgestattet; die umgekehrte Perspektive rückt sie im Raum zurecht. Die Figuren unterscheiden sich durch Größe, Kleidung und Bewegung; man glaubt sogar ein Mienenspiel zu erkennen. Auf den Steinplatten von Wu-liang-tz'u aus der ersten Hälfte des 2. Jahrhunderts n. Chr. ist noch vieles primitiv; die Häuser und Menschen, die hintereinander stehen, werden der Deutlichkeit halber übereinander angeordnet. Überschneidungen werden nur gewagt, wenn sie die Verständlichkeit der Szene nicht gefährden. Die Bewegungen sind voll Ausdruck und Temperament, aber eckig und hart. In der Malerei wird das Prinzip des *horror vacui* aufgegeben, das die Steinplatten noch beherrscht. Die Figuren stehen jetzt frei im Raum, es ist Luft um die Gestalten; sie haben ein Handlungsfeld, das sich auch in die Tiefe erstreckt, das die geschmeidigen Körper mit ihren Drehungen zaghaft erforschen. Die Ziegel aus Szuch'uan, vom Ende der Han-Zeit, wenden schon die Vogelperspektive mit Erfolg an; die Größenverhältnisse entsprechen ungefähr der Wirklichkeit, ebenso die Anordnung der Dinge und Figuren im Raum. Zeitgenossen und erlebte Umwelt scheinen den Inhalt auszumachen. Es gab also in der Han-Zeit eine Malerei, die alle Anfangsschwierigkeiten überwunden, das Bild endgültig vom Muster getrennt und ihm den ersten Rang erobert hatte. Die chinesische Kunstgeschichte weiß viel über sie zu berichten; wir können sie nur im trüben Spiegel ihrer handwerklichen Nachahmung sehen.

So wie die Darstellungsweise auf den Grabbildern von Wu-liang-tz'u und verwandten Anlangen rückständig ist, so blickt auch die Ikonographie in die Vergangenheit. Die Bilder erzählen von den Mythen des Weltanfangs und der goldenen Vorzeit, von Fu Hsi und seiner Schwester Nü Kua, die mit Schlangenleibern und Winkelmaß als Baumeister der Welt auftreten, vom edlen Herzog von Chou, der schützend über seinem kleinen Neffen, dem unmündigen König, wacht, von Shih Huang Ti, der einem Anschlag auf sein Leben mit knapper Not entgeht. Wie in der Spät-Chou-Zeit soll diese Rückschau in die Vergangenheit warnen und anspornen. Konfuzius wird dargestellt, wie er auf Klangsteinen musiziert – ein Bild der Ordnung und Harmonie. Shih Huang

Ti dagegen will die verlorenen bronzenen Dreifüße, Symbol der Herrschaft über China, aus einem Flußbett bergen; ein Drache vereitelt den Plan, als der Bronzekessel schon über dem Wasser erscheint – denn er kommt dem rechtmäßigen Himmelssohn, nicht Shih Huang Ti zu. So zeigen uns die Bilder den Niederschlag der enzyklopädischen Bildung der Han-Zeit, ihres Geschichtssinnes und ihres Aberglaubens, ihrer Sicherheit im Gesellschaftsverband und dem Zusammenschluß der Familie mit den Ahnen, und ihrer Angst vor unbekannten Mächten, die den Kräften und Formen der Wirklichkeit spotten.

Mit Recht nennen sich die Chinesen, in Erinnerung an die glanzvollen Zeiten politischer und kultureller Machtstellung, stolz die „Söhne von Han". In dieser Zeit wurde zusammengefaßt, was in der vorhergehenden erarbeitet worden war. Jetzt erst gab es eine chinesische Kultur. Der Herrschaftsanspruch über die gesamte, ihrer Kenntnis erreichbare Welt war auf kulturellem Gebiet erfüllt. Eine einheitliche Kultur wurde über die politischen Grenzen hinaus wirksam. Sie war entstanden aus dem Zusammenwachsen vieler bodenständiger Elemente in allen Gegenden des weiten Reiches. Sie hatte fremde Einflüsse aufgenommen und verarbeitet. Sie war erstarkt durch Eingliederung mancher Elemente, die die Nachbarvölker beizusteuern hatten; sie war diesen Nachbarvölkern nie ganz fremd, aber stets überlegen. Sie hatte das Gewebe der chinesischen Eigenart mit seinen vielerlei Formen und Farben so fest gewirkt, daß es in fast zwei Jahrtausenden keinen Riß bekam. Fremde Völker haben die Söhne von Han unterjocht – die chinesische Kultur haben sie nicht angreifen können.

In der Han-Zeit gleitet das chinesische Altertum in das Mittelalter hinüber. Die Lebensformen sind nicht neu – in der Frühen Han-Zeit scheinen sie sich kaum von denen der Spät-Chou-Zeit zu unterscheiden. Aber die Menschen, die sich der Vergangenheit so stark verbunden fühlen, stehen schon jenseits der Grenze einer abgeschlossenen Epoche – nur darum ist ihnen die Übersicht, die sammelnde, ordnende, erklärende Beschäftigung mit den Errungenschaften der alten Zeit möglich.

So ist es berechtigt, mit der Han-Zeit die schaffende und sammelnde von der ausstrahlenden und abwandelnden Hälfte der chinesischen Geschichte zu trennen. Noch sind der Jahrhunderte nicht genug vergangen, daß der Chinese seine Frühzeit im Verhältnis zu seinem „Mittelalter" und seiner „Neuzeit" als eine kurze Einleitungsepoche sehen kann; es muß noch ein Jahrtausend vergehen, um der „neueren Zeit" ein Übergewicht vor dem Altertum zu geben. Heute halten sie sich mit je zweitausend Jahren die Waage.

China in der Zeit der Kämpfenden Staaten, um 300 v. Chr.
(Nach A. Herrmann)

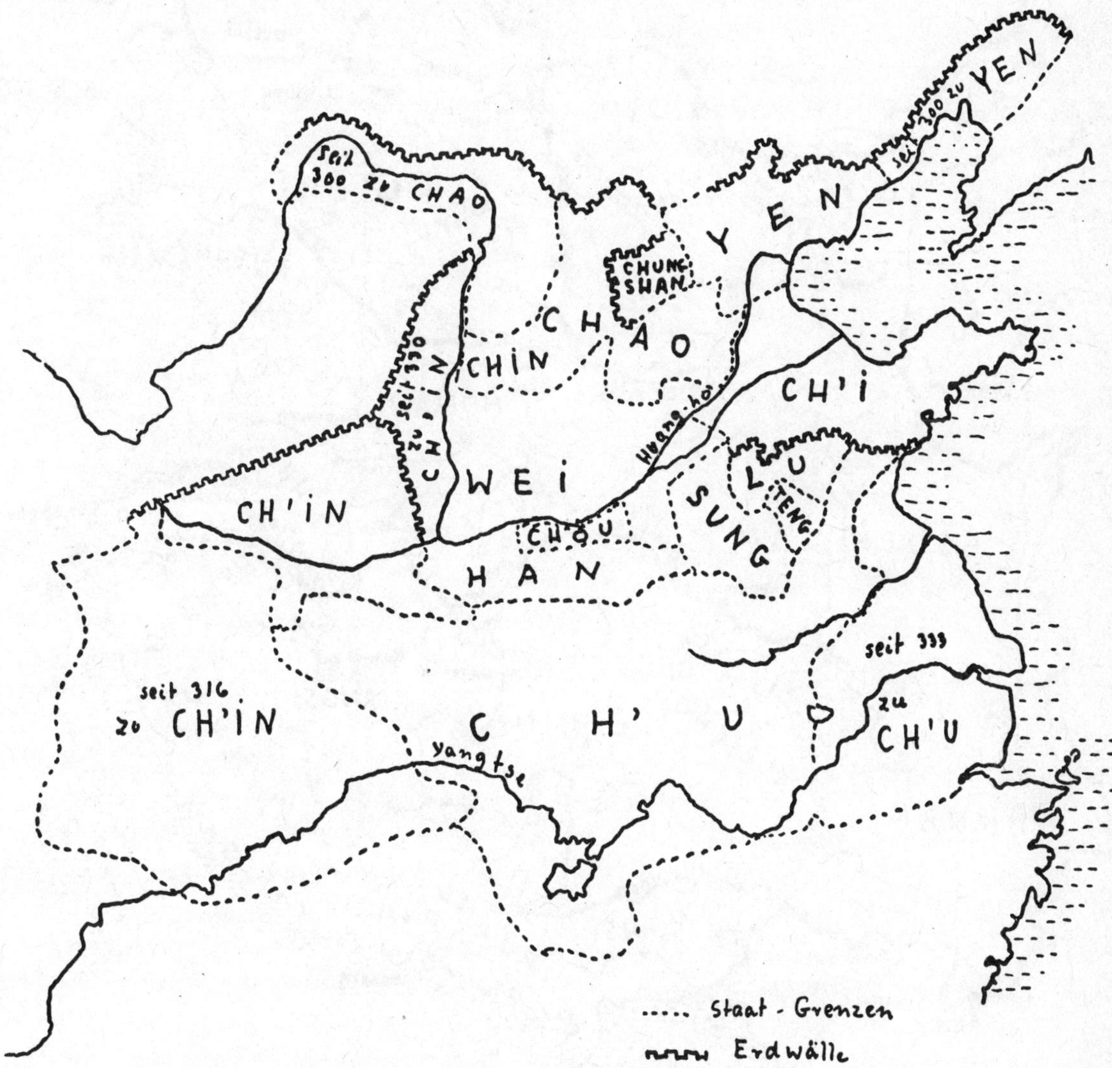

China in der Neuzeit

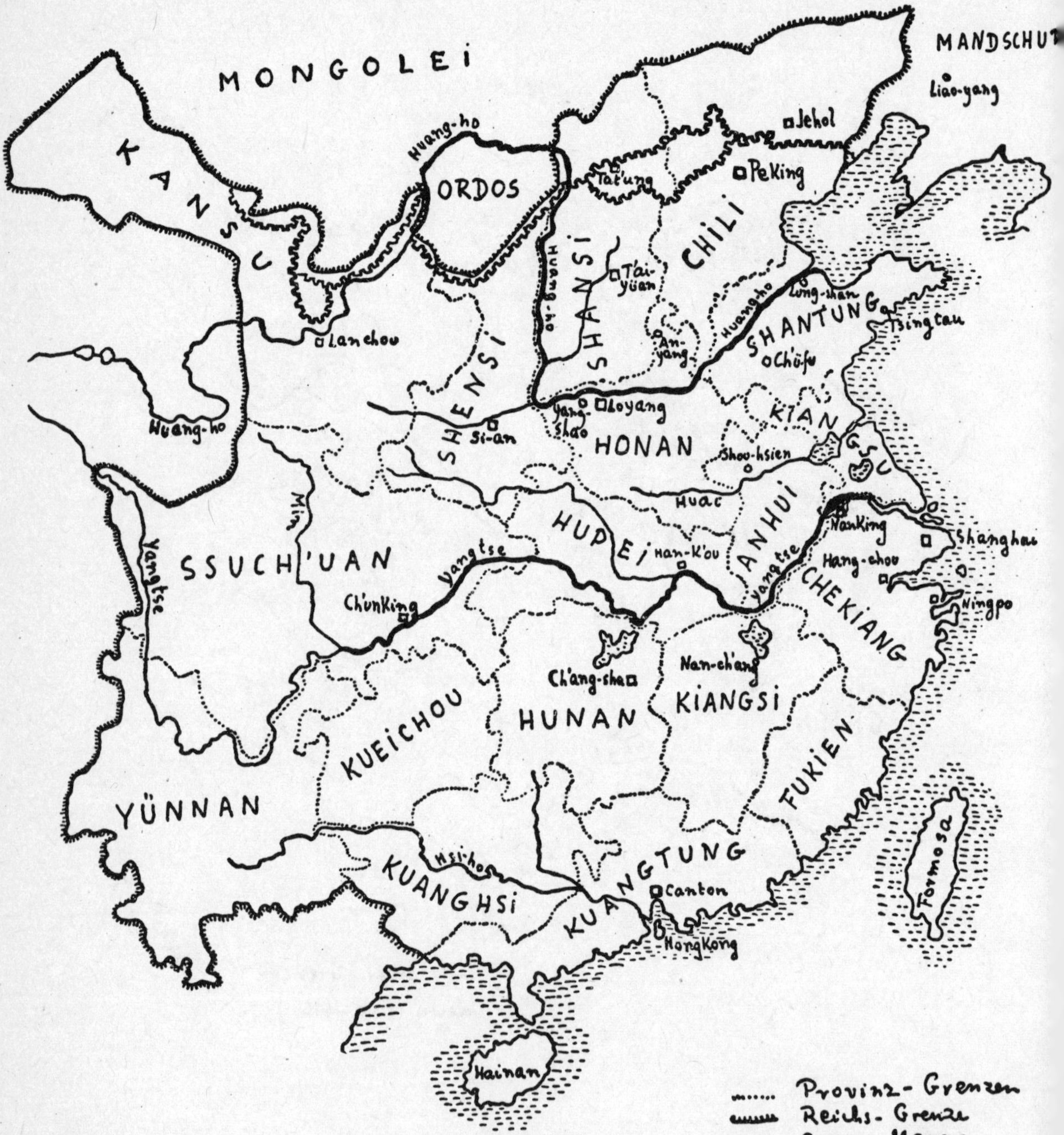

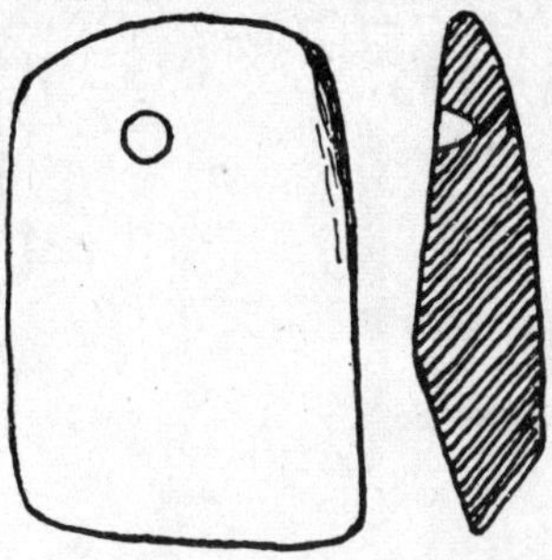

Abb. 1

Abb. 2

Abb. 4

Abb. 5

Abb. 3

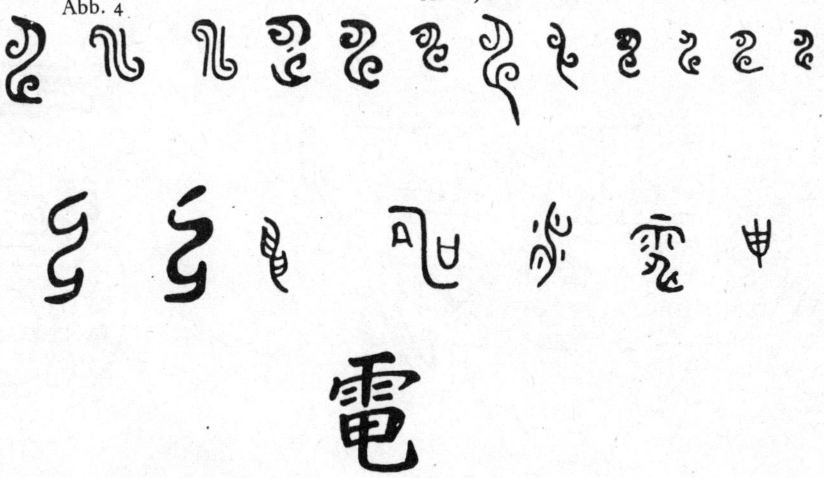

Abb. 6

Abb. 7

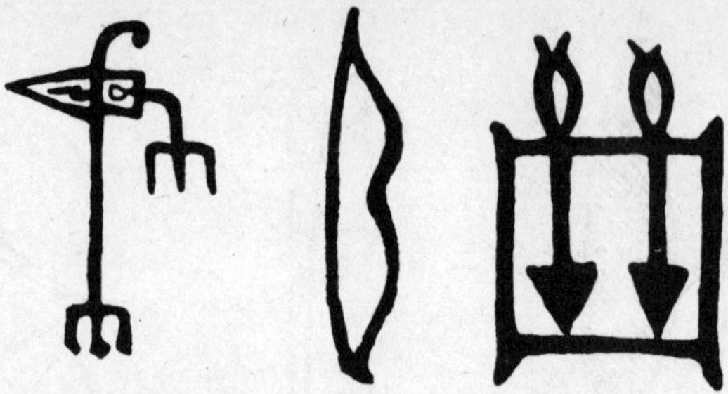

Abb. 8

Abb. 9

Abb. 13

Abb. 10

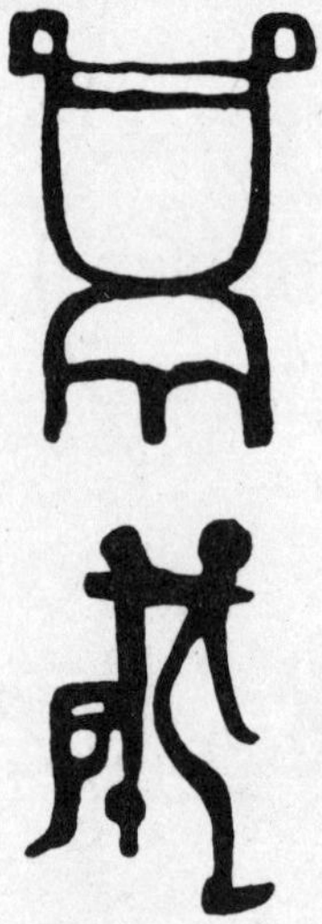

Abb. 11

Abb. 12

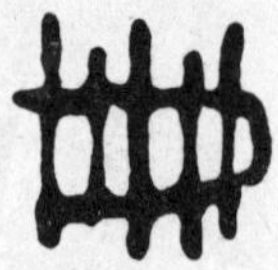

Abb. 14

Abb. 15

Abb. 16

Abb. 17

Abb. 18

Abb. 19

Abb. 20

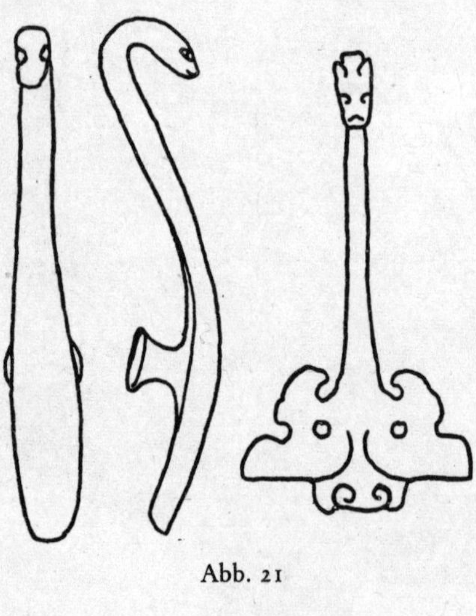

Abb. 21

Abb. 22

Abb. 23

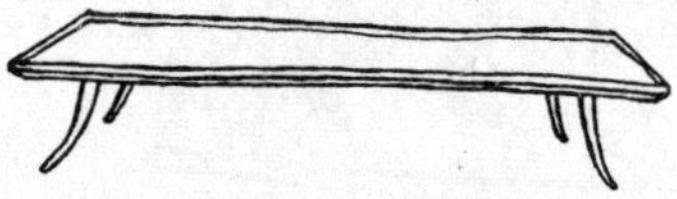

Abb. 24

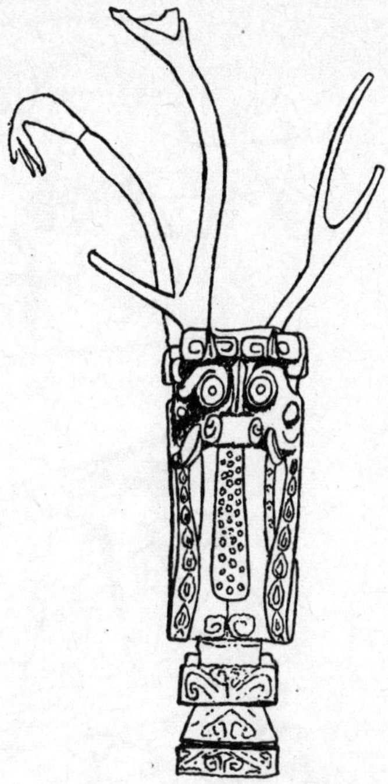

Abb. 25

Abb. 26

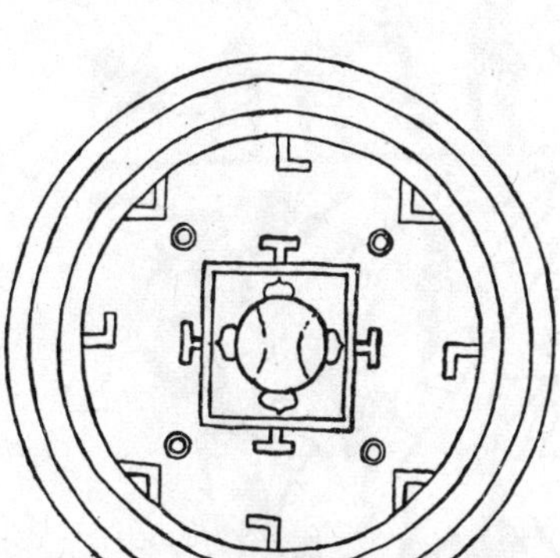

Abb. 27

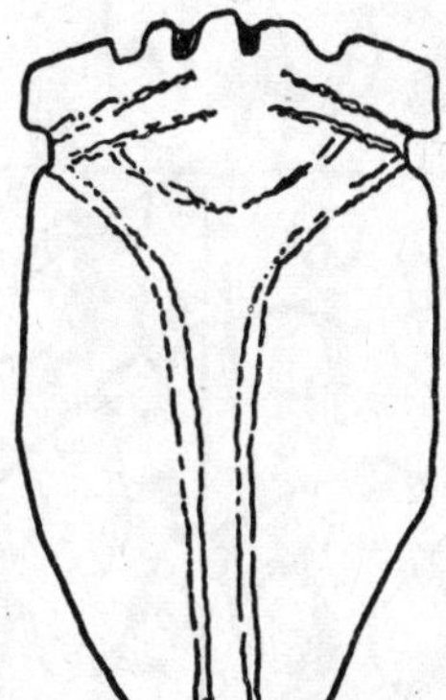

Abb. 28

Abb. 29

Abb. 30

Abb. 31

Fußschale, Ton mit zum Teil irisierender grünlicher Bleiglasur überzogen

Henkelschale, zylindrischer Becher mit Henkel, auf drei Füßen stehend

Sakralgefäß (Yu), Bronze, Dekor von Vögeln und Tiermasken, Henkelansatz mit Felidenköpfen

Ritualtext (Yüeh), Bronze, stark patiniert

Sakralgefäß vom Typ Ku, Bronze, kelchförmige Öffnung mit Zikadendekor, in der Mitte und unten T'ao-t'ieh-Monstermasken

Ting. Späte Shang-Dynastie

Fang-Ting. Späte Shang- oder frühe Westliche Chou-Dynastie

Tsun. Späte Shang-Dynastie

Zeremonialaxt vom Typ Yüeh

Zeremonialgefäß vom Typ P'ien-hu

Schultertopf

Zeremonialgefäß vom Typ Chia

Zeremonialgefäß vom Typ Fang-ku

Agraffe. Spät-Chou

Bronzegefäß „Hu“, bemalt. Spät-Chou

Schachtel, Lack. Spät-Chou

Neolithischer Kochtopf „Li“

Bär. Vor-Anyang

Neolithische Keramik aus Kansu

Urnendeckel aus Kansu (oben links) – Neolithischer Tontopf (oben rechts)
Schwarze Keramik aus Lung-shan (unten)

Sakralbronze „Yu“. Shang

Sakrale Sichel. Shang

Die sog. Tuan Fang Bronzen. Shang-Chou – Grabhügel mit marmornen Opfergefäßen. Ch'ing

Ein Satz Glocken. Shang – Drache am Kanal in Peking. Ch'ing

Sakralbronze, Büffel. Vor-Anyang (?) – Bronzebeschlag, T'ao-t'ieh. Shang

Fragment eines Gefäßes aus Knochen. Shang (oben) – T'ao-t'ieh aus Marmor. Shang (unten)

Sakralbronze „Hu". Shang

Sakralbronze „Lei“. Shang

Sakralbronze „Tsun“. Shang-Chou

Sakralbronze „Kuei“. Früh-Chou

Sakralbronze „Chüeh". Shang

Sakralbronze „Chih". Shang

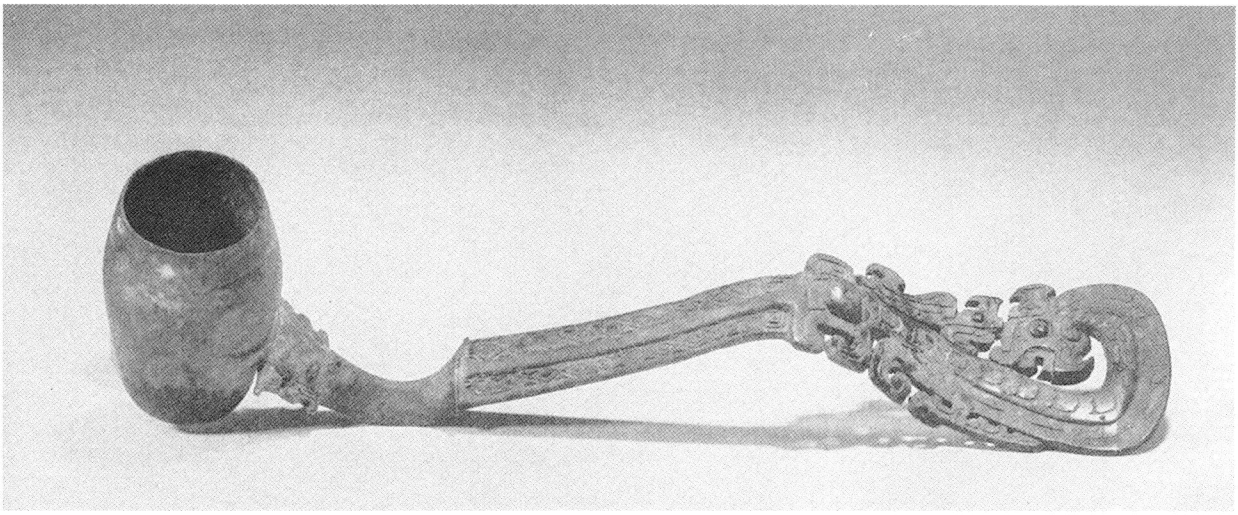

Sakralbronze „Shao". Shang-Chou (oben) – Sakralbronze „Kuei". Shang (unten)

Sakralbronze „I". Shang

Sakralbronze, Eule. Shang-Chou

Sakralbronze, Rhinozeros. Shang

Sakralbronze, Elefant. Shang-Chou

Lanzenklinge. Früh-Chou

Sakralbronze „Ho". Shang

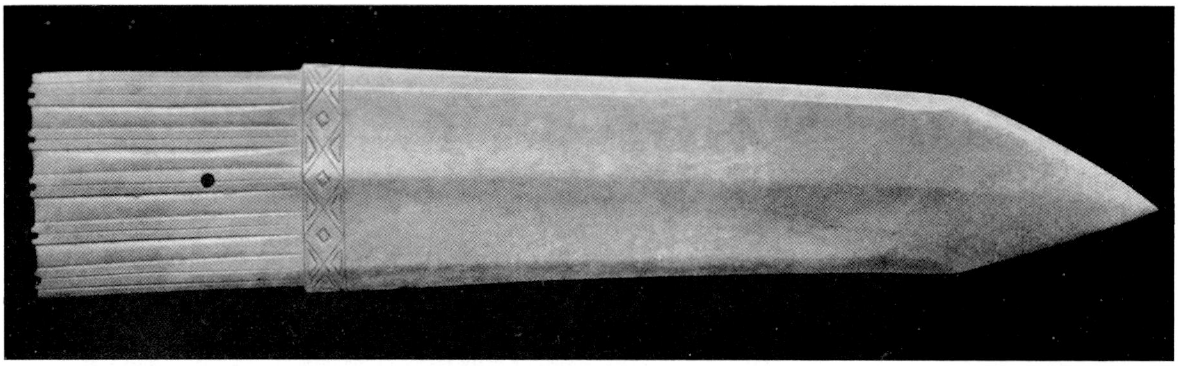

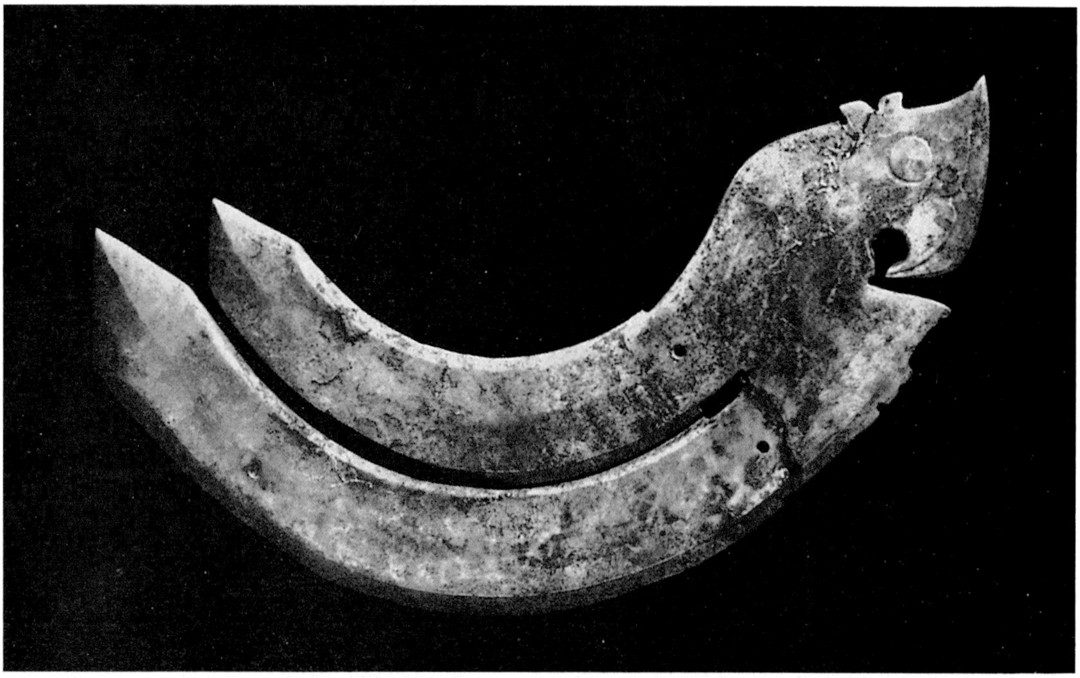

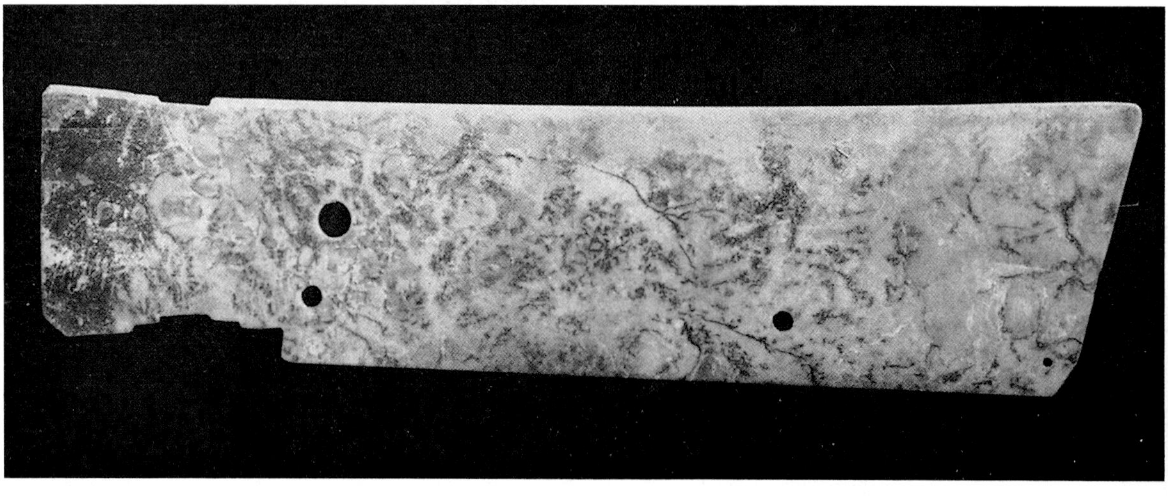

Zeremonialwaffen aus Jade. Shang

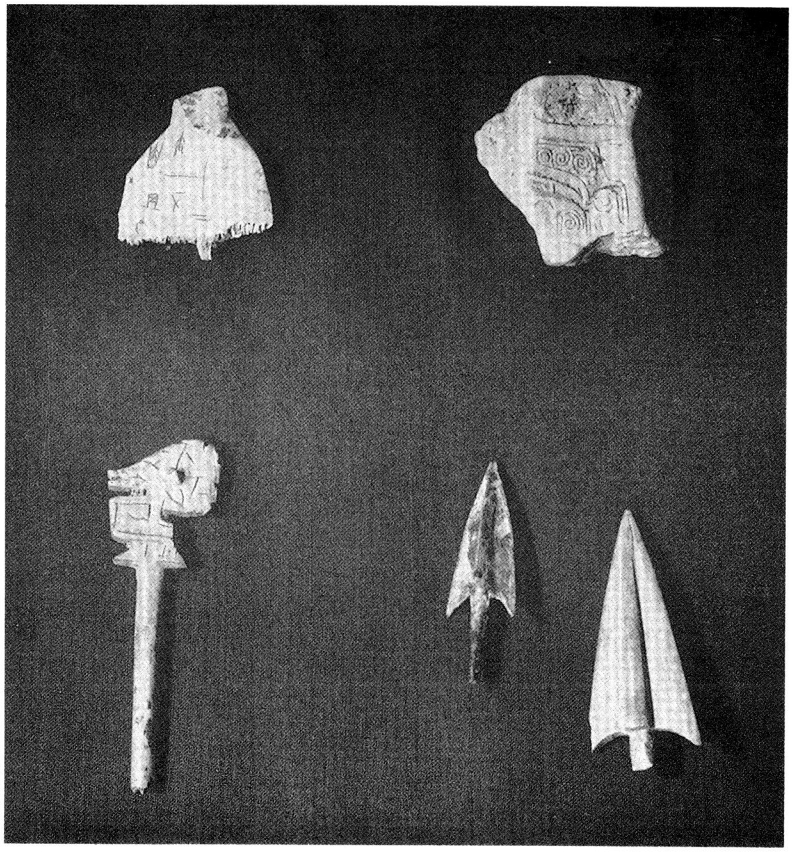

Oben: Orakelknochen, Fragment einer Tonform für Bronzeguß, Haarnadel aus Knochen, Pfeilspitzen (links aus Bronze, rechts aus Knochen). Shang – Zierstücke aus Jade. Shang-Chou (unten)

Glocke. Früh-Chou

Bronzegefäß „Hu". Mitte Chou

Bronzegefäß, Tiger. Mitte Chou (oben) – Dachziegel, T'ao-t'ieh. Spät-Chou (unten)

Dämon mit Büffelkopf, Jade. Mitte Chou (oben links) – Büffelkopf, Bronze. Früh-Chou (oben rechts) Bronzegefäß, Büffel. Mitte Chou (unten)

Bronzebeschlag. Mitte Chou

Opfergefäß „Tou". Spät-Chou

Opfergefäß „Ting". Spät-Chou

Bronzegefäß aus Li-yü. Spät-Chou (oben) – Bronzegefäß „P'an". Mitte Chou (unten)

Bronzetier. Spät-Chou – Bronzebecken „Chien“. Spät-Chou

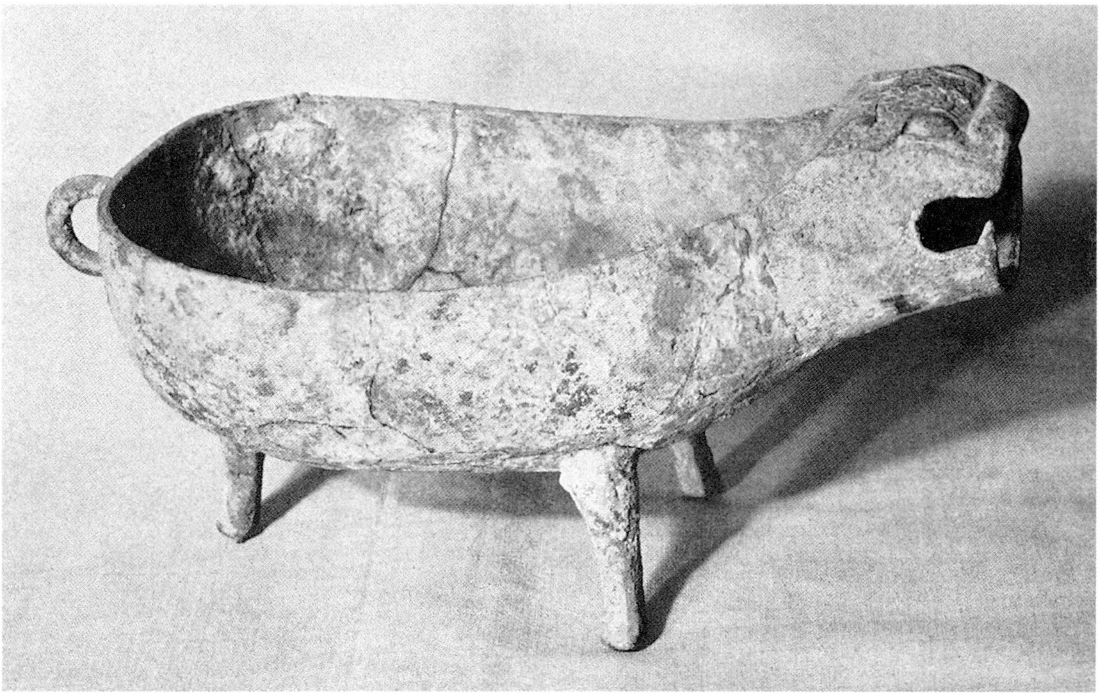

Bronzegefäß „I". Spät-Chou – Tiger. Spät-Chou

Himmelssymbol „Pi“, Jade. Spät-Chou

Drache, Schmuckstück, Jade. Spät-Chou

Himmelssymbol „Pi“, Jade. Spät-Chou

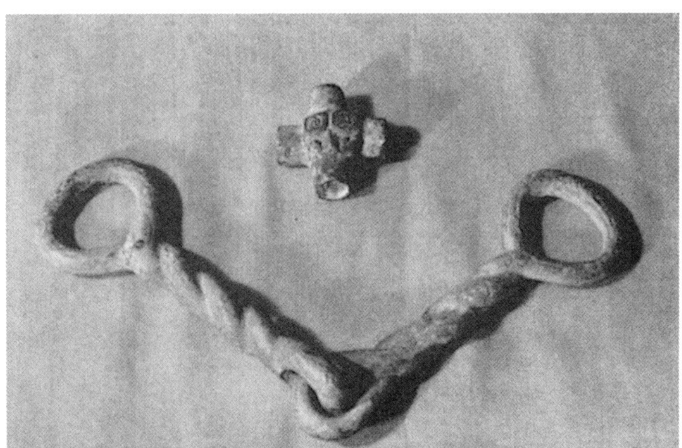

Pferde, Steigbügel, Trense und Riemenbeschlag, Grabbeigaben aus Bronze. Spät-Chou

Ziegel aus Chin-ts'un. Spät-Chou

Lanzenschuh und -beschlag. Spät-Chou

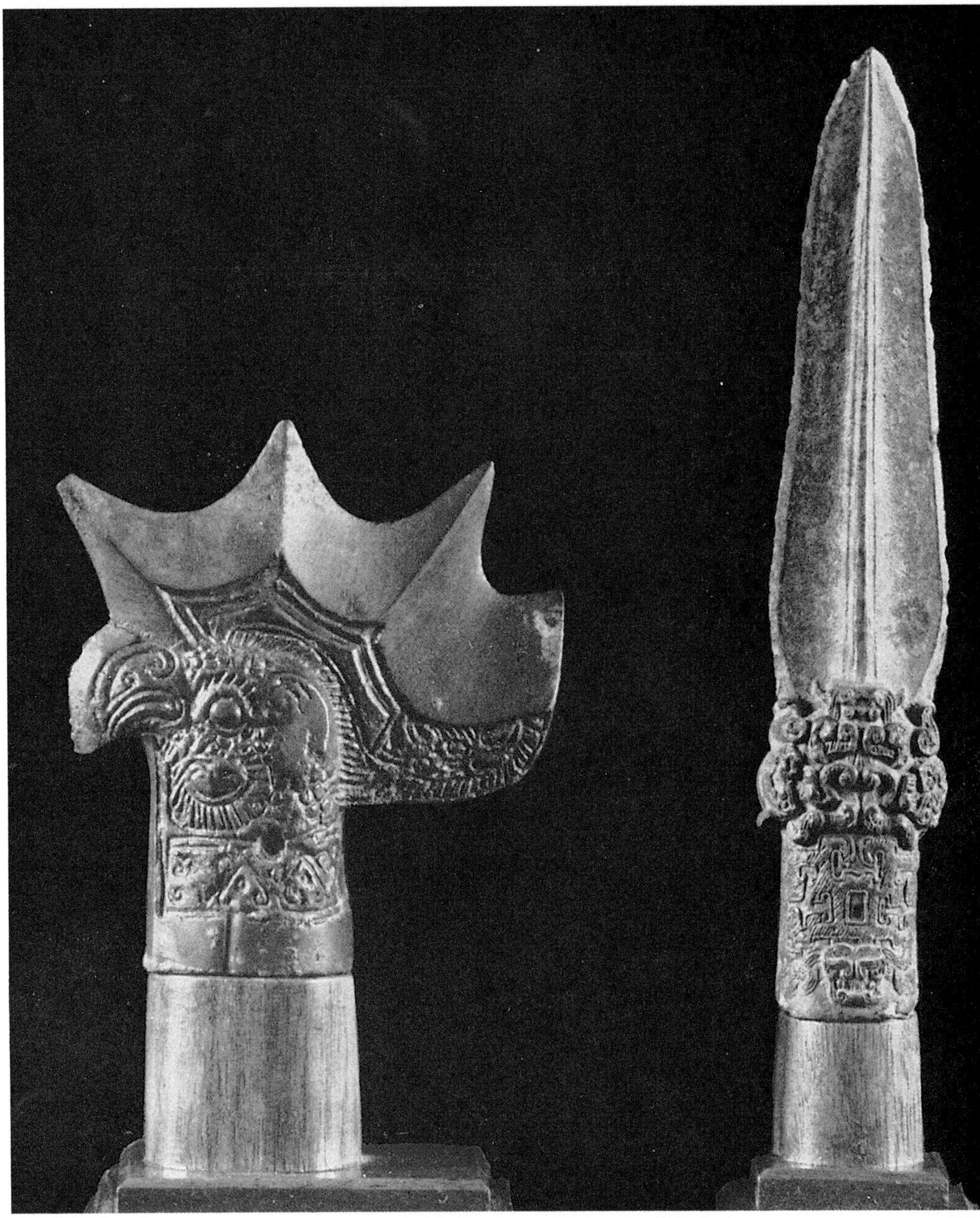

Waffen. Spät-Chou

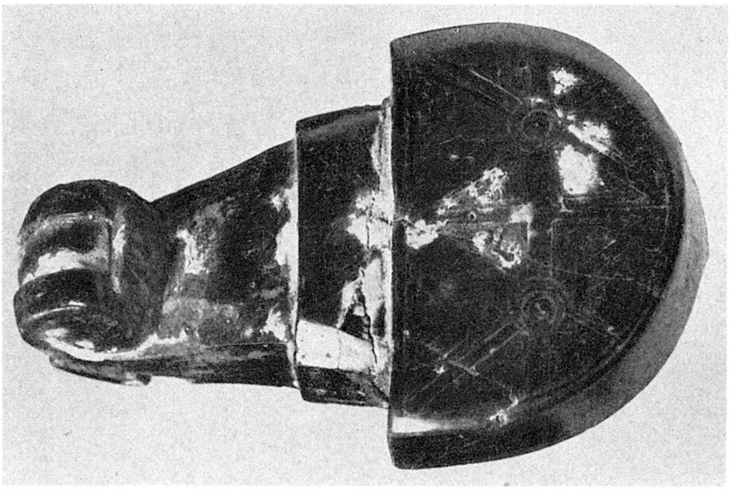

Agraffe und Opfergefäß „Tou“, sog. Hui-hsien-Keramik. Spät-Chou

Sog. Hui-hsien-Figuren, Vorder- und Rückansicht. Spät-Chou

Vogelsteller, Bronze, Grabbeigabe. Spät-Chou

Akrobat mit Bär, Bronze, Grabbeigabe. Spät-Chou

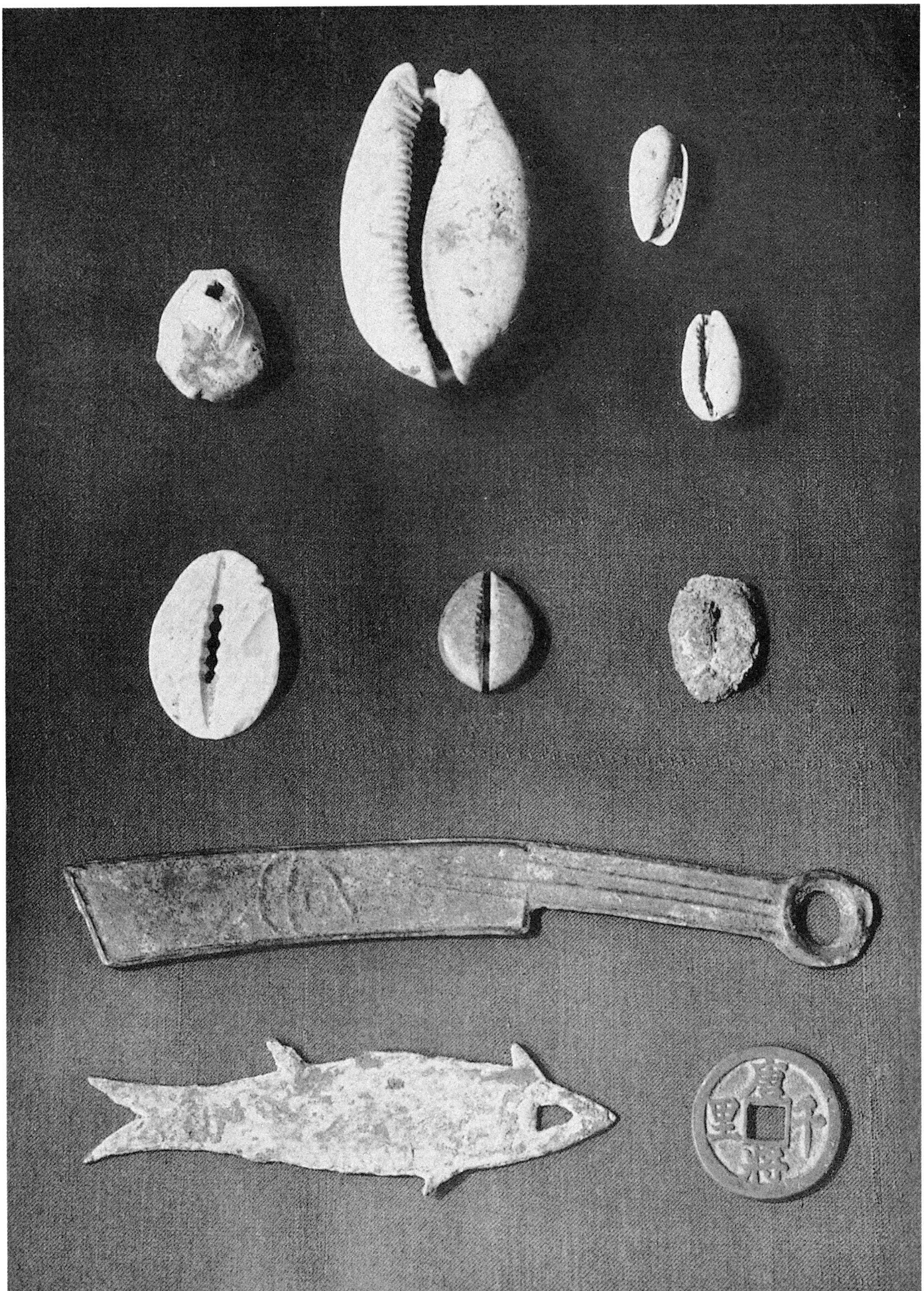

Geld: Vier Kaurimuscheln (oben), Kauri-Imitationen (Mitte), Bronzemünzen (unten).
Shang, Chou und später

Diener, Bronze, Grabbeigabe. Spät-Chou

Schwert. Ch'in – Krieger, Holz, aus Ch'ang-sha

Mann, Holz, aus Ch'ang-sha – Sargdeckel, Holz, aus Ch'ang-sha

Frau, Holz, aus Ch'ang-sha

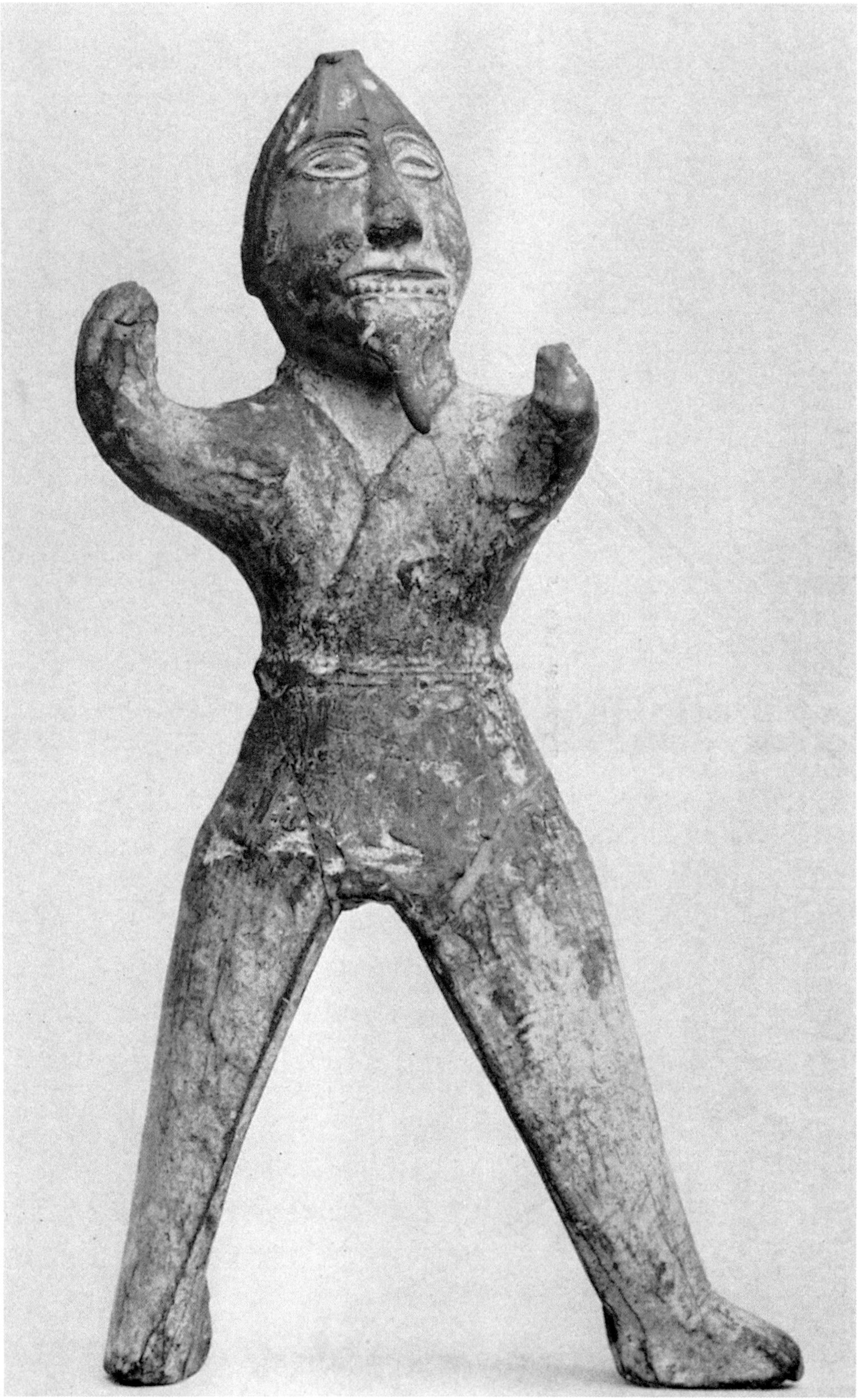

Schamane (?), Ton. Spät-Chou oder Han

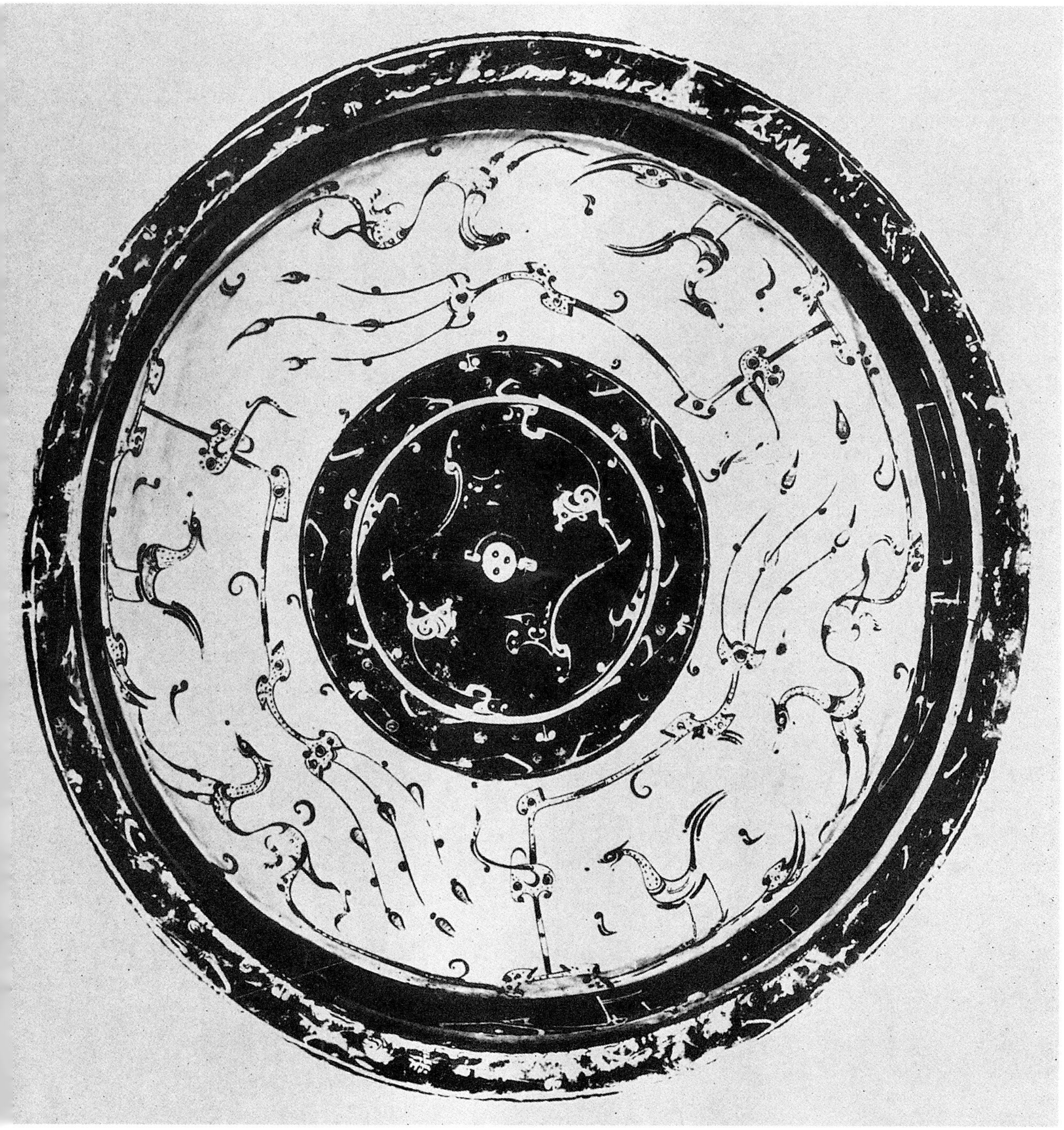

Schale, Lack, aus Ch'ang-sha

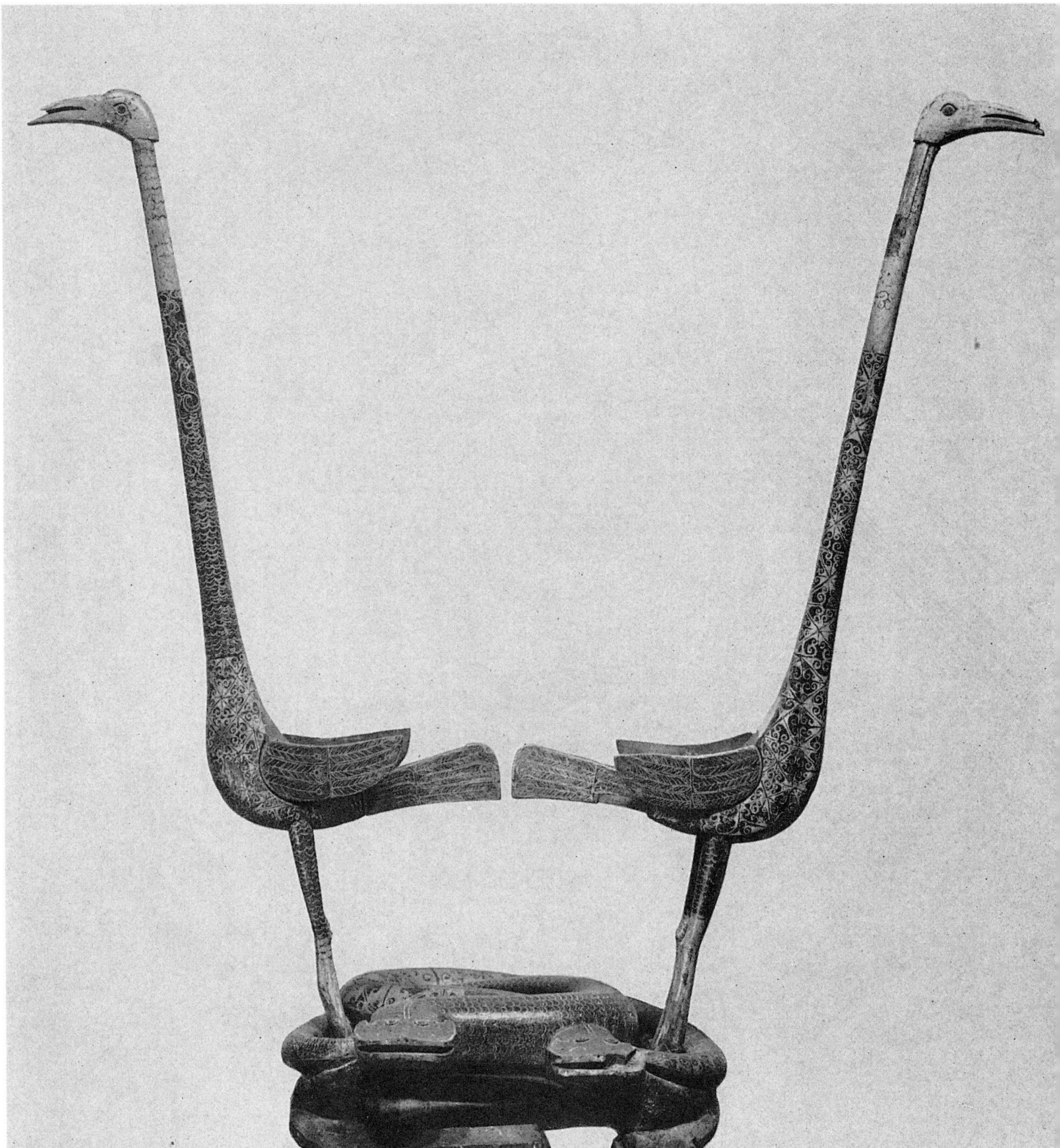

Paukenständer, Holz, gelackt, aus Ch'ang-sha

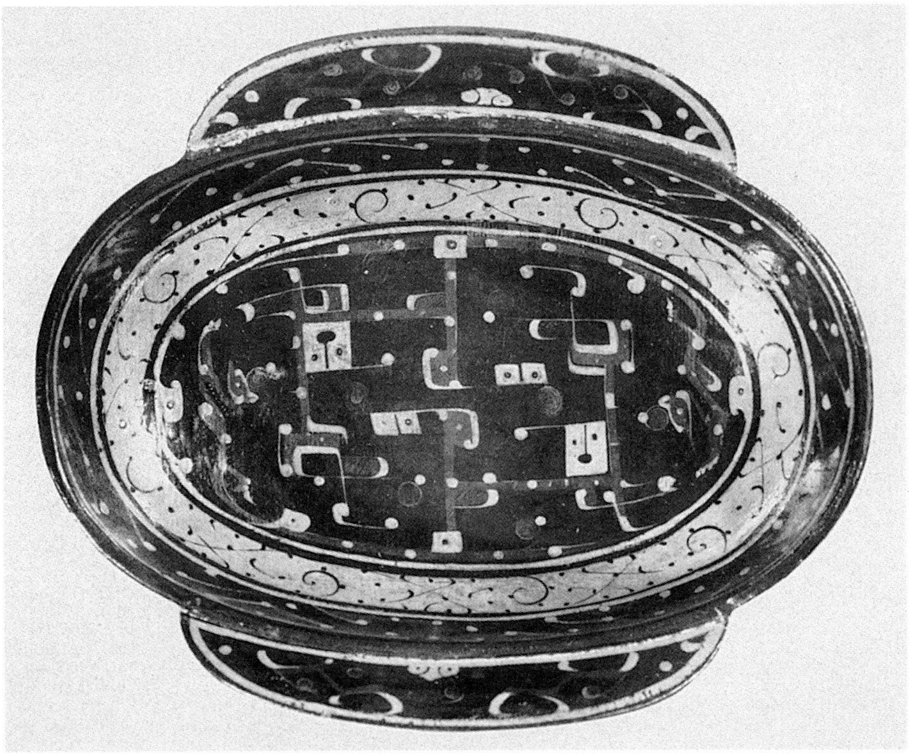

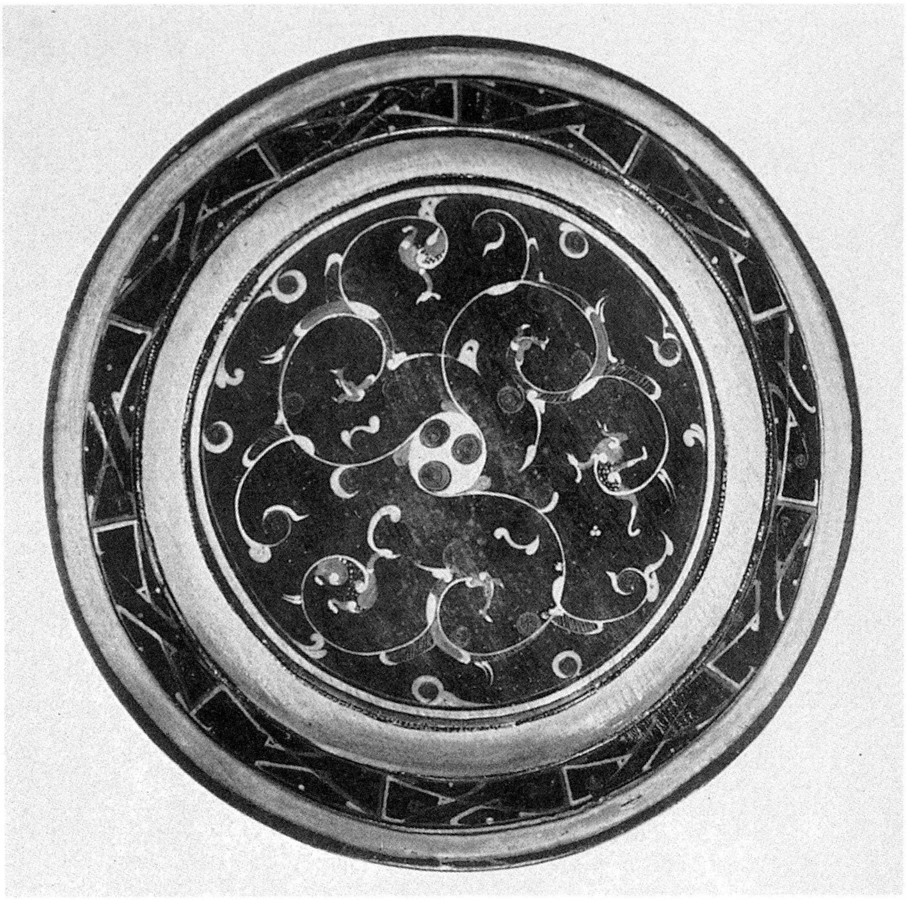

Weinbecher und Schachtel, Lack. Spät-Chou

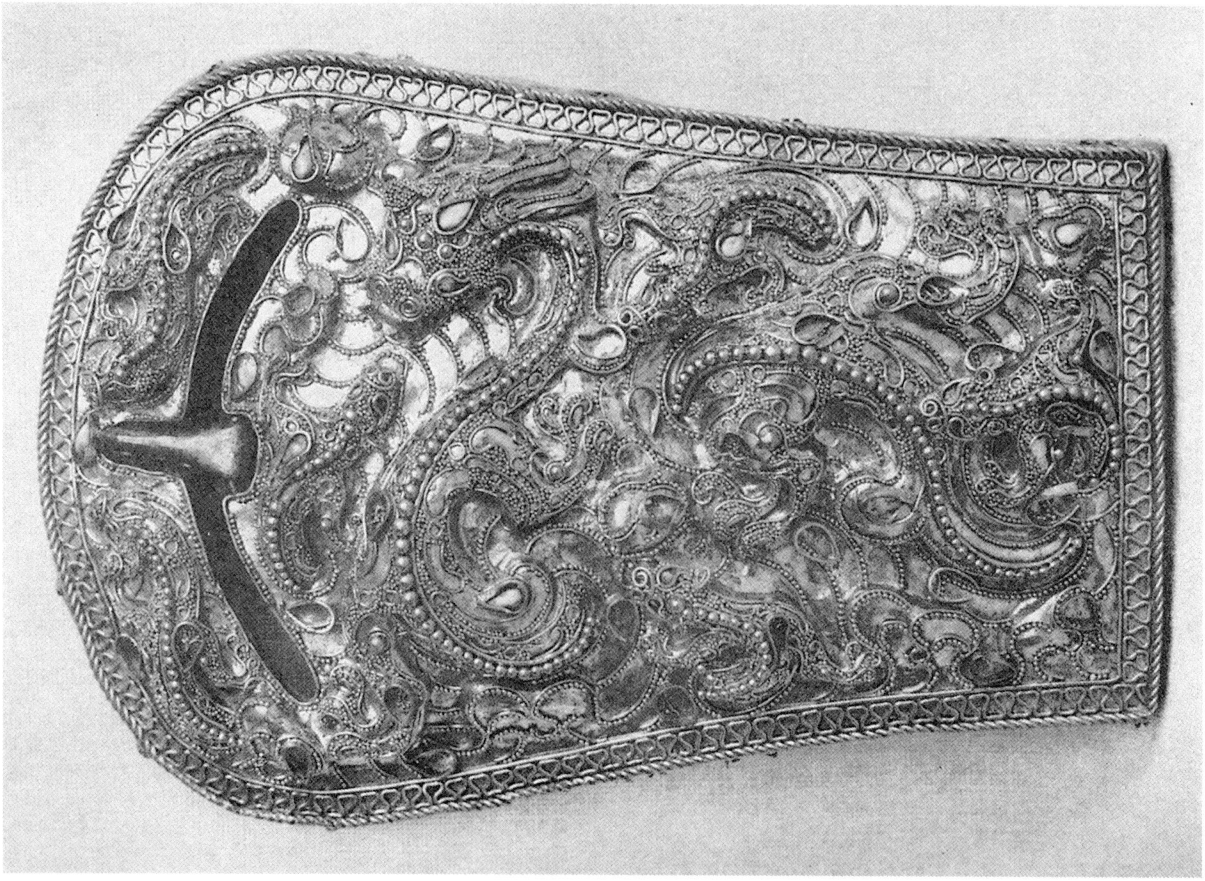

Weihrauchbrenner, Bronze. Han – Gürtelschnalle, Gold, aus Lo-lang. Han

Spiegel- und Toilettendose. Han

Agraffe und drei Spiegel. Spät-Chou

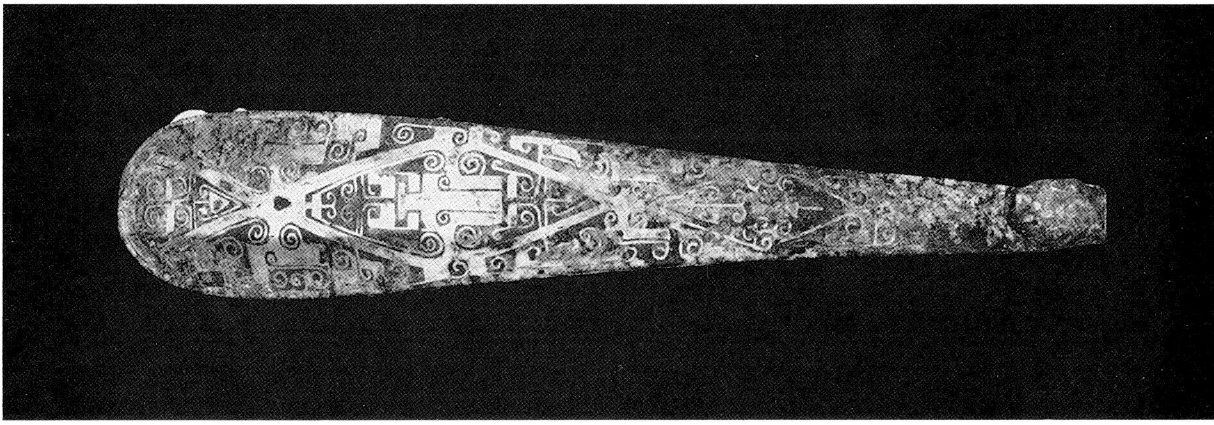

Agraffe und Waffe. Spät-Chou

Siegelabdrücke in Ton. Han – Tontopf. Spät-Chou

Kämpfende Bären, Reh. Sino-sibirischer Tierstil, Han

Tigerkopf, Riemenschnalle in Tigerform, Falke, Bronze. Spät-Chou

Pferd und Reiter, Grabbeigabe. Han

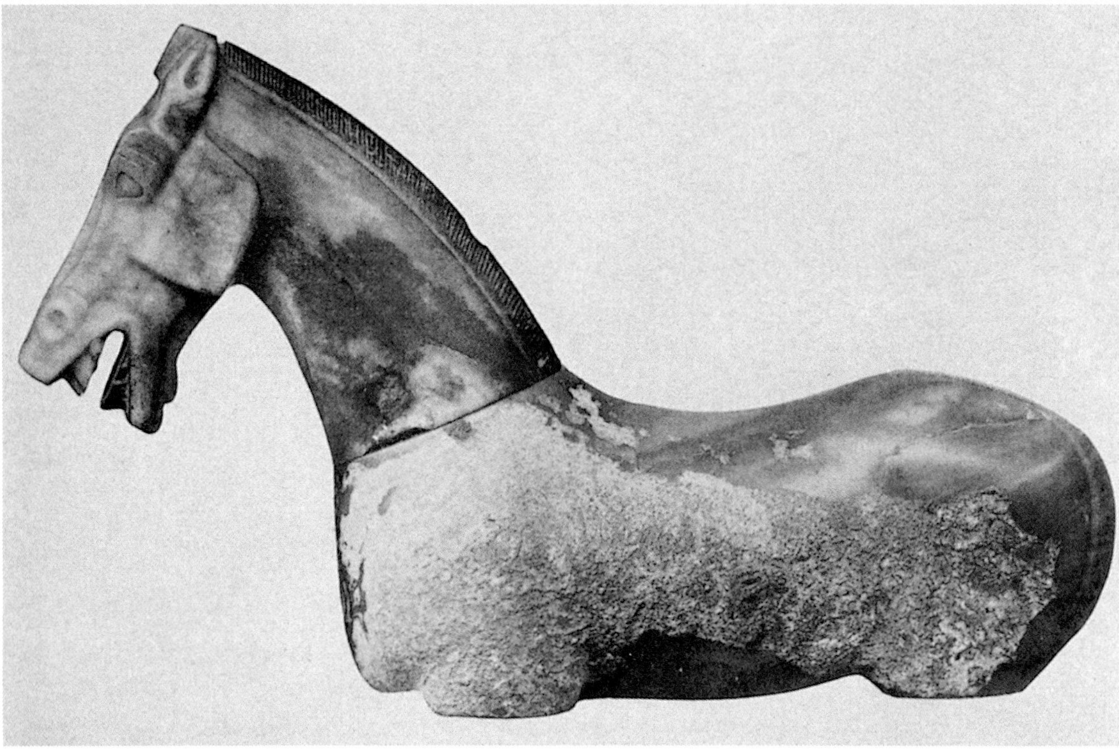

Pferd, Jade. Han – Rind, Ton. Han

Hund, Grabbeigabe. Han

Dienerin, Grabbeigabe. Han

Abort und Schweinekoben, Grabbeigabe. Han

Pferd, Holz, Grabbeigabe, aus Lo-lang

Topf, Ton. Han

Teller, Ton, bemalt. Han

Kochherd, Ton, Grabbeigabe. Han (oben links) – Bronzeflasche. Han (oben rechts) – Vase, Ton. Han (unten links) – Dose „Lien“, Ton. Han (unten rechts)

Hausmodell, Ton, Grabbeigabe. Han

Erläuterungen und Quellennachweise der Tafeln und Abbildungen

Folgenden Sammlern und Museen sagen Verfasserin und Verlag aufrichtigen Dank für die Überlassung von Photographien und die freundliche Genehmigung zur Reproduktion:

A. Brundage; Frank Caro; Werner Jannings; H. J. von Lochow; Roger Malengreau; Franz Monheim.

Albright Art Gallery, Buffalo; The British Museum, London; Chicago Natural History Museum; City Art Museum, St. Louis; Cleveland Museum of Art; Freer Gallery of Art, Washington; Los Angeles County Museum; Metropolitan Museum of Art, New York; Minneapolis Institute of Arts; Musée Cernuschi, Paris; Museum für Kunst und Gewerbe, Hamburg; Museum für Ostasiatische Kunst, Köln; Museum für Völkerkunde, München; Museum of Fine Arts, Boston; Portland Art Museum; Seattle Art Museum; William Rockhill Nelson Gallery of Art, Atkins Museum of Fine Arts, Kansas City; Worcester Art Museum.

T. 1 Fußschale, Ton mit zum Teil irisierender grünlicher Bleiglasur überzogen, Höhe 13 cm, Han-Zeit, um Christi Geburt. Staatliches Museum für Völkerkunde, München. Inventar-Nr. 28-42-53.

T. 2 Henkelschale, zylindrischer Becher mit Henkel, auf drei Füßen stehend. Bronze mit Türkiseinlagen, vermutlich aus dem südchinesischen Staat Ch'u stammend, Höhe 12,2 cm. Han-Zeit. Staatliches Museum für Völkerkunde, München. Inventar-Nr. 51-25-1.

T. 3 Sakralgefäß (Yu), Bronze, Dekor von Vögeln und Tiermasken, Henkelansatz mit Felidenköpfen, Höhe 25 cm, Shang-Zeit. Staatliches Museum für Völkerkunde, München. Inventar-Nr. 65-8-1.

T. 4 Ritualtext (Yüeh), Bronze, stark patiniert. Plastischer Dekor von Schlangendrachen in Durchbrucharbeit und T'ao-t-ieh Monstermaske. Länge 20,5 cm, Shang-Zeit. Staatliches Museum für Völkerkunde, München. Inventar-Nr. 47-7-1.

T. 5 Sakralgefäß vom Typ Ku, Bronze, kelchförmige Öffnung mit Zikadendekor, in der Mitte und unten T'aot'ieh-Monstermasken, Höhe 31 cm, Shang-Zeit. Staatliches Museum für Völkerkunde, München. Inventar-Nr. 52-14-2.

T. 6 Ting. Späte Shang-Dynastie, ca. 12.–11. Jh. v. Chr. H. 22,3 cm, Durchmesser an den Henkeln 18,4 cm. Museum Rietberg. Slg. von der Heydt. Foto: Wettstein + Kauf, Zürich.
Der tiefe bauchige Kessel mit zwei vertikal auf den ausschwingenden Mündungsrand gesetzten Henkeln steht auf drei zylindrischen Beinen. Der kräftige Reliefdekor setzt sich auf einem präzise gegossenen Spiralmuster, das in Form eines schmalen Bandes auf Höhe der Schulter und eines Dreiecksfrieses in der Bauchzone den Gefäßkörper umspannt, aus zwei charakteristischen zoomorphen Motiven der späten Shang-Kunst zusammen: aus Paaren gegenständiger, im Profil gesehener *K'uei*-Drachen und aus stark schematisierten, in Aufsicht wiedergegebenen Zikaden in regelmäßiger Reihung. Die klare Gliederung des Dekors verleiht dem Ritualgefäß vom Typ *Ting* im Verein mit seinen einfachen Konturen und den etwas gedrungenen Proportionen den Ausdruck in sich ruhender, stabiler Kraft und Beständigkeit. Die Inschrift, die einen einachsigen Pferdewagen mit allem wesentlichen Zubehör klar erkennen läßt, befindet sich unterhalb des Mündungsrands an der Innenwand des grün patinierten, teilweise mit Verkrustungen bedeckten Gefäßes. Sie wird im allgemeinen *i ch'ê* gelesen, was „Achselhöhle" und „Streitwagen" bedeutet. Allerdings konnte diese Zeichenkombination bisher nicht überzeugend interpretiert werden.

T. 7 Fang-Ting. Späte Shang- oder frühe Westliche Chou-Dynastie, ca. 11. Jh. v. Chr. H. 25,5 cm, Br. 18,8 cm. Tiefe 14,7 cm. Museum Rietberg (Ehem. Slg. J. F. H. Menten). Foto: Wettstein + Kauf, Zürich.
Tektonische Züge bestimmen Aufbau und Gliederung des „viereckigen *Ting*". Der im Grundriß querrechteckige, kastenförmige Gefäßkörper ruht auf vier an den Ecken angebrachten Beinen, die in ihrer Höhe annähernd der Höhe der Gefäßwand entsprechen. An den beiden Schmalseiten heben die Henkel vertikal vom Rand ab. Senkrechte Stege an den vier Ecken begrenzen jeweils ein Dekorfeld, entsprechende Grate in der Mitte bilden die zentrale Vertikalachse eines in mehreren Reliefschichten aufgebauten *T'ao-t'ieh*. Die mit scharfen Fangzähnen, hervorquellenden Augen und nach oben zugespitzten Ohren ausgestattete Dämonenmaske zeichnet sich besonders durch lange nach rechts und links bis zum Rand ausschwingende Federbüsche über den C-förmigen Hörnern aus. Bei dem *Fang-Ting* des Rietberg-Museums flankiert ein Drachenpaar mit rückwärts gewandten Köpfen in den unteren Ecken ein jedes der vier *T'ao-t'ieh*. Alle Reliefpartien heben sich klar von dem feingratigen Spiralgrund ab. Übers Eck gestellte *T'ao-t'ieh* vervollständigen in der oberen Hälfte der zylindrischen Beine den Reliefdekor des grün patinierten und mit dunkelvioletten bis braunen Inkrustierungen übersäten Gefäßes. Auf der Unterseite des Bodens ziehen sich diagonal von Bein zu Bein

zwei glatte, breite, wohl gußtechnisch bedingte Reliefbänder. Im Zentrum der auf diese Weise entstehenden vier Dreiecke sind gleichfalls als Spuren des Gießprozesses kleine, fest im Gefäßboden eingeschlossene Metalleinsätze *(chaplets)* deutlich sichtbar.

An einer der Breitseiten zwischen den Henkeln erkennt man an der oberen Innenkante des *Fang-Ting* eine kurze Widmungsinschrift, die nur noch schwer zu entziffern ist, vielleicht jedoch *Wên Fu Ting* lauten könnte. Wên wäre der Stifter dieser „Vater Ting" zugeeigneten Ritualbronze.

T. 8 Tsun. Späte Shang-Dynastie, ca. 12.–11. Jh. v. Chr. H. 32,2 cm, Durchmesser (der Öffnung) 24,5 cm. Museum Rietberg. Foto: Wettstein + Kauf, Zürich.

Dieses mächtige *Tsun* gleicht einem ins Monumentale gesteigerten Kelch vom Typ *Ku* mit gedrungeneren Proportionen: es teilt mit ihm den klar gegliederten Aufbau in drei Zonen übereinander. Über der nach unten leicht ausladenden Basis mit einem scharfkantig abgesetzten Fußring wölbt sich der Gefäßkörper in der Mittelzone zunächst nach außen und geht dann in elegantem Aufwärtsschwung in den trompetenförmigen Mündungsteil über. Glatte Zwischenringe sorgen für die Abtrennung und Betonung des leicht bauchigen Mittelstücks, das Träger des Hauptmotivs ist; gleichzeitig aber korrespondieren sie mit dem kantigen Mündungsrand und dem wuchtigen undekorierten Fußring. Sie durchstoßen die eingekerbten, kräftigen Grate, die nicht nur vertikale Akzente als kompositionelle Achsen setzen, sondern auch die Gefäßkontur in seinem Kurvenverlauf nachdrücklich betonen.

T. 9 Zeremonialaxt vom Typ Yüeh. Bronze, H. 35 cm, B. 37,8 cm. An-yang, späte Shang-Dynastie, 12. Jh. v. Chr. Museum für Ostasiatische Kunst, Köln.

Im Grabgut der ältesten historisch faßbaren Dynastie fand man die frühesten, aus einer Kupfer-Zinn-Mischung gegossenen Sakralgefäße und -geräte. Zwei dem Kölner Yüeh ähnliche Äxte wurden jedoch nicht in der Nähe des Verstorbenen, sondern von ihm entfernt im Randgebiet eines Schachtgrabens in Shantung entdeckt. Da man in jenem Großgrab auch die Skelette gewaltsam getöteter Menschen beigesetzt hatte, schließt man auf eine Verwendung der Äxte für Hinrichtungen als Teil des Totenrituals. Die Kölner Axt fällt neben den wenigen anderen bekannten Beispielen durch die Durchbrechungen im maskenartigen Hauptdekor an Maul, Ohren und Hörnern auf. Außerdem wurde nur hier die Binnenzeichnung des Reliefs mittels einer dunklen harzartigen Masse eingelegt, so daß die Tiermaske T'ao-t'ieh wie die beiden flankierenden, senkrecht stehenden Drachen betont hervortreten. Die beiden Schlitze seitlich des Heftzapfens dienten offensichtlich zur Befestigung der Axt an einem Schaft. Durch Lagern in einer an Ammoniumsalz reichen Erde setzte das Metall graugrüne, schwarze und rotbraune Patina an. Gestiftet von H.-J. von Lochow.

T. 10 Zeremonialgefäß vom Typ P'ien-hu. Bronze, H. 31,5 cm, B. 31,5 cm, T. 12,2 cm. Späte Östliche Chou-Dynastie, 4.–3. Jh. v. Chr. Museum für Ostasiatische Kunst, Köln.

In der chinesischen Bronzekunst taucht die Form des flachen Hu, die vermutlich säkularen Ursprungs ist und in der Kunst der Steppenvölker schon länger beheimatet war, erst um 400 v. Chr. auf. Es war die Zeit, in der die Zentralmacht zurückging, die Feudalherren und Fürsten immer eigenmächtiger wurden und als Folge der Kontakte mit den benachbarten Nordbarbaren mancher Teil an Kleidung und Gerät übernommen wurde. An den Dekor der Bronzen der Frühzeit gemahnen nur noch kleine, auf den Schultern als Ringhalter dienende T'ao-t'ieh-Masken. Neu ist auch die Gliederung der Seitenflächen mit Hilfe kontrastierender Kupferbandeinlagen zu rechteckigen Paneelen, die das Federspiralmuster füllt. Nicht nur dieses Yü-chuang-wen genannte Muster weist in die Zeit der späten Chou-Dynastie, sondern auch die Art der Paneelordnung, deren Rechtecke teilweise vom Rand überschnitten sind und den Aufbau der Gefäßform unberücksichtigt lassen. Neu ist das Interesse an der auch hier mit Hilfe farbiger Einlagen erzielten Polychromie. Das P'ien-hu gilt unter den Bronzegefäßen der letzten Epoche der Chou-Dynastie als Neuschöpfung. Fünf andere Gefäße variieren noch Gefäßtypen der klassischen Shang-Zeit. Etwa um 500 v. Chr., als man bereits begonnen hatte, Gußeisen herzustellen, wurde für den Bronzeguß aus verlorener Form ein Wachsausschmelzverfahren (à cire perdue) benutzt, von dem man lange glaubte, es sei die älteste chinesische Gußart. Inzwischen weiß man aus zahlreichen Funden, daß bereits seit der Mitte des zweiten vorchristlichen Jahrtausends ein Gußverfahren mit Hilfe hart gebrannter Stückformen zur Anwendung kam, dessen Teilformen, Modelle und Schmelztiegel aus frühester Zeit erhalten blieben. Slg. H.-W. Siegel.

T. 11 Schultertopf. Steinzeug mit Resten von Glasur, H. 25 cm, D. 31 cm. Han-Dynastie, 206 v. Chr.–220 n. Chr. Museum für Ostasiatische Kunst, Köln.

Der einzige Dekor des Gefäßes sind die beiden Henkel mit breiter S-förmig gebogener Schauseite und einer Maske als schmalem horizontalem Band, oben und unten eingefaßt von haarähnlichen, vertikal gerippten Zonen. Diese in der Model geformten Henkel geben, besonders auch durch ihre bizarre Form, dem bauchigen Gefäß einen für die Han-Zeit merkwürdig archaisierenden Zug. Ähnliche Gefäße wurden in Chekiang und Hunan gefunden. Das Stück ist auf der Töpferscheibe geformt, auf das nachträgliche Glätten der Drehspuren wurde kein Wert gelegt. Die Schulter ist mit einer, heute weitgehend zerstörten, strohfarbenen Glasur überzogen. An den freiliegenden Stellen ist der Scherben rötlichbraun verfärbt. Keramiken mit hochgebrannten Glasuren sind bereits in Gräbern des 4. Jahrhunderts v. Chr. nachgewiesen worden. Während der Han-Zeit entwickelte sich Nord-Chekiang, das später durch sein Yüeh-yao berühmt wurde, zu einem Zentrum der Produktion. Slg. H.-W. Siegel.

T. 12 Zeremonialgefäß vom Typ Chia. Bronze, H. 39,5 cm, B. 24 cm. An-yang, späte Shang-Dynastie, 12. Jh. v. Chr. Museum für Ostasiatische Kunst, Köln.
Das im Spiralgrund wie in der Binnenzeichnung schwarz eingelegte Muster, bestehend aus drei T'ao-t'ieh-Tiermasken auf den euterförmig herabgezogenen Füßen, am Hals und auf der Randbordüre, wird selbst von den hutförmigen Aufsätzen der Randbekrönung aufgenommen. Das Tiergesicht am Henkel mit den kurzen geraden Hörnern bildet eine zweite Variante der zur Symbolhäufung aus Teilen verschiedener Tiere zusammengesetzten Maske. Frühformen dieses monumentalen Weinwärme- und Gießgefäßes sind aus der Jungsteinzeit bekannt. Damals ähnelte das Chia noch dem Kochkessel vom Typ Ting, von dem es sich nur durch die ausladende Mündung unterschied. Da es zu den kurzlebigen Formen der Weinwärmegefäße zählt, die sämtlich nur in der Shang- und besonders in der späteren Shang-Zeit benutzt wurden, vermutet man, daß ihre Nachfolgedynastie Chou auf das Trinkritual samt dem dazugehörigen Gerät verzichtete. Gestiftet von H.-J. von Lochow.

T. 13 Zeremonialgefäß vom Typ Fang-ku. Bronze, H. 30 cm, D. 13,5 cm. An-yang, späte Shang-Dynastie, 13.–12. Jh. v. Chr. Museum für Ostasiatische Kunst, Köln.
Das Ku, hier in seiner seltenen viereckigen Variante, diente als Libationsgefäß für Hirsewein. Jede Seite des Fußes schmückt eine, auf die wichtigsten Gesichtszüge reduzierte Tiermaske, bekrönt von einem aus Vierekken und Halbmondformen zusammengesetzten Monoculus. Der Fuß ist vom Mittelteil durch drei Kehlen abgesetzt, deren mittlere auf jeder Seite einen kreuzförmigen Einschnitt hat. Vermutlich wurde hier ein Metallstab durch die Gußform gesteckt. Den Schaft dekorieren vier senkrecht stehende K'uei-Drachen, die trompetenartig ausladende Halszone Schlangen sowie zur Mündung auslaufende Lanzettformen. Im ausschwingenden hohlen Fuß trägt das Ku eine Inschrift aus drei bildhaften Zeichen. Die Bronze ist mit einer silbriggrünen, glänzenden Patina überzogen, die an Mündung und Fuß malachitfarbene Verkrustungen aufweist. Gestiftet von H.-J. von Lochow.

T. 14 Agraffe. Spät-Chou. Bronze mit Einlagen von Silber, Gold, Malachit. Länge 14,6 cm. Sammlung und Aufnahme: William Rockhill Nelson Gallery of Art, Atkins Museum of Fine Arts, Kansas City, Gift of C. T. Loo.

T. 15 Bronzegefäß „Hu". Spät-Chou. Bronze, bemalt. Höhe 16,3 cm. Aus Yu-lin, Shensi. 3. Jh. v. Chr. Aus einem Satz von 5 kleinen bemalten Bronzegefäßen. Dargestellt sind Reiter. Sammlung und Aufnahme: Museum of Fine Arts, Boston.

T. 16 Schachtel. Spät-Chou. Lack auf Holz. Höhe 21,8 cm. Durchmesser 20,2 cm. Malerei in Schwarz und Rot. Einfassung: vergoldete Bronzereifen. Sammlung und Aufnahme: William Rockhill Nelson Gallery of Art, Atkins Museum of Fine Arts, Kansas City.

T. 17 Kochgefäß „Li". Jungsteinzeit oder Shang. Grauer Ton. Höhe 17 cm. Mit Schnureindrücken verziert. Nach: Hájek-Forman, Chinesische Kunst in Tschechoslowakischen Museen, T. 1.

T. 18 Hockender Bär. Vor-Anyang. Marmor. Höhe 10,3 cm. Sammlung und Aufnahme: Seattle Art Museum, Eugene Fuller Memorial Collection.

T. 19 Oben: Krug. Jungsteinzeit. Bemalte Keramik des Typs Yang-shao, aus Kansu, Gruppe Pan-shan. Höhe 16 cm. Sammlung und Aufnahme: Museum für Ostasiatische Kunst, Köln.
Unten: Großes Vorratsgefäß. Jungsteinzeit. Bemalte Keramik des Typs Yang-shao, aus Kansu, Gruppe Pan-shan. Höhe 40 cm. Sammlung: Musée Cernuschi, Paris. Aufnahme: Nobécourt, Paris.

T. 20 Oben links: Urnendeckel in Form von Menschenköpfen. Jungsteinzeit. Bemalte Keramik des Typs Yang-shao, aus Kansu. Nach: The Great Heritage of Chinese Art, Peking 1952, I, 1.
Oben rechts: Kleiner Dreifuß. Jungsteinzeit oder Shang. Grauer Ton. Höhe 12,5 cm. Auf der Töpferscheibe gedreht. Keramische Vorform der Sakralbronze „Chüeh". Sammlung d. Verf. Aufnahme: Preim, Aachen.
Unten: Gefäß. Jungsteinzeit. Schwarze Keramik des Typs Lung-shan. Aus Cheng-chou, Honan. Höhe 21 cm. Nach: Ch'uan-kuo chi pen chien-she kung-ch'eng chung ch'u-t'u wen wu chan-lan t'u-lu, II, T. 173, 1.
Becher. Shang. Graue Keramik, in Ritztechnik verziert. Höhe 25 cm. Sammlung und Aufnahme: Metropolitan Museum of Art, New York.
Topf mit Deckel. Shang. Aus An-yang. Weiße Keramik, mit eingeschnittenem Dekor. Sammlung Asano, Osaka. Nach: S. Umehara, Kana Anyo Ibutsu no Kenkyu. T. 10.

T. 21 Sakralbronze, Traggefäß für Opferwein „Yu". Shang, vielleicht Früh-Chou. Höhe 35,5 cm. Ein hockender Tiger umfaßt mit seinen Pranken einen Mann, der seinen Kopf im aufgerissenen Maul des Tigers birgt. Auf dem Körper des Tigers sind Drachen, auf dem des Mannes Schlangen dargestellt. Sammlung und Aufnahme: Musée Cernuschi, Paris.

T. 22 Sakrale Sichel. Spät-Shang; wahrscheinlich aus An-yang. Höhe 34,5 cm. Haft aus drei Bronzeteilchen, mit Türkisen eingelegt; Klinge aus Jade mit eingeschnittener Zier. Sammlung und Aufnahme: Freer Gallery of Art, Washington.

T. 23 Oben: Ein Satz Sakralbronzen. Shang und Früh-Chou. Länge des „Tisches" 89,7 cm. Diese Bronzen wurden im 19. Jahrhundert angeblich zusammen gefunden. Einzigartig ist die tischartige Plattform aus Bronze. Der erste Besitzer dieses Schatzes war der Vizekönig Tuan Fang; die Bronzen werden darum heute die Tuan-Fang-Bronzen genannt. Sie stammen nicht alle aus derselben Zeit, sondern stellen den nach und nach zusammengestellten Bronzebesitz einer Familie dar. Alle Gefäße sind für das Weinopfer bestimmt – wenn man den traditionellen Zweckbestimmungen der chinesischen Gelehrten folgt –, keines für ein Speiseopfer. Sammlung und Aufnahme: Metropolitan Museum of Art, New York.

Unten: Grab mit Tumulus, Stele und marmornen Gefäßen. Ch'ing. Westlich von Peking, in P'ao-ma-ch'ang. Die steinernen Opfer- und Weihrauchgefäße halten z. T. an den Formen der Bronzen aus der Chou-Zeit fest. Aufnahme: Hermann Consten.

T. 24 Oben: Drei Glocken „Nao". Shang. Bronze. Höhe 19,5 cm, 16,9 cm, 14,5 cm. Zier: T'ao-t'ieh. Sammlung Werner Jannings, Palastmuseum Peking. Aufnahme: H. Consten und S. Vargasoff.

Unten: Drache „Chiao" am Kanal innerhalb des Tores Tê-shih-men, Peking. Ch'ing. Marmor. Die Drachen dieser Gattung beherrschten das Wasser und die Überschwemmungen. Aufnahme: Hermann Consten.

T. 25 Oben: Sakralbronze in Form eines Wasserbüffels. Shang. Länge 30 cm. *Salmony* macht glaubhaft, daß diese Bronze zu den wenigen gehört, die in die Shang-Zeit vor der Gründung von An-yang, also etwa 1500–1300 v. Chr. angesetzt werden können. Sammlung Brundage, Chicago. Aufnahme: Kuehn & Co., Chicago.

Unten: T'ao-t'ieh-Maske. Bronze. Breite 41 cm. Für den Verwendungszweck solcher Masken wurde u. a. Befestigung an den Holzteilen der Bauten oder auf dem Leder oder dem Wattepanzer der Kriegerrüstung vermutet. Eine so große Maske kann auch Architekturschmuck gewesen sein. Sammlung und Aufnahme: City Art Museum, St. Louis.

T. 26 Oben: Fragment eines Gefäßes. Shang. Knochen, geschnitzt. Höhe 14 cm. Sammlung und Aufnahme: Seattle Museum, Eugene Fuller Memorial Collection. Unten: T'ao-t'ieh-Maske. Shang. Marmor. Breite 13 cm. Wahrscheinlich war ein solches Schmuckstück aus Stein am Holz eines Baues befestigt. Sammlung und Aufnahme: Cleveland Museum of Art, Gift of Mrs. Dudley S. Blossom.

T. 27 Sakralbronze, Aufbewahrungsgefäß für Opferwein „Hu". Shang. An-yang. Höhe 39,3 cm. In dem reichen Dekor dominiert das T'ao-t'ieh, das deutliche Tigerzüge trägt. Sammlung und Aufnahme: William Rockhill Nelson Gallery of Art, Atkins Museum of Fine Arts, Kansas City.

T. 28 Sakralbronze, Aufbewahrungsgefäß für Opferwein „Lei". Shang. Höhe 50 cm, Breite 28 × 23 cm. Hals und Deckel dieses Gefäßes geben – nach *Hentze* – vielleicht die Form des ältesten chinesischen Hauses mit Walmdach wieder. Sammlung und Aufnahme: Museum für Völkerkunde, München.

T. 29 Sakralbronze, Aufbewahrungsgefäß für Opferwein „Tsun". Shang oder Früh-Chou. Höhe 19,2 cm. Sammlung und Aufnahme: Los Angeles County Museum.

T. 30 Sakralbronze, Darbringungsgefäß für Opferfleisch „Kuei". Früh-Chou. Höhe 28 cm, Breite 34,1 cm. Schale, Henkel und hohler Sockel sind in einem Stück gegossen. Die Datierung stützt sich auf die Inschrift, von *J. E. Lodge* übersetzt: „Po Chê-fu made this precious chiu (Gefäßbezeichnung) to be used für offerings when royalty is formally received." Freer Gallery of Art, Washington.

T. 31 Sakralbronze, Gefäß zum Erhitzen des Opferweins „Chüeh". Shang. Höhe 17,7 cm, Breite 15,8 cm. An der vom Beschauer abgewandten Seite ist ein Henkel senkrecht angebracht. Sammlung Monheim, Aachen. Aufnahme: Bredol-Lepper, Aachen.

T. 32 Sakralbronze, Trinkgefäß für Opferwein „Chih". Shang. Höhe 14,3 cm. Auf den Schmalseiten des Bechers bilden langhalsige Vögel ein zweites Hörnerpaar für das T'ao-t'ieh oder Körper und Schweif für ein Drachenpaar. Sammlung und Aufnahme: City Art Museum, St. Louis.

T. 33 Oben: Sakralbronze, Schöpflöffel für Opferwein „Shao". Shang oder Früh-Chou. Länge 21 cm. Der Stiel endet in zwei Drachenköpfen, die durch ein gemeinsames Körperband verbunden sind; das Horn des einen Drachenkopfes ist ein Vogel. Sammlung und Aufnahme: Minneapolis Institute of Arts, Gift of Alfred F. Pillsbury.

Unten: Sakralbronze, Darbringungsgefäß für Opferfleisch „Kuei". Shang. Höhe 16,7 cm. Durchmesser der Öffnung 23,3 cm. Diese Bronze gehört zu der Gruppe der henkellosen Kuei. Sammlung und Aufnahme: Museum für Kunst und Gewerbe, Hamburg.

T. 34 Sakralbronze, Aufbewahrungsgefäß für Opferwein „I". Shang. Höhe 23,5 cm, Breite 31 cm. Diese ungewöhnliche Form des gedeckten Gießgefäßes wird auch „Kuang" genannt. Drei Tiere bilden das Gefäß. Das Tigergesicht des Deckels hat keinen Körper, so wie es für das T'ao-t'ieh die Regel ist; Flügel und Krallenfüße können sowohl zu dem Vogelkopf gehören, der den Henkel bildet, als auch zu dem Eulenkopf auf dem Dekkel. Sammlung und Aufnahme: Freer Gallery of Art, Washington.

T. 35 Sakralbronze, Aufbewahrungsgefäß für Opferwein in Form einer gehörnten Eule. Shang oder Früh-Chou. Höhe 20,5 cm. Der Flügelumriß wird von einer Schlange mit T'ao-t'ieh-Kopf gebildet; *Salmony* erklärt die Form der Füße ebenfalls als Schlangen. Sammlung und Aufnahme: Cleveland Museum of Art.

T. 36 Sakralbronze, in Form eines Rhinozeros. Shang. Länge 36 cm, Höhe 21 cm. Diese ungewöhnliche Bronze soll - nach Angaben in chinesischen Büchern - um 1843 in Shou-chang in der Provinz Shantung ausgegraben worden sein und sich zuerst im Besitz der Nachkommen des Konfuzius befunden haben. Die Inschrift von 27 Schriftzeichen läßt nach *Wenley* auf ein Datum in der Regierungszeit des letzten Shangkönigs schließen. Sammlung Brundage, Chicago. Aufnahme: Kuehn & Co., Chicago.

T. 37 Sakralbronze, Gießgefäß für Opferwein in Form eines Elefanten. Shang oder Früh-Chou. Länge 21,2 cm, Höhe 17,2 cm. Den Deckelknauf bildet ein kleiner Elefant. Sammlung und Aufnahme: Freer Gallery of Art, Washington.

T. 38 Lanzenklinge „Tao" (?). Früh-Chou. Länge 33,5 cm. Wegen der ungewöhnlichen Form und Größe auch als Opfermesser bezeichnet. Die hockende Figur wird als Dämon Ch'ih-yu angesprochen, die drei Linien auf ihrem menschenähnlichen Gesicht als Tätowierung erklärt; jedoch sind dies nur Versuche einer Deutung. Sammlung und Aufnahme: Freer Gallery of Art, Washington.

T. 39 Sakralbronze, Gießgefäß für Opferwein „Ho". Shang. Höhe 18,1 cm. Breite 20,8 cm. Der Deckel ist ein menschliches Gesicht - auffallend ist der nichtchinesische Typ - mit Hörnern in einer Form, die häufig an T'ao-t'ieh und Drachenköpfen vorkommt. Die Zeichnung eines Schlangenleibes setzt am Hinterkopf an und windet sich um das Gefäß. An den Seiten sind krallenbewehrte Arme in flachem Relief. Solche Darstellungen menschengesichtiger Dämonen sind sehr selten; ihre Bedeutung ist noch ungeklärt. Sammlung und Aufnahme: Freer Gallery of Art, Washington.

T. 40 Oben: Dolchaxt, Zeremonialwaffe. Shang. Jade. Länge 42,7 cm. Diese Waffenart hat vielleicht niemals einen hölzernen Schaft gehabt, wie ihr Vorbild in Bronze, sondern wurde in aufrechter Stellung als Rangabzeichen getragen oder bei rituellen Tänzen geschwenkt. Ein Bohrloch ermöglicht das Durchziehen einer Schnur. Der Glaube, daß diese Jadeklingen wirksamen Abwehrzauber bedeuteten, mag ebenfalls erklären, warum sie sich oft in Shang-Gräbern finden. Sammlung und Aufnahme: William Rockhill Nelson Gallery of Art, Atkins Museum of Fine Arts, Kansas City.

Mitte: Zeremonialmesser. Shang. Jade. Länge 12 cm. Von einem stilisierten Vogelkopf gehen zwei gebogene Klingen aus. Sammlung und Aufnahme: Museum für Ostasiatische Kunst, Köln.

Unten: Zeremonialmesser. Shang. Jade. Länge 30,1 cm. Sammlung und Aufnahme: Museum für Ostasiatische Kunst, Köln.

T. 41 Oben: Funde, wahrscheinlich aus An-yang. Shang. - Links oben: Fragment eines Orakelknochens aus dem Bauchschild der Schildkröte, mit dem T-förmigen Sprung und eingeritzten Schriftzeichen. Höhe 4 cm. - Rechts oben: Fragment einer Tonform für eine Sakralbronze. Höhe 4,2 cm. Die im Negativ eingeschnittenen Lei-wen und die eine glatte Seite (auf dem Bild rechts) zum Anschluß an ein anderes Formstück sind zu erkennen. - Links unten: Haarpfeil oder Hutnadel. Shang. Knochen. Länge 7,4 cm. Die untere Hälfte der Nadel ist abgebrochen. - Mitte unten: Pfeilspitze. Bronze. Länge 4,9 cm. - Rechts unten: Pfeilspitze. Knochen. Länge 5,6 cm. Die Form dieser Pfeilspitzen läßt darauf schließen, daß sie in einen Schaft aus Bambus eingesetzt waren. Sammlung d. Verf. Aufnahme: Preim, Aachen.

Unten: Ornamente aus Jade. - Links: Vogel. Shang. Höhe 10,2 cm. - Rechts: Fisch. Shang. Höhe 10,4 cm. Diese flachen, beiderseitig ausgearbeiteten Jadestücke haben Bohrungen, an denen sie aufgehängt oder durch die sie aufgenäht werden konnten. Sie waren wohl Amulette und die in der Dichtung so oft genannten Gürtelornamente. - Mitte: T'ao-t'ieh, Spät-Chou. Höhe 6,8 cm. Eine Spätform der Jade-T'ao-t'ieh der Shang-Zeit. Sammlung und Aufnahme: Frank Caro, C. T. Loo Nachf., New York.

T. 42 Glocke. Früh- oder Mitte-Chou. Bronze. Höhe 49 cm. Wie die Glocken der Shang-Zeit, so wurde auch diese viel größere Glocke angeschlagen, hatte also keinen Klöppel. Die völlige Auflösung des T'ao-t'ieh-Motivs und die unsichere Linienführung in den Einzelheiten läßt auf eine Entstehung zur Zeit des Tiefstandes der Choukunst, also um das 9. Jahrhundert, schließen. Sammlung und Aufnahme: Portland Art Museum.

T. 43 Bronzegefäß „Hu". Mitte-Chou. Höhe 53,6 cm. Die Auflösung des in sich geschlossenen T'ao-t'ieh-Motivs in fortlaufende Bänder und bedeutungslose Linienelemente ist das Stilmerkmal der Mitte-Chou-Kunst, ebenso wie eine gewisse Plumpheit der Form, die aber eine Geschlossenheit erstrebt, die die früheren Formen nicht besessen haben. Sammlung: City Art Museum, St. Louis. Aufnahme: Piaget Studio, St. Louis.

T. 44 Oben: Bronzegefäß in Gestalt eines Tigers. Mitte-Chou. Länge 75,2 cm. Dies ist einer von einem Paar Tiger, die angeblich in Shensi ausgegraben wurden. Sie sind eher an den Anfang als in die Spätzeit von Mitte-Chou anzusetzen. Ihre ungewöhnliche Größe und kraftvolle Bildung macht sie zu großartigen Leistungen dieser künstlerisch armen Zeit. Sammlung und Aufnahme: Freer Gallery of Art, Washington.

Unten: Dachziegel. Spät-Chou. Ton. Breite 18 cm. Die chinesischen Dachziegel sind halbzylindrisch. Nur die Endziegel an der Traufseite hatten eine geschmückte Halbkreisplatte als Abschluß. Das T'ao-t'ieh erscheint hier als schützender Dämon. Seine Hörner sind zwei tigerartige Tiere. Sammlung d. Verf. Aufnahme: Preim, Aachen.

T. 45 Oben links: Hockender Dämon mit Büffelkopf. Mitte-Chou. Jade. Höhe 13,2 cm. Sammlung und Aufnahme: Cleveland Museum of Art, Gift of Severance A. Millikin.

Oben rechts: Büffelkopf. Mitte-Chou. Bronze. Breite von Ohr zu Ohr 9 cm. Vielleicht ein Beschlag am Wagen. Sammlung Brundage, Chicago. Aufnahme Kuehn & Co., Chicago.

Unten: Wasserbüffel. Mitte-Chou. Bronze. Länge 25,5 cm. *Karlgren* deutet ein fast gleiches Stück der Sammlung Pillsbury als „Podium“. Vielleicht diente es zum Einstellen eines Rangabzeichens oder einer kleinen Standarte. Nach: Hájek-Forman, Chinesische Kunst in Tschechoslowakischen Museen, T. 15

T. 46 Spirale mit Drachenkopf. Mitte-Chou. Bronze. Höhe 33,5 cm. Vielleicht war dieses kräftige Ornament an der Spitze der Deichsel angebracht. Sammlung und Aufnahme: William Rockhill Nelson Gallery of Art, Atkins Museum of Fine Arts, Kansas City.

T. 47 Opfergefäß „Tou“. Spät-Chou. Bronze. Höhe 26 cm. Gefäße dieser Form, aus feinem Strohgeflecht, Holz und Lack, wurden noch im 20 Jahrhundert im Konfuzius-Tempel in Peking für das Speiseopfer gebraucht. Sammlung und Aufnahme: Metropolitan Museum of Art, New York.

T. 48 Opfergefäß „Ting“. Spät-Chou. Bronze. Höhe 32 cm. Sammlung Brundage, Chicago. Aufnahme: Kuehn & Co., Chicago.

T. 49 Oben: Gefäß für das Speiseopfer. Spät-Chou. Bronze. Höhe 15,3 cm. Dies Gefäß stammt angeblich aus Li-yü in Shansi, wo 1923 ein größerer Bronzefund gemacht wurde. Sammlung und Aufnahme: Freer Gallery of Art, Washington.

Unten: Wasserschale „P'an“. Mitte-Chou. Bronze. Breite 52,8 cm. Die flache Schale steht nicht auf dem Fußring, sondern dieser wird von drei kleinen Menschenfiguren getragen. Auf den Henkeln liegen Wasserbüffel. Zwei gehörnte Drachen beißen in den Schalenrand. Sammlung und Aufnahme: Minneapolis Institute of Arts, Gift of Alfred F. Pillsbury.

T. 50 Oben: Mythisches Tier. Spät-Chou. Bronze. Länge 18,2 cm. Angeblich aus dem Fund von Li-yü. Ein Halsband aus Kaurimuscheln und Ornamente verschlungener Seile auf granuliertem Grund. Sammlung und Aufnahme: Freer Gallery of Art, Washington.

Unten: Bronzebecken „Chien“. Spät-Chou. Durchmesser ungefähr dreiviertel Meter. Die chinesische Tradition bezeichnet diese großen Becken als Eisbehälter, doch ist die Richtigkeit dieser Erklärung zu bezweifeln. Sammlung und Aufnahme: P. C. Huang, Tsun Ku Chai, Peking.

T. 51 Oben: Gießgefäß für Wasser (?) „I“. Spät-Chou. Bronze. Länge 20 cm. Stil Li-yü. Dies kleine Gefäß ist ungewöhnlich dünnwandig. Ein Tierkopf mit flach aufliegenden Hörnern bildet den Ausguß. Sammlung Malengreau, Brüssel. Aufnahme: Preim, Aachen.

Unten: Tiger. Spät-Chou. Bronze. Länge 17 cm. Fragment, vielleicht von einem Gefäß oder Kasten? Sammlung und Aufnahme: Seattle Art Museum, Eugene Fuller Memorial Collection.

T. 52 Himmelssymbol „Pi“. Spät-Chou. Jade. Durchmesser der Scheibe 16,2 cm. Größte Breite 21,4 cm. Das Spiralornament in Relief auf der Scheibe wird von den Chinesen das „Wolkenmuster“ genannt. Sammlung und Aufnahme: William Rockhill Nelson Gallery of Art, Atkins Museum of Fine Arts, Kansas City.

T. 53 Schmuckstück. Spät-Chou. Jade. Höhe 12 cm. Vielleicht ein Schmuck, der an den Gürtel gehängt wurde. Sammlung und Aufnahme: Worcester Art Museum.

T. 54 Himmelssymbol „Pi“. Spät-Chou. Jade, grün mit braunen Flecken. Durchmesser 17,2 cm. Verschlungene Drachen bilden das Muster der zwei konzentrierten Kreise. Sammlung und Aufnahme: William Rockhill Nelson Gallery of Art, Atkins Museum of Fine Arts, Kansas City.

T. 55 Oben: Zwei Pferde. Spät-Chou. Bronze. Länge 26 und 23 cm. Grabbeigaben. Sammlung und Aufnahme: William Rockhill Nelson Gallery of Art, Atkins Museum of Fine Arts, Kansas City.

Unten links: Steigbügel. Han. Bronze. Höhe 13,7 cm. Sammlung d. Verf. Aufnahme: Preim, Aachen.

Unten rechts: Trense. Han. Bronze. Länge 22 cm. Darüber: Bschlagstück in Form zweier sich kreuzender Zylinder. Früh- oder Mitte-Chou. Bronze. Höhe 3,2 cm. Wahrscheinlich für die Zügel mehrspänniger Wagen. Mit einer kleinen T'ao-t'ieh-Maske geschmückt. Sammlung d. Verf. Aufnahme: Preim, Aachen.

T. 56 Ziegel. Spät-Chou oder Han. Ton. Höhe 46 cm. Aus Chin-ts'un bei Loyang, Honan. Bilder von Pferd und

Fabelvögeln sind mit Modeln eingepreßt. Sammlung und Aufnahme: Museum für Ostasiatische Kunst, Köln.

T. 57 Lanzenschuh und Schaftbeschlag. Spät-Chou. Bronze, rechts: mit Silber und Gold, links: mit Silber eingelegt. Ungefähr natürliche Größe. Aus den Gräbern von Chin-ts'un bei Loyang, Honan. Diese schützenden und schmückenden Teile des Holzschaftes können auch zu einer Hellebarde „Ko" gehört haben. Sammlung und Aufnahme: Frank Caro, C. T. Loo Nachf., New York.

T. 58 Pike und Speerspitze. Spät-Chou, Huai-Stil. Bronze. Höhe 8,2 und 14,3 cm. Die Speerspitze wurde in Shou-chou gefunden. Die Pike ist in Form eines Hahnenkopfes, dessen Kamm Spitzen und Schneide der Waffe bildet. Sammlung und Aufnahme: Frank Caro, C. T. Loo Nachf., New York.

T. 59 Oben: Agraffe. Spät-Chou. Ton, gelackt. Länge 8,6 cm. Angeblich aus Hui-hsien, Honan. Ton und Lacküberzug sind schwarz. Diese Grabbeigabe ersetzt die Agraffe aus Bronze, die von den Lebenden getragen wurde. In den Lack eingeritzte Linien deuten die Einlagen in Silber oder Gold an, die die Agraffen aus Bronze verzieren. Sammlung und Aufnahme: Museum für Ostasiatische Kunst, Köln.

Unten: Opfergefäß „Tou". Spät-Chou. Ton, bemalt. Höhe 10,1 cm. Angeblich aus Hui-hsien, Honan. Diese kleine Grabbeigabe ersetzt das Opfergefäß aus Bronze. Bemalung in Rot ersetzt die Silbereinlage des Bronzevorbildes. Sammlung und Aufnahme: Seattle Museum, Eugene Fuller Memorial Collection.

T. 60 Vier Figuren, Vorder- und Rückenansicht. Spät-Chou. Ton, mit Spuren von Bemalung. Höhe 6,4, 6,1, 5,5 und 5,2 cm. (Aus einer Gruppe von fünf Figuren.) Grabbeigaben. Aus Honan. Typ der sog. Hui-hsien Figuren, mit denen sie aber nicht die schwarze Färbung teilen. Es ist nicht zu bestimmen, ob Männer oder Frauen dargestellt sind. Sammlung und Aufnahme: William Rockhill Nelson Gallery of Art, Atkins Museum of Fine Arts, Kansas City.

T. 61 Figur eines Vogelstellers mit Lockvogel und Netzreifen. Spät-Chou. Bronze. Höhe 18 cm. Grabbeigabe. Interessant sind die Einzelheiten des Kostüms: der breite Gürtel mit dem Agraffenpaar, der lange Mantel über dem Faltenrock. Sammlung und Aufnahme: Worcester Art Museum.

T. 62 Figur eines Schaustellers, der auf einer Stange einen Bären balanciert. Vorder- und Seitenansicht. Spät-Chou. Bronze. Höhe 16,4 cm. Grabbeigabe. Sammlung und Aufnahme: Freer Gallery of Art, Washington.

T. 63 Geld. Oben: Kaurimuscheln, zum Aufreihen durchlocht. Shang. Zweite Reihe: Kauri-Imitationen, von links nach rechts: aus Perlmutt, aus Knochen, aus vergoldeter Bronze. Shang–Früh-Chou. Dritte Reihe: Messermünze. Chou. Bronze. Unten: Fischmünze. Chou. Bronze. Münzenform der Han- bis Ch'ing-Zeit, sog. Cash, mit viereckigem Loch zum Aufreihen. Bronze. Fast natürliche Größe. Höhe der größten Kaurimuschel 6,3 cm, Länge der Messermünze 13,8 cm, der Fischmünze 8,8 cm. Sammlung d. Verf. Aufnahme: Preim, Aachen.

T. 64 Figur eines knienden Dieners. Spät-Chou. Bronze. Höhe 28,3 cm. Aus den Gräbern der Familie Han in Chin-ts'un bei Loyang, Honan. Der Mann hält einen Becher in beiden Händen. Die Bildung des Körpers ist noch unbeholfen, das Gesicht ist sorgfältig modelliert. Sammlung und Aufnahme: Minneapolis Institute of Arts, Bequest of Alfred F. Pillsbury, 1950.

T. 65 Links: Schwert. 3. Jh. v. Chr. Ch'in. Bronze, mit Gold und Türkisen eingelegt. Länge 55 cm. Die Goldeinlage auf der Klinge ist eine Inschrift. Sammlung und Aufnahme: Freer Gallery of Art, Washington.

Rechts: Figur eines Mannes mit Schwert. Spät-Chou. Holz. Höhe 49,8 cm. Aus Ch'ang-sha, Hunan. Sammlung und Aufnahme: Cleveland Museum of Art, J. H. Wade Collection.

T. 66 Links: Figur eines Mannes. Spät-Chou. Holz, mit Spuren von Bemalung. Höhe 57,5 cm. Aus Ch'ang-sha, Hunan. Tätowierung (?) des Gesichts und Muster des Kragens sind noch zu erkennen. Sammlung und Aufnahme: Metropolitan Museum of Art, New York.

Rechts: Sargdeckel. Spät-Chou. Holz, gelackt. Aus ch'ang-sha. Da das Ornament durchbrochen ist, muß es der Deckel eines inneren Sarges gewesen sein, der in einem zweiten, festverschlossenen Sarg stand. Das Ornament ist eine Weiterbildung der verschlungenen Drachen. Sammlung und Aufnahme: Chicago Natural History Museum.

T. 67 Figur einer Frau, vielleicht einer Tänzerin. Spät-Chou. Holz. Höhe 34 cm. Aus Ch'ang-sha. Auch diese Figur war wohl ursprünglich bemalt. Vom Kostüm werden nur die lang über die Hände fallenden engen Ärmel deutlich. Sammlung und Aufnahme: Seattle Art Museum, Eugene Fuller Memorial Collection.

T. 68 Schamane (?). Spät-Chou oder West-Han. Ton. Höhe 35 cm. Grabbeigabe. Das bärtige Gesicht mit den großen Augen und Zähnen ist vielleicht eine Maske. Die Haltung der Arme deutet vielleicht auf das Schlagen der Schamanentrommel. Sammlung und Aufnahme: The British Museum, London.

T. 69 Schale. Spät-Chou. Holz, gelackt. Durchmesser 24,8 cm. Höhe 6 cm. Aus Ch'ang-sha. Die Farben der Lackmalerei sind Schwarz und Rot. Sammlung und Aufnahme: Seattle Art Museum, Eugene Fuller Memorial Collection.

T. 70 Paukenständer. Spät-Chou. Holz, gelackt. Höhe 131,5 cm. Aus Ch'ang-sha. Zwei Kraniche stehen auf zwei Schlangen. Sammlung und Aufnahme: Cleveland Museum of Art, J. H. Wade Collection.

T. 71 Oben: Weinbecher. Spät-Chou. Lack auf Holz. Länge 24,2 cm, Höhe 8 cm. Ein ungewöhnlich großes Exemplar einer Form, die bis in die Han-Zeit hinein in Lack, Jade, Silber vorkommt. Malerei in Rot und Schwarz. Sammlung und Aufnahme: William Rockhill Nelson Gallery of Art, Atkins Museum of Fine Arts, Kansas City.

Unten: Deckel einer Schachtel. Spät-Chou. Lack auf Holz. Durchmesser 20,5 cm. Malerei in Schwarz und Rot. Sammlung und Aufnahme: William Rockhill Nelson Gallery of Art, Atkins Museum of Fine Arts, Kansas City.

T. 72 Oben: Weihrauchbrenner „Po-shan-lu". Bronze. Höhe 11 cm. Gefäß und Teller sind in einem Stück gegossen. Fuß und Deckel sind durchbrochen. Weihrauchbrenner dienten nicht nur kultischen Zwecken, sondern waren für die Vornehmen Gegenstände des täglichen Gebrauchs. Sammlung d. Verf. Aufnahme: Preim, Aachen.

Unten: Gürtelschnalle. Ost-Han. Gold, mit echter Granulierung, mit Einlagen von Türkisen. Länge 9,5 cm. (Vergrößerte Wiedergabe.) Aus den Gräbern von Lo-lang in Nordkorea. Nach: Relics of Han and Pre-Han Dynasties. Catalogue of Exhibition, Imperial Household Museum, Tokyo 1932. Pl. 61.

T. 73 Spiegel- und Toilettendose „Lien". Han. Bronze, goldplattiert. Höhe 18 cm, Durchmesser 17 cm. Gravierte Wolkenbänder und laufende Tiere schmücken die Wandung, drei stilisierte Vögel den Deckel. Die Füße werden von drei hockenden Bären gebildet. Sammlung und Aufnahme: Minneapolis Institute of Arts, Gift of Alfred F. Pillsbury.

T. 74 Drei Spiegel. Spät-Chou. Bronze. Oben rechts: Durchmesser 14 cm. Sammlung und Aufnahme: Musée Cernuschi, Paris. Oben links: Durchmesser 12,5 cm. Sammlung und Aufnahme: Museum für Ostasiatische Kunst, Köln. Unten: Durchmesser 13,1 cm. Sammlung und Aufnahme: Seattle Art Museum, Eugene Fuller Memorial Collection. – Agraffe. Spät-Chou. Bronze, mit Gold und Jade eingelegt. Aus Chin-ts'un. Ein Drachenkörper aus Bronze umfaßt eine kleine menschliche Figur aus Jade. Sammlung und Aufnahme: Frank Caro, C. T. Loo Nachf., New York.

T. 75 Oben: Agraffe. Spät-Chou. Bronze mit Einlagen von Gold und Silber. Länge 11,1 cm. Chin-ts'un-Stil. Sammlung und Aufnahme: William Rockhill Nelson Gallery of Art, Atkins Museum of Fine Arts, Kansas City.

Unten: Waffe „Ko". Spät-Chou. Bronze. Länge 17 cm. Geschmückt mit Tiger, Vogel und Schlange. Nach *Loehr* ist dieser Typ in die 2. Hälfte des 6. Jahrhunderts v. Chr. zu datieren. Sammlung und Aufnahme: Frank Caro, C. T. Loo Nachf., New York.

T. 76 Oben: Siegelabdrücke in Ton. Han. Höhe 2,8 und 3,3 cm. Sammlung d. Verf. Aufnahme: Preim, Aachen.

Unten: Vorratsurne. Spät-Chou. Steinzeug, glasiert. Höhe 26 cm. Dies Gefäß ahmt in billigem Steinzeug die Form und Zier der kostbaren Bronze nach. Erstes Auftreten der Glasur in China; sie ist olivgrün und bedeckt dünn und unregelmäßig den oberen Teil der Urne. Sammlung und Aufnahme: Seattle Art Museum, Eugene Fuller Memorial Collection.

T. 77 Oben: Agraffe, Kämpfende Bären. Han. Bronze. Breite 9,6 cm. Sino-sibirischer Tierstil. Sammlung und Aufnahme: William Rockhill Nelson Gallery of Art, Atkins Museum of Fine Arts, Kansas City.

Unten: Reh oder Hirschkuh. Spät-Chou–Han. Bronze. Höhe 6,5 cm. Sino-sibirischer Tierstil. Nach: Hájek-Forman, Chinesische Kunst in Tschechoslowakischen Museen, T. 35.

T. 78 Oben links: Beschlagstück, Tigerkopf. Spät-Chou. Bronze, mit Silber eingelegt. Länge 5,5 cm. Eine Inschrift gibt Titel und Name des Besitzers an. Vielleicht war dies der Griff einer Waffe. Sammlung und Aufnahme: Museum für Ostasiatische Kunst, Köln.

Oben rechts: Riemenschnalle in Form eines zum Kreis gebogenen Tigers. Spät-Chou. Bronze. Höhe 5,2 cm. Sino-sibirischer Tierstil. Sammlung d. Verf. Aufnahme: Preim, Aachen.

Unten: Falke. Spät-Chou. Bronze. Länge 10 cm. Grabbeigabe. Sammlung d. Verf. Aufnahme: Preim, Aachen.

T. 79 Pferd und Reiter. Han. Ton, bemalt. Länge 31 cm. Grabbeigabe. Reiter und Pferd sind nicht in einem Stück geformt. Auch die Beine des Pferdes waren ihrer Zerbrechlichkeit wegen einzeln geformt und gingen verloren. Sammlung und Aufnahme: Seattle Art Museum, Eugene Fuller Memorial Collection.

T. 80 Oben: Pferd. Han. Jade. Grabbeigabe. Kopf, Rumpf und Beine wurden aus einzelnen Stücken geschnitten, die Beine gingen verloren. Sammlung und Aufnahme: P. C. Huang, Tsun Ku Chai, Peking.

Unten: Rind. Han. Ton. Länge 40 cm. Grabbeigabe. Sammlung und Aufnahme: Museum für Ostasiatische Kunst, Köln.

T. 81 Hund. Han. Ton, glasiert. Länge 27,8 cm. Grabbeigabe. Sammlung und Aufnahme: Museum of Fine Arts, Boston.

T. 82 Kniende Dienerin. Han. Ton, mit Spuren von Bemalung. Höhe 50,5 cm. Grabbeigabe. In die Bohrlöcher an den Armen waren die Hände eingesetzt, über der Stirne war vielleicht ein Kopfschmuck aus vergoldeter Bronze oder Silber befestigt. Sammlung Monheim, Aachen. Aufnahme: Bredol-Lepper, Aachen.

T. 83 Abtritt und Schweinekoben. Han. Ton, grün glasiert. Höhe 21,5 cm. Grabbeigabe.
Nach: O. Rücker-Embden, Chinesische Frühkeramik, T. 2

T. 84 Pferd. Han. Holz. Höhe etwa 70 cm. Grabbeigabe aus den Han-Gräbern von Lo-lang in Nordkorea. Aus Grab 116 vom Ende der Han-Dynastie. Nach: Governement-General Museum of Chosen, Museum Exhibits Illustrated. Vol. V. 1933, T. 2

T. 85 Topf. Han. Graues Steinzeug. Höhe 42 cm. Die eingeritzte Zier stellt einen Mann, der einen Tiger angeht, und Hunde dar. Sammlung und Aufnahme: William Rockhill Nelson Gallery of Art, Atkins Museum of Fine Arts, Kansas City.

T. 86 Teller. Han. Ton, bemalt. Durchmesser 37,4 cm. Höhe 1,5 cm. Vier Männer in Beamtentracht bringen Opfergaben (?) dar, z. B. rechts einen Fisch und einen Pfirsich, Symbol des langen Lebens. Dazwischen vier Opfertiere (?), Schwein, Gans, Bock und Hahn. Sammlung und Aufnahme: William Rockhill Nelson Gallery of Art, Atkins Museum of Fine Arts, Kansas City.

T. 87 Oben links: Modell eines Kochherds. Han. Ton, glasiert. Länge 36 cm. Grabbeigabe. Der Herd hat drei Feuerlöcher, auf die die Kochtöpfe aufgesetzt werden können. Sammlung und Aufnahme: Museum of Fine Arts, Boston.

Oben rechts: Flasche. Han. Bronze. Höhe 20,5 cm. Die Chinesen beschreiben diese Form als „Flaches Hu" mit „Knoblauch-Kopf". Diese breiten, flachen Flaschen mit den Ringhenkeln werden oft „Pilgerflaschen" genannt, ohne daß ein triftiger Grund für diese Bezeichnung vorliegt. Sammlung d. Verf. Aufnahme: Preim, Aachen.

Unten links: Vase. Han. Ton, olivgrün glasiert. Höhe 19 cm. Laufende und springende Tiere z. B. Widder, Tiger, Wildschwein, sind auf den sogenannten Jagdvasen im Relief dargestellt. Sammlung d. Verf. Aufnahme: Preim, Aachen.

Unten rechts: Dose, sogenannte Hügelurne. Han. Ton, glasiert. Höhe 26 cm. Der Deckel in Form eines Hügels ist verloren. Er glich dem Deckel des Weihrauchbrenners unten, war aber nicht so steil. Auf der Wandung sind Tiere in einer Berglandschaft im Relief dargestellt. Drei kleine Bären tragen das Gefäß. Sammlung und Aufnahme: Cleveland Museum of Art, J. H. Wade Collection.

T. 88 Modell eines Turmhauses. Han. Ton, bemalt. Höhe 129 cm. Vor dem Hause ist ein kleiner Hof, der durch ein Tor zugänglich ist. Das Tor hat zwei schwere hölzerne Türflügel, ist durch ein Satteldach geschützt und wird von zwei Pfeilern mit Dächern flankiert. – Detailbild: Auf den schmalen Wandstreifen zwischen Tor und Pfeiler sind Bäume gemalt, in denen Vögel sitzen. Vielleicht sind es Elstern, die als glückbringend gelten. Sammlung und Aufnahmen: William Rockhill Nelson Gallery of Art, Atkins Museum of Fine Arts, Kansas City.

Abb. 1–3 Lung-shan-Kultur, Funde aus Ch'eng-tzu-yai, Shantung. Nach: Archaeologia Sinica I, Ch'eng-tzu-yai. Von Li Chi u. a. Academica Sinica, Nanking 1934.
Abb. 1: Steinwerkzeug. – Abb. 2: Nähnadel aus Knochen. – Abb. 3: Tonkrug, gelblich-rot.

Abb. 4 Urne mit Tierfiguren. Bemalte Keramik aus Hsin-tien, Kansu. Yang-shao-Kultur. Nach: Cheng Te-k'un und Shen Wei-chun, Chung-Kuo Ming-ch'i. Yenching Journal of Chinese Studies, Monograph Series I.

Abb. 5 Schriftzeichen von Orakelknochen-Inschriften.
Oben: Haus.
Unten: Ursprünglich das Bild einer Getreidepflanze, dann als Zeichen für „kommen" gebraucht. Nach: Creel, The Birth of China, und P. C. Huang, Yen Chung P'ien Yü.

Abb. 6 Alte Formen des Schriftzeichens für Blitz, Gewitter. Das untere Zeichen ist die heutige Schreibweise. Nach: Hentze, Objets Rituels . . . Fig. 210.

Abb. 7 Rückseite des Orakelknochen-Fragments von T. 41 oben, mit dem elliptischen Einschnitt und der verkohlten Druckstelle.

Abb. 8–14 Bildzeichen von Inschriften auf Sakralbronzen. Nach: Yen Chung P'ien Yü, und: Shih-erh Chia Chi Chin T'u Lu.
Abb. 8: Streitaxt. Bogen und Pfeile im Ständer. Vgl. T. 41 o. – Abb. 9: Zweirädriger Wagen mit zwei Pferden. – Abb. 10: „Ahnherr". – Abb. 11: Opferkessel und eine Hand, die eine Axt an den Nacken eines Menschen hält. *Creel* deutet dies als Menschenopfer. – Abb. 12: Zwei Figuren an einem Gefäß (?). Vielleicht ist die Form darunter als Tisch für die Opfergefäße zu deuten (vgl. T. 23 o.). – Abb. 13: Menschliche Figur mit Hörnern. *Hentze* deutet sie als Götterfigur. Vgl. Abb. 15, 17. – Abb. 14: Das Zeichen für „Buch", durch Schnüre zusammengehaltene Bambusplatten.

Abb. 15 Dämon mit menschenähnlichem Körper und T'ao-t'ieh-Kopf. Von einem Sakralgefäß aus Marmor, im Museum of Far Eastern Antiquities, Stockholm. Nach: Umehara, Kana Anyo Ibutsu no Kenkyu.

Abb. 16 Fisch und Schildkröte, Dekor einer Sakralbronze P'an, einer flachen Schale. Nach: Yen Chung P'ien Yü.

Abb. 17 Trommel aus Bronze. Sammlung Sumitomo, Osaka. Nach: Hentze, Objets Rituels ... Fig. 189.

Abb. 18 Die Acht Triagramme und das Zeichen für Yin-Yang im Kreis. Nach einer Porzellanschale der Ch'ing-Zeit.

Abb. 19 „Mögen Kinder und Kindeskinder dieses Kleinod ewig gebrauchen." Häufige Schlußformel der Inschriften auf Sakralbronzen der Chou-Zeit. Nach: Shih-erh Chia Chi Chin T'u Lu.

Abb. 20 Dreiecksvolute, Schmuckmotiv der Spät-Chou-Zeit.

Abb. 21 Agraffen der Spät-Chou-Zeit.

Abb. 22 Kämpfergruppe, Mensch gegen Tier. Häufiges Motiv auf Bronzegefäßen der Spät-Chou-Zeit.

Abb. 23 Fabelvogel, häufiges Motiv auf Bronzespiegeln der Spät-Chou-Zeit.

Abb. 24 Kleiner Tisch aus Holz, mit Lackmalerei auf der Platte. Aus Ch'ang-sha.

Abb. 25 Holzfigur: T'ao-t'ieh mit Geweih und lang heraushängender Zunge. Aus Ch'ang-sha. Nach: Salmony, Antler and Tongue.

Abb. 26 Malerei, Farben auf Seide, aus Ch'ang-sha. Drache, Fabelvogel und Frau. 5. Jh. v. Chr. (?) Nach: The Great Heritage of Chinese Art, Peking 1952, I.

Abb. 27 Schema eines sogenannten TLV-Spiegels. Han. Die den Buchstaben T, L, V ähnelnden Formen werden von *Camman* als Zeichen kosmischer Bezüge gedeutet.

Abb. 28 Zikade aus Jade. Han. Aus Lo-lang, Korea. Länge 6,5 cm. Solche Zikaden wurden den Toten auf die Zunge gelegt. Nach: Relics of Han and Pre-Han Dynasties. Tokyo 1932.

Abb. 29–31 Darstellungen auf einem Bronzegefäß der Sammlung Werner Jannings, Palastmuseum, Peking. Abb. 29: Wettschießen und Maulbeerblätterpflücken. – Abb. 30: Spiele im Palast und Orchester (unten), Opferkessel (unten rechts). – Abb. 31: Verteidigung und Erstürmung der Stadtmauer. Spät-Chou, um 300 v. Chr.

Literaturhinweise

GESCHICHTE UND KULTURGESCHICHTE

Creel, H. G.: The Birth of China. New York 1937
- Studies in Early Chinese Culture. Baltimore 1937

Eberhard, W.: Lokalkulturen im Alten China. Peking und Leiden 1942
- Chinas Geschichte. Bern 1948

Franke, O.: Geschichte des chinesischen Reiches. Bd. I. Berlin 1930

Goodrich, L. C.: A Short History of the Chinese People. New York 1943

Granet, M.: La civilisation chinoise. Paris 1929

Herrmann, A.: Historical and Commercial Atlas of China. Cambridge 1935

Maspero, H.: La Chine antique. Paris 1927

Wilhelm, Richard: Kulturgeschichte Chinas. München 1928

Jungsteinzeit

Andersson, J. G.: Preliminary Report on Archaeological Research in Kansu. Peking 1925
- Children of the Yellow Earth. Studies in Prehistoric China. London 1934
- Researches into the Prehistory of the Chinese. Stockholm 1943

Li Chi u. a. Ch'eng-tzu-yai. Archaeologia Sinica I. Nanking 1934

Palmgren, Nils: Kansu Mortuary Urns of the Pan-shan and Ma-ch'ang Groups. Palaeontologica Sinica, Series D, Vol. III, Fasc. 1. Peiping 1934

Teilhard de Chardin und *Pei Wengchung:* Le Néolithique de la Chine, Peking 1944

Wu G. D.: Prehistoric Pottery in China. London 1938

Shang

Eberhard, W.: Bericht über die Ausgrabungen bei Anyang. Ostasiastische Zeitschrift, 18, 1932

Li Chi: Preliminary Report of Excavation at Anyang. Peiping 1929

Umehara, S.: Kanan Anyo iho (Kostbarkeiten aus Anyang). Kyoto 1940

Hentze, Carl: Bronzegerät, Kultbauten, Religion im ältesten China der Shang-Zeit. Antwerpen 1951

Waterbury, Florance: Early Chinese Symbols and Literature: Vestiges and Speculations. With Particular Reference to the Ritual Bronzes of the Shang Dynasty. New York 1942

Britton, R. S.: Fifty Shang Inscriptions. Princeton 1940

Spät-Chou

Bodde, D.: China's First Unifier. Leiden 1938

Consten, E. v. Erdberg: A Hu with Pictorial Decoration, Werner Jannings Collection, Palace Museum, Peking. Archives of the Chinese Art Society of America, VI, 1952

White, W. C.: Tombs of Old Loyang. Shanghai 1934

Sh'ang-sha

Chiang Yuen-yi: Chang-sha, The Chu Tribe an its Art. Shanghai 1950

Salmony, A.: Antler and Tongue. An Essay on Ancient Chinese Symbolism and its Implications. Artibus Asiae, Supplementum XIII. Ascona 1954

Hui-hsien

Consten, E. v. Erdberg: Die Hui-hsien-Figuren und die Kunst der späten Chou-Zeit. Oriens Extremus 2. 1955

Ecke, Gustav: Hui Hsien Ware in the Collection of the Honolulu Academy of Arts. Honolulu 1954

Hansford, S. H.: Hui Hsien Pottery in the Collection of Mr. Dennis M. Cohen. Transactions of the Oriental Ceramic Society, 1951–1953

Far Eastern Ceramic Bulletin. Hui-hsien Number. Vol. VI, 1, March 1954. Serial No. 25. University of Michigan

Han

Eberhard, Alide und Wolfram: Die Mode der Han- und Chin-Zeit. Antwerpen 1946

Herrmann, A.: Lou-lan. 1931

Stein, A.: Serindia. 1921

LITERATUR, PHILOSOPHIE, RELIGION, ETHNOGRAPHIE

Bulling, A.: The Meaning of China's Most Ancient Art. Leiden 1952
Doré, H.: Recherches sur les superstitions en Chine. Paris 1911–1919
Forke, A.: Die Gedankenwelt des chinesischen Kulturkreises. Handbuch der Philosophie. München, Berlin 1927
Fung Yu-lan: History of Chinese Philosophy. Trans. Derk Bodde. Peking 1937
Granet, M.: Fêtes et chansons anciennes de la Chine. Paris 1919
– La Religion des Chinois. Paris 1922
Groot, J. J. M. de: The Religious Systems of China. Leiden 1892–1910
– Universismus. Die Grundlagen der Religion und Ethik, des Staatswesens und der Wissenschaften Chinas. Berlin 1918
Hentze, C., und *Kim,* Ch.: Göttergestalten in der ältesten chinesischen Schrift. Studien zur frühesten Kulturgeschichte, II. Antwerpen o. J.
Nagasawa Kikuya, Übers. von P. Eugen *Feifel:* Geschichte der chinesischen Literatur und ihrer gedanklichen Grundlage. Monumenta Serica, Monogr. VII. Peking 1945
Waterbury, Florance: Bird-Deities in China. Artibus Asiae, Supplementum X, Ascona 1952
Wilhelm, Richard: Chinesische Literatur. Handbuch der Literaturwissenschaft. Berlin 1926

Literatur, Übersetzungen

Chavannes, E.: Les mémoires historiques de Se-ma Ts'ien. Paris 1895–1905
Debon, G. (Übers.): Ein weißes Kleid, ein grau Gebände. Chinesische Lieder aus dem 12. bis 7. Jh. v. Chr. München 1957
Debon, G., und *Speiser,* W.: Chinesische Geisteswelt. Baden-Baden 1957
Erkes, E.: Zu Ch'ü Yüan's T'ien-wen. Monumenta Serica. Vol. VI, 1941
Finsterbusch, K. (Übers.): Das Verhältnis des Shan-hai-ching zur bildenden Kunst. Leipzig 1952
Karlgren, B.: The Book of Odes. Stockholm 1950
Legge, J. (Trans.): The Chinese Classics. Hongkong, Oxford 1865–1895
Pan Ku: History of the Former Han Dynasty. Trans. H. H. Dubs. Baltimore 1938, 1944
Strauss, V. v. (Übers.): Schi-king, das kanonische Liederbuch der Chinesen. Kettwig, 1985
T'ien-wen. Übers. von Conrady
Waley, A.: The Nine Songs. A Study of Shamanism in Ancient China. Ondon 1955
Waley, A. (Transl.): The Book of Songs (Shih-ching). London 1937
Wilhelm, Hellmut: Die Wandlung. Acht Vorträge zum I-ging. Peking 1944
Wilhelm, Richard (Übers.): I Ging, das Buch der Wandlungen. Köln 1956

Konfuzianismus

Creel, H. G.: Confucius, the Man and the Myth. 1957
Legge, J. (Transl.): The Four Books, Confucian Analects, the Great Learning, the Doctrine of the Mean, and the Works of Mencius, Shanghai o. J.
Waley, A. (Transl.): The Analects of Confucius. London 1949
Wilhelm, Richard (Übers.): Kungfutse, Gespräche (Lun Yü). Jena 1914, 1945

Taoismus

Duyvendak, J. J. L. (Transl. Annot.): The Book of the Way and Its Virtue. London 1954
Marcus, Aage: Der blaue Drache. Kopenhagen 1949
Waley, A.: The Way and its Power. London 1934
Wilhelm, Richard (Übers.): Dschuang Dsi, das wahre Buch vom südlichen Blütenland. Köln 1951

KUNSTGESCHICHTE

Bachhofer, L.: A Short History of Chinese Art. New York 1946
Kümmel, O.: Die Kunst Chinas, Japans und Koreas. Handbuch der Kunstwissenschaft. Wildpark-Potsdam 1929
Muensterberg, Hugo: A Short History of Chinese Art. New York 1949
Sirén, O.: Les arts anciens de la Chine
Speiser, W.: Die Kunst Ostasiens. Berlin 1946

Malerei, Plastik

Fischer, O.: Die chinesische Malerei der Han-Dynastie. Berlin 1931
– Chinesische Plastik. München 1948

Bronzen

Hentze, Carl: Die Sakralbronzen und ihre Bedeutung in den frühchinesischen Kulturen. 2 Bde. Antwerpen 1941

Jung Keng: Shang Chou i ch'i t'ung k'ao (Shang- und Chou-Bronzen). Yenching Journal of Chinese Studies. Monogr. Ser. No. 17. 2 Bde. Peking 1941
Karlgren, B.: Yin and Chou in Chinese Bronzes. Bulletin of the Museum of Far Eastern Antiquities, No. 8. Stockholm 1936
- New Studies in Chinese Bronzes. Ibid. No. 9. Stockholm 1937
Koop, A. J.: Early Chinese Bronzes. London 1924
Loehr, Max: Beiträge zur Chronologie der älteren chinesischen Bronzen. Ostasiatische Zeitschrift 1936
- Chinese Bronze Age Weapons. The Werner Jannings Collection in the Chinese National Palace Museum, Peking. Ann Arbor 1956
Meister, P. W.: Chinesische Bronzemasken. Ostasiatische Zeitschrift 1938
Nagahiro, T.: Taikō no kenkyū. Die Agraffe und ihre Stellung in der altchinesischen Kunstgeschichte. Kyoto 1943
Salmony, A.: The Problem of Pre-Anyang Bronzes. Eduard von der Heydt zum 70. Geburtstag. Zürich 1952
- Snake-types on Certain Early Chou Bronzes. Asiatische Studien 1-2. Bern 1949
- Sino-Siberian Art in the Collection of C. T. Loo. Paris 1933
Umehara, S.: Etude des Bronzes des Royaumes Combattants. Kyoto 1936

Sammlungskataloge

Ecke, G.: Frühe chinesische Bronzen aus der Sammlung O. Trautmann. Peking 1939
- Sammlung Lochow, Chinesische Bronzen. Bd. I. Peking 1943
Freer Gallery of Art, Compiled by the Staff of: A Descriptive and Illustrative Catalogue of Chinese Bronzes Acquired During the Administration of John Ellerton Lodge. Washington 1946
Hsi Ch'ing ku chien. Von *Liang Shih-cheng* u. a. (Katalog der Bronzesammlung des Ch'ing-Kaisers Ch'ien Lung) 1749
Hsüan-ho po ku t'u lu. Von *Wang Fu* († 1126). (Katalog der Bronzesammlung des Sung-Kaisers Hui Tsung)
Karlgren, B.: A Catalogue of the Chinese Bronzes in the Alfred F. Pillsbury Collection. Minneapolis Institute of Arts, 1952
Kelly, C. F., und *Ch'en Meng-chia:* Chinese Bronzes from the Buckingham Collection. Chicago 1946
Kümmel, O.: Chinesische Bronzen aus der Abteilung für Ostasiatische Kunst an den Staatlichen Museen in Berlin. 1928
Lochow, H. J. von: Sammlung Lochow. Chinesische Bronzen. Bd. II. Peking 1944
T'ao-chai chi chin lu. (Katalog der Bronzesammlung des Vizekönigs Tuan Fang) Nanking 1908
Yetts, W. P. The Cull Chinese Bronzes. London 1939
- The George Eumorfopoulos Collection, Catalogue of the Chinese an Corean Bronzes. London 1929

Jade

Salmony, A.: Carved Jade of Ancient China. Berkeley 1938

Lack

Umehara, S.: Shina Kan-dai kinen meishikki zusetsu (Datierte chinesische Lacke der Han-Zeit). Kyoto 1944

Keramik

Hochstadter, W.: Pottery and Stonewares of Shang, Chou, and Han. Bulletin of the Museum of Far Eastern Antiquities, No. 24. Stockholm 1952
Laufer, B.: Chinese Pottery of the Han Dynasty. Leiden 1909
Loehr, Max: Neue Typen grauer Shang-Keramik. Sinologische Arbeiten. Peking 1943

Han-Gräber

Chavannes, E.: Mission Archaeologique dans la Chine Septentrionale. Paris 1893
- La sculpture sur pierre en Chine au temps des deux dynasties Han. Paris 1893
Fairbank, Wilma: The Offering Shrines of Wu Liang Tz'u. Harvard Journal of Asiatic Studies II, 1941
Harada Yoshito: A Report on the Excavation of Wang Hsü's Tomb (Lo-lang, Korea). Tokyo 1930
Rudolph, Richard C.: Han Tomb of West China. A Collection of First and Second Century Reliefs. In Collaboration with Wen Yu. Berkeley and Los Angeles 1951
Segalen, Gilbert de Voisins, Lartigue: Mission Archéologique en Chine. Paris 1923
Sekino, T.: Sepulchral Remains of the Han Dynasty in the Province of Shantung (China). Tokyo 1916
White, W. C.: Tomb Tile Pictures of Ancient China. Toronto 1939

ZEITSCHRIFTEN

Artibus Asiae. Ascona
Bulletin of the Museum of Far Eastern Antiquities. Stockholm
Monumenta Serica. Peking, Nagoya
Revue des Arts Asiatiques. Paris
Oriens Extremus. Hamburg
Oriental Art. London
Ostasiatische Zeitschrift. Berlin
T'oung Pao. Leiden

Register